新编21世纪高等职业教育精品教材
汽车类

汽车新媒体营销实务

（微课版）

配套实训工作手册

主　编◎庞龙凤　张朝山
副主编◎刘美灵　储　明　王迪庆
参　编◎陈剑雨　朱昕宇　童逸杰
　　　　陈亮亮　李学志　唐耀芬
　　　　刘　菲

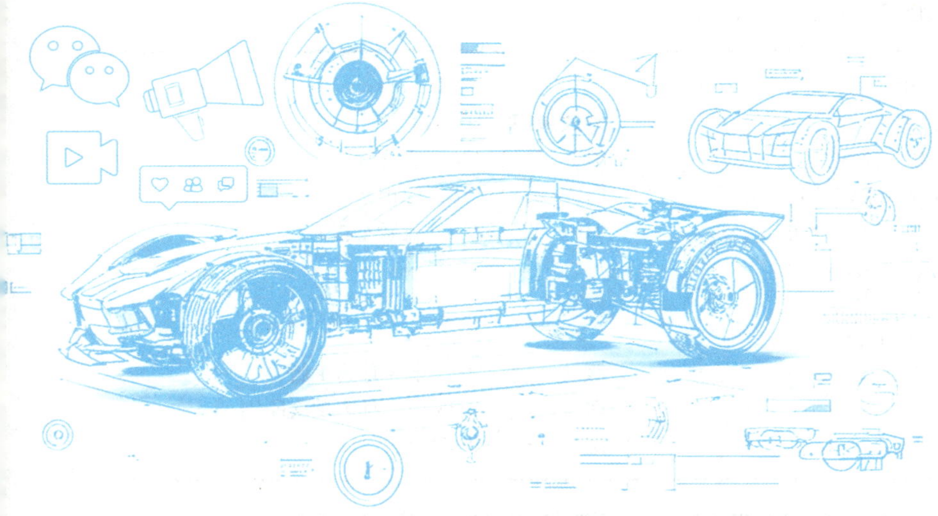

中国人民大学出版社
·北京·

图书在版编目（CIP）数据

汽车新媒体营销实务：微课版 / 庞龙凤，张朝山主编. -- 北京：中国人民大学出版社，2025. 5. --（新编 21 世纪高等职业教育精品教材）. -- ISBN 978-7-300-33987-0

Ⅰ. F713. 365. 2

中国国家版本馆 CIP 数据核字第 2025B3V105 号

新编 21 世纪高等职业教育精品教材·汽车类

汽车新媒体营销实务（微课版）

主　编　庞龙凤　张朝山

副主编　刘美灵　储　明　王迪庆

参　编　陈剑雨　朱昕宇　童逸杰　陈亮亮

　　　　李学志　唐耀芬　刘　菲

Qiche Xinmeiti Yingxiao Shiwu（Weikeban）

出版发行	中国人民大学出版社		
社　　址	北京中关村大街 31 号	**邮政编码**	100080
电　　话	010－62511242（总编室）		010－62511770（质管部）
	010－82501766（邮购部）		010－62514148（门市部）
	010－62511173（发行公司）		010－62515275（盗版举报）
网　　址	http://www.crup.com.cn		
经　　销	新华书店		
印　　刷	北京密兴印刷有限公司		
开　　本	787 mm×1092 mm　1/16	**版　　次**	2025 年 5 月第 1 版
印　　张	15.5	**印　　次**	2025 年 5 月第 1 次印刷
字　　数	352 000	**定　　价**	49.00 元

前言

汽车行业竞争日益激烈，各大汽车品牌纷纷推出新车型、新技术，以吸引消费者的关注。在这种情况下，传统的营销方式已经难以满足品牌的推广需求。新媒体营销具有成本低、效果好、传播速度快等优势，能够帮助汽车品牌在激烈的市场竞争中脱颖而出。通过精准的定位和合理的推广策略，汽车企业可以通过新媒体营销助力推广，提升品牌知名度和销售业绩。

现代消费者更加注重自主获取信息，不再满足于被动接收传统媒体的广告宣传。他们会通过搜索引擎、社交媒体、汽车垂直网站等新媒体渠道，主动搜索汽车相关信息，了解其他消费者的购车经验和评价。这种信息获取方式的转变，促使汽车品牌必须调整营销策略，加大在新媒体平台上的投入。

结合上述原因，编写一本专门针对汽车新媒体营销的教材，对于适应市场发展趋势、提升营销效率与效果、培养创新营销思维、促进理论与实践相结合、推动行业规范化发展及满足教育需求等方面都具有重要意义。这有助于培养适应市场发展趋势的专业人才，满足汽车企业对新媒体营销人才的需求。

本教材以汽车新媒体营销岗位能力需求、职业教育教学标准及职业技能等级标准为依据，以汽车新媒体营销课程核心素养培养为立足点，按项目化编写模式，以汽车新媒体营销认知为导入，结合几个新媒体营销工具进行介绍，对目前汽车行业主流的新媒体营销方式——微博营销、直播营销、微信营销、短视频营销进行阐述，每个项目都遵循"学习目标"（三维目标）→"思维导图"（系统培养）→"任务导入"（引出问题）→"知识解读"（内容培育）→"同步练习"（技能提升）的逻辑结构展开。本课程进行知识、技能和素养一体化设计，有效促进价值塑造、知识传授、能力培养融合。在每个项目的"素养园地"部分，采用榜样育人、主题育人等方法，有机融入素养元素，培养具备爱国情怀、劳模精神、劳动精神、工匠精神和具有服务意识、责任意识、绿色环保意识、智能高效意识的实践人才。

通过本教材的学习，学生不仅可以掌握新媒体营销的方式和推广技巧等基本理论知识，而且能够具备汽车新媒体营销岗位基本操作技能，为后续从事汽车新媒体营销领域深造和就业做好铺垫。本教材适合作为职业院校汽车检测与维修技术、新能源汽车维修技术和智能网联汽车技术等专业的主要或参考教材，也可以作为汽车前市场和后市场学员自学或单位机构培训用书。

本教材具备以下特色：

（1）融入最新的新媒体营销岗位标准与技能要求，对接技能大赛，突出实训特色，以营销内涵为主线，营销数据分析为依托，注重新媒体营销策划能力和营销内容创作能力的培养。

（2）体系完善，知识新颖，紧跟时代发展的潮流，对新媒体营销的各个环节和各种平台进行了深度诠释和介绍，内容新颖且注重实用性，并充分考虑课程要求与教学特点。本教材以必需和实用为准则，在简要而准确地介绍概念和理论的基础上，重点讲解行之有效的新媒体营销方法，着重培养读者的新媒体营销与运营能力。

（3）以习近平新时代中国特色社会主义思想为指导，落实立德树人的根本任务，坚持正确的政治方向、舆论导向和价值导向，每个项目均设有素养目标，挖掘课程素养元素，将社会主义核心价值观、法治意识和职业道德融入新媒体营销理论与实战，培育具有创新思维、媒介素养及诚信守法的新媒体营销从业人员。

（4）本教材由多院校联合编写，编写团队成员均为双师型教师，核心成员中 7 人有高级职称，2 人为企业专家。编写团队是校内专任教师、大赛指导教师、企业培训讲师三师融合型团队。团队成员曾获得多项国家级、省级教学成果、教学奖励和荣誉称号，教学能力强，实践技能水平高，教材编写经验丰富。

本教材由杭州科技职业技术学院庞龙凤、张朝山担任主编；由浙江交通职业技术学院刘美灵，杭州科技职业技术学院储明，宁波鑫隆博越销售服务有限公司销售总经理王迪庆担任副主编；参与编写的还有杭州科技职业技术学院陈剑雨、朱昕宇，杭州职业技术学院童逸杰，浙江经贸职业技术学院陈亮亮，新疆理工学院李学志，杭州德奥销售总监唐耀芬，浙江机电职业技术大学刘菲。项目一由庞龙凤、刘美灵、张朝山编写，项目二由庞龙凤、储明、唐耀芬编写，项目三由童逸杰、朱昕宇、王迪庆编写，项目四由庞龙凤、刘美灵、李学志编写，项目五由陈亮亮、王迪庆、陈剑雨编写，项目六由张朝山、储明、刘菲编写，项目七由庞龙凤、张朝山、储明编写。

本教材在编写的过程中，参考了大量相关著作或教材及相关网站，在此一并致以真诚的感谢。

由于编者水平有限，书中难免有错漏之处，敬请读者批评指正。

编　者

目录

项目一

汽车新媒体营销认知

学习目标

知识目标

1. 熟悉新媒体的概念与类型。
2. 了解新媒体的发展现状与前景。
3. 理解汽车新媒体营销带来的变革。
4. 了解汽车新媒体营销的优势与策略。

能力目标

1. 具备组建新媒体营销团队的能力。
2. 具备规划新媒体营销岗位职业发展方向的能力。
3. 具备新媒体营销人员通用的职业素养。

素养目标

1. 增强新媒体营销从业人员遵纪守法、规范经营的法制意识。
2. 培养工匠精神、创新思维和团队合作精神。

思维导图

- 汽车新媒体营销认知
  - 认识新媒体
    - 新媒体的含义
    - 新媒体的类型
    - 新媒体的发展现状与前景
  - 走进汽车新媒体营销
    - 新媒体营销的含义
    - 汽车新媒体营销带来的变革
    - 汽车新媒体营销的优势
    - 汽车新媒体营销策略
  - 汽车新媒体营销岗位和职业素养
    - 汽车新媒体营销团队
    - 汽车新媒体营销从业人员的职业素养
    - 汽车新媒体营销人员的职业规划

任务一　认识新媒体

任务导入

随着时代的快速发展，越来越多的企业开始紧跟新媒体的发展动向，利用宣传短视频、品牌微信公众号、H5海报等，在营销活动中实现“换道超车”。小王同学准备毕业后从事新媒体方面的工作，开始学习什么是新媒体，请问新媒体有哪些类型，以及它的发展前景如何？

知识解读

一、新媒体的含义

新媒体是一个相对宽泛且不断发展的概念，其核心在于利用数字技术、网络技术和移动通信技术等新兴技术手段，通过特定的渠道和终端，向用户提供信息和服务。以下是对新媒体定义的详细解释。

（一）从技术层面来说

从技术层面来说，新媒体是基于一系列现代信息技术而产生的媒体形式。这些技术使信息能够以数字化的方式进行处理、存储和传输。例如，数字音频技术将声音转换为数字信号，让声音能够更高效地在网络中传播，如在线音乐平台就是利用这种技术为用户提供服务的。

（二）从传播渠道来看

新媒体打破了传统媒体的物理空间限制。传统媒体，如报纸主要通过发行渠道传递信息，广播通过无线电波覆盖一定区域传递信息，而新媒体借助互联网等多种渠道，可以实现全球范围内的信息传播。比如，一个网站上的内容，只要有网络接入，世界各地的用户都能访问。

（三）从终端设备角度讲

计算机使人们可以浏览各种网页、观看在线视频；手机的便携性让用户能随时随地通过社交媒体、新闻客户端等获取资讯和娱乐内容；数字电视则为观众提供了更清晰、更多样化的节目选择。

二、新媒体的类型

新媒体是相对于传统媒体而言的一种媒体形态，其类型多种多样，每种类型都有其独特的特点和优势。这些新媒体类型在信息传播、文化交流、娱乐休闲等方面发挥着重要作用，不断推动着媒体行业的发展和创新。新媒体的类型及具体形式如表 1-1-1 所示。

表 1-1-1 新媒体的类型及具体形式

新媒体的类型	具体形式
社交媒体	社交网络平台
	即时通信工具
视听媒体	视频分享平台
	音频平台
自媒体平台	博客平台
	自媒体内容社区
网络直播媒体	游戏直播平台
	生活直播平台
虚拟现实（VR）和增强现实（AR）媒体	VR 媒体
	AR 媒体

（一）社交媒体

1. 社交网络平台

社交网络平台（如 Facebook、微博等），主要以用户之间的人际关系为纽带，用户可以发布状态、分享生活点滴、转发感兴趣的内容等。例如，微博有热门话题功能，能让用户及时参与到社会热点讨论中。用户还可以关注自己喜欢的明星、品牌或机构，获取最新资讯。

2. 即时通信工具

即时通信工具（如微信、QQ 等），不仅可以用于个人之间的聊天沟通，还支持群组聊天。很多企业也利用这些工具进行内部沟通和客户服务。例如，一些公司通过微信企业号搭建内部沟通平台，方便员工交流工作内容。

（二）视听媒体

1. 视频分享平台

视频分享平台以 YouTube、抖音、哔哩哔哩为典型代表。这些平台拥有海量的视频内容，涵盖了各种类型。例如，抖音以短视频为主，其内容包括生活记录、才艺展示、搞笑段子等。用户可以通过简单的操作制作并上传自己的视频作品。

2. 音频平台

音频平台（如喜马拉雅、蜻蜓 FM 等），提供了丰富的音频内容，包括有声读物、广播剧、音乐电台等。有声读物让用户可以在无法阅读书籍（如开车、做家务）时“听书”，满足人们获取知识和娱乐的需求。

（三）自媒体平台

1. 博客平台

博主可以在博客平台（如 WordPress、博客园等）发表长篇的文章来分享自己的观点、经验、专业知识等。例如，一个美食博主可以在博客上详细介绍美食的制作过程、食材的选择、各地美食文化等内容。

2. 自媒体内容社区

自媒体内容社区有知乎、今日头条等。知乎以问答形式为主，用户可以提出问题，其他用户根据自己的知识和经验进行回答。这种形式可以汇聚众人的智慧，解决各种知识和生活中的实际问题。今日头条则通过算法推荐内容，让自媒体作者的文章、视频等作品能够被更多对相关内容感兴趣的用户看到。

（四）网络直播媒体

1. 游戏直播平台

游戏直播平台（如斗鱼、虎牙等），主要是主播直播自己玩游戏的过程，同时与观众互动。观众可以在直播间提问、聊天，还可以通过打赏等方式支持主播。例如，在一些热门游戏的直播中，主播高超的游戏技巧和幽默的解说会吸引大量观众围观。

2. 生活直播平台

生活直播平台包括电商直播平台，如淘宝直播、抖音直播等，用于展示商品、进行销售推广。主播在直播间展示商品的细节、使用方法等，观众可以实时咨询并下单购买。例如，在服装直播中，主播会穿上服装展示效果，介绍服装的面料、款式等信息，方便消费者做出购买决策。

（五）虚拟现实（VR）和增强现实（AR）媒体

1. VR 媒体

通过创建虚拟的环境，让用户有身临其境的感觉。例如，在 VR 游戏中，用户可以感觉自己身处一个奇幻的游戏世界，通过头部和手部的动作控制游戏角色。一些新闻媒体也开始尝试利用 VR 技术，让观众更真实地感受新闻现场，如体育赛事等场景。

2. AR 媒体

AR 是在现实环境的基础上增加虚拟元素。例如，一些 AR 导航应用，在手机屏幕上显示的实际道路场景中添加方向箭头、店铺标识等虚拟信息，方便用户找到目的地。在教育领域，AR 技术可以将虚拟的教学模型叠加在现实的书本或课桌上，增强学习效果。

微课视频

认识新媒体

三、新媒体的发展现状与前景

新媒体行业呈现出蓬勃发展的态势，其前景也备受瞩目。以下是对新媒体发展现状与前景的详细分析。

（一）新媒体发展现状

1. 市场规模持续扩大

新媒体行业市场规模的年增长率保持在较高水平。近年来，随着大数据、人工智能等技术的不断发展和应用，新媒体市场规模持续扩大。预计在未来几年内，新媒体行业市场规模将继续保持较高的增长率，成为推动数字经济发展的重要力量。

2. 用户规模不断增长

互联网普及率的提高和移动设备的普及，使得新媒体的用户规模不断增长。社交媒体、视频平台等新媒体应用成为用户日常生活中不可或缺的一部分，用户黏性不断增强。

3. 技术创新驱动发展

新媒体行业积极拥抱技术创新，如人工智能生成内容（AIGC）、虚拟现实（VR）、增强现实（AR）等前沿技术的应用，为新媒体带来了全新的体验方式和传播渠道。这些技术创新不仅提升了新媒体的内容质量和传播效率，也拓展了新媒体的应用场景和商业模式。

4. 内容创新与融合

新媒体内容不断创新，呈现出多元化、个性化的特点。从短视频、直播到长视频、音频等多种形式的内容，满足了用户多样化的需求。同时，新媒体也积极与其他产业进行融合，如电商、教育、旅游等，形成了新的商业模式和产业链。

5. 平台竞争加剧

新媒体平台之间的竞争日益激烈，各大平台纷纷通过优化用户体验、拓展内容生态、加强社交属性等方式来吸引和留住用户。竞争促进了新媒体行业的创新和发展，也提升了用户的体验和满意度。

（二）新媒体发展前景

1. 个性化与智能化

随着大数据和人工智能技术的不断应用，新媒体将更加注重个性化、智能化的内容推荐和服务。用户可以根据自己的兴趣和需求定制内容，享受更加精准和个性化的信息服务。

2. 社交化与互动性

社交属性将是新媒体未来发展的重要方向之一。新媒体将更加注重用户的社交需求和互动性体验。通过社交媒体平台、短视频平台等渠道，用户可以更加便捷地与他人进行交流和互动，形成更加紧密的社群关系。

3. 全球化与国际化

随着全球化的加速和互联网的普及，新媒体将更加注重全球化、国际化的发展。新媒体平台将积极拓展海外市场，推动内容的全球化传播和交流；同时，也将吸引更多的国际用户关注和参与。

4. 规范化与法治化

随着新媒体行业的快速发展和竞争的加剧，行业规范和法律法规的制定和完善将成为必然趋势。政府将加强对新媒体行业的监管和管理，推动行业的规范化和法治化发展；同时，也将加强网络空间的治理和网络安全保障工作。

5. 跨界融合与创新

新媒体将继续与其他产业进行跨界融合和创新，形成新的商业模式和产业链。例如，新媒体与电商的结合将推动直播带货等新型消费模式的发展；新媒体与教育的结合将促进在线教育等新型教育模式的普及。

素养园地

警惕短视频平台算法“陷阱”，守护青少年健康成长

在信息时代的浪潮下，短视频平台凭借其便捷性、娱乐性和互动性，迅速成为大众获取信息与休闲娱乐的重要渠道，尤其深受青少年群体的喜爱。然而，部分头部短视频平台在运营过程中，过度依赖算法推荐技术，且在利益驱使下，过度推送同质化内容，导致青少年深陷其中，沉迷现象日益严重。长此以往，青少年的信息接收范围被局限在一个狭窄的圈子里，形成“信息茧房”。

对此，有关部门明确提出“严禁推送高度同质化内容诱导用户沉迷”。互联网的魅力，从来不在于让人沉迷、上瘾，而是体现在给用户提供更加丰富多彩的选择。

平台应强化责任意识：短视频平台要深刻认识到自身对青少年成长的重要影响，将社会责任置于重要位置。在算法设计上，应注重多样性和平衡性，不仅要考虑用户兴趣，还要主动推送知识科普、文化艺术、励志成长等多元内容，拓宽青少年的视野。

加强政策监管与执行力度：政府相关部门要依据法律法规，加强对短视频平台的日常监管。建立健全长效监管机制，定期审查平台算法和内容，对违规行为及时发现、严肃处理。同时，加强部门间的协同合作，网信、公安、文化等多部门形成合力，共同营造健康的网络环境。

提升青少年网络素养：学校和家庭应加强对青少年的网络素养教育。学校可开设相关课程，引导学生正确认识网络、合理使用网络，提高对不良信息的辨别能力和对网络诱惑的抵制能力。

资料来源：杨鑫宇．不让青少年为算法所困．中国青年报，2024－11－28.

任务二 走进汽车新媒体营销

任务导入

小王同学作为汽车营销专业的学生，在前期学习的基础上，想进一步了解新媒体营销的内容，他想知道关于汽车新媒体营销的变革有哪些，以及与传统汽车营销相比有哪些优势。

知识解读

一、新媒体营销的含义

（一）定义

新媒体营销是指利用新媒体平台（如社交媒体、视频平台、移动应用等）进行产品或服务的推广、品牌塑造和客户关系维护的一系列营销活动。它是一种基于现代数字技术和网络传播特点的营销方式，通过创造、传播和交付有价值的内容，吸引目标受众，从而实现营销目标。

（二）内容创作与传播

1. 内容创作特点

新媒体营销的内容形式丰富多样，包括文字、图片、音频、视频等。内容要具有吸引力、趣味性和价值性。内容创作要以目标受众为中心，了解他们的需求、兴趣和痛点，从而制作出符合他们口味的内容。

2. 传播方式

新媒体营销的传播具有病毒式传播的特点。好的内容可以通过用户的分享、转发等行为在短时间内迅速扩散。同时，新媒体平台的算法推荐系统也在内容传播中起到重要作用，这些算法会根据用户的行为数据（如浏览历史、点赞、评论等）将相关内容推送给可能感兴趣的用户。

二、汽车新媒体营销带来的变革

（一）营销平台的变革

1. 从传统媒体向新媒体平台转移

过去汽车营销主要依赖电视广告、报纸杂志广告和车展等线下活动。如今，汽车品牌越来越多地将重心转移到新媒体平台。例如，汽车品牌在社交媒体（如微博、微信）上开设官方账号，通过发布车型信息、品牌故事、用户评价等内容吸引潜在消费者。

2. 利用视频平台进行深度营销

视频平台的崛起为汽车营销带来新机遇。汽车品牌在 YouTube、抖音、哔哩哔哩等平台制作并投放各种类型的视频。一些汽车品牌还会在短视频平台上开展创意营销活动，如汽车品牌挑战赛，鼓励用户拍摄与汽车相关的短视频，提高品牌曝光度。

3. 拓展移动应用营销渠道

汽车品牌自己开发的专属应用除提供车辆控制（如远程起动、查看车辆状态等）功能外，还成了营销的重要窗口。通过应用向车主推送车辆保养提醒、周边服务推荐（如附近的汽车美容店、加油站）及新车上市和促销活动等信息。

（二）营销内容的变革

1. 内容形式多样化

汽车新媒体营销内容不再局限于传统的文字和图片。除前面提到的视频内容外，还包括 3D 汽车模型展示、虚拟现实（VR）/增强现实（AR）体验内容。例如，通过 VR 技术，用户可以仿佛置身于汽车展厅或驾驶座，感受汽车的内部空间和驾驶视野。

2. 内容深度和个性化加强

与过去简单的产品介绍不同，现在的汽车营销内容更注重深度挖掘产品卖点和用户需求。例如，针对新能源汽车，会详细介绍电池技术、续驶里程优化、智能充电系统等专业内容。同时，根据不同用户群体的特点和需求制作个性化内容。

3. 用户生成内容（UGC）的重要性提升

用户生成内容在汽车新媒体营销中扮演着越来越重要的角色。消费者在社交媒体、汽车论坛等平台分享自己的购车经历、汽车改装案例、自驾游体验等内容。这些真实的用户体验内容对其他潜在消费者的购买决策产生重要影响。

（三）营销方式的变革

1. 从单向传播到双向互动

传统汽车营销以品牌向消费者单向传播产品信息为主。在新媒体环境下，营销方式转变为双向互动。消费者可以通过评论、私信、在线客服等方式直接向汽车品牌方询问车型配置、价格优惠、售后服务等问题，品牌方能够及时回应并提供解决方案。

2. 社群营销成为重要手段

汽车品牌方通过建立和运营车主社群，如微信车主群、汽车品牌论坛等，加强车主之间及品牌与车主之间的联系。在社群中，车主可以交流驾驶经验、汽车保养技巧等，品牌方可以发布活动信息、收集用户反馈。

3. 直播营销兴起

直播成为汽车新媒体营销的热门方式。汽车品牌方通过电商直播销售汽车周边产品

（如汽车用品、汽车模型），通过汽车产品直播展示汽车的细节和性能，解答观众的疑问，甚至直接促成汽车销售。

（四）消费者决策过程的变革

1. 信息获取更便捷全面

在新媒体时代，消费者获取汽车信息的渠道增多且更加便捷。他们可以通过汽车品牌官方账号、汽车媒体账号、车主论坛、社交媒体等多种渠道，快速获取汽车的外观、性能、价格、口碑等信息。

2. 消费者决策周期缩短或延长

一方面，由于信息获取便捷，消费者可能在短时间内被吸引并做出购买决策。例如，看到一款汽车在短视频平台上的精彩展示和优惠活动后，消费者可能迅速预约试驾并下单。另一方面，消费者也可能因为过多的信息和不同的观点而陷入犹豫，导致决策周期延长。

微课视频

汽车新媒体营销带来的变革

3. 口碑和社交影响增强

消费者在购车决策过程中更加注重口碑和社交因素。用户评价、朋友推荐、网红博主的意见等对消费者的影响越来越大。一个负面的用户评价可能会让消费者放弃购买某个品牌的汽车，而一个正面的网红推荐可能会吸引消费者关注并考虑购买。

知识视界

广汽丰田赛那的新媒体营销策略

一、品牌背景与市场定位

广汽丰田赛那是一款定位于中大型 MPV 市场的车型，主要面向中高端消费者，特别是那些对车辆品质、舒适性、智能化有较高要求的家庭用户和商务人士。

二、新媒体营销策略

社交媒体营销：广汽丰田利用官方网站、社交媒体（如微博、微信、抖音等）进行线上宣传和推广。通过精美的图片、视频和详细的产品介绍，吸引潜在消费者的关注。举办线上直播活动，邀请知名主持人和行业专家进行新车讲解和试驾体验分享，增强消费者的购买信心。

视频号营销：在视频号平台发布新车介绍、试驾体验、车主故事等内容，与消费者建立情感连接和信任关系。通过视频号与微信生态的深度整合，实现全链路通畅转化，减小流失风险。

内容营销：广汽丰田还通过发布高质量的营销文章和案例，如“重塑高端 MPV 市场 广汽丰田赛那上市整合营销”等，展示新车的各项升级和亮点，以及品牌的实力和口碑。鼓励车主和粉丝分享自己与广汽丰田汽车的故事和照片，通过用户生成内容（UGC）来推广品牌。

线上线下联动：在各大城市的广汽丰田4S店设立新车展示区，让消费者亲身体验新车的舒适性和智能化功能。举办活动，让消费者亲自试驾新车，感受其卓越的性能和操控体验。利用线下活动吸引消费者关注，并通过线上渠道进行后续跟进和转化。

资料来源：佚名．搜狐汽车营销首脑风暴案例：重塑高端MPV市场 2024款广汽丰田赛那整合营销．汽车咖啡馆，2024-08-18.

三、汽车新媒体营销的优势

汽车新媒体营销与传统汽车营销相比，具有诸多优势，这些优势使得汽车新媒体营销成为汽车品牌提升市场竞争力、拓展用户群体和推动销售增长的重要手段。具体如图1-2-1所示。

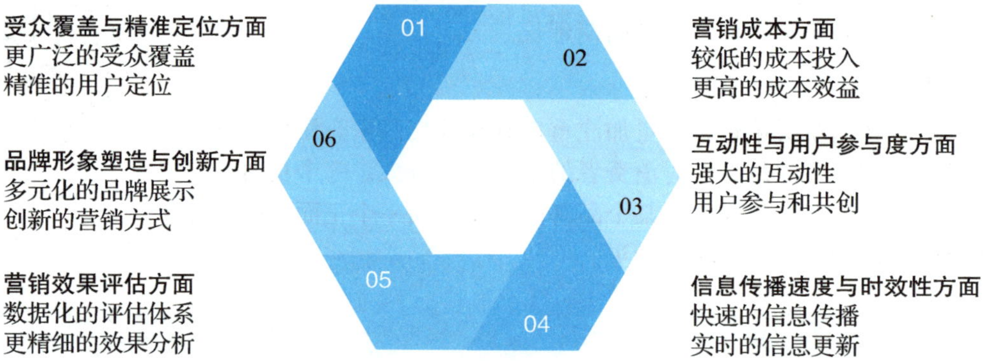

图1-2-1 汽车新媒体营销的优势

（一）受众覆盖与精准定位方面

1. 更广泛的受众覆盖

新媒体平台拥有海量用户，能突破地域限制，接触到更广泛的潜在消费者群体。无论是大城市还是偏远地区，只要有网络覆盖，都可能成为汽车营销的受众，为汽车销售拓展了广阔的市场空间。而传统汽车营销受地域、时间等因素限制，受众范围相对较窄。

2. 精准的用户定位

新媒体借助大数据分析技术，可以根据用户的年龄、性别、地域、兴趣爱好、浏览行为等多维度信息，对目标受众进行精准细分和定位，将汽车产品的宣传信息准确推送给有可能感兴趣的潜在客户，提高营销的针对性和有效性。传统营销方式较难做到如此精准的用户定位，更多是面向大众的广泛传播，容易造成营销资源的浪费。

（二）营销成本方面

1. 较低的成本投入

新媒体营销有许多免费或低成本的开放平台，如社交媒体账号、汽车论坛等，汽车企业可以在这些平台上发布信息、开展活动，可降低营销的成本。相比之下，传统汽车营销需要投入大量资金用于广告投放、线下活动、经销商渠道建设等，成本较高。

2. 更高的成本效益

新媒体营销可以根据效果实时调整策略，对于投入的成本能够更有效地把控和优化，将资源集中在效果更好的营销活动上，从而提高成本效益。传统营销方式一旦投入，调整的难度较大，成本效益的把控相对较弱。

（三）互动性与用户参与度方面

1. 强大的互动性

新媒体为汽车企业和消费者之间搭建了实时沟通的桥梁。消费者可以通过评论、私信、留言等方式随时向汽车企业提出问题、表达意见和建议，企业也能够及时给予回复和解答，可增强消费者对汽车品牌的好感度和信任度。传统营销方式主要是企业单向地向消费者传递信息，消费者的反馈渠道有限，互动性较差。

2. 用户参与和共创

通过新媒体平台，汽车企业可以开展各种互动活动，如线上车展、试驾预约、创意征集、用户投票等，鼓励消费者积极参与。消费者在参与过程中会产生更强的品牌认同感和归属感，同时也为企业的营销提供了更多的创意和传播素材。传统营销方式难以实现这样的用户参与和共创。

（四）信息传播速度与时效性方面

1. 快速的信息传播

在新媒体环境下，信息的传播速度极快。汽车企业可以通过社交媒体、汽车应用、汽车论坛等渠道，及时发布产品信息、促销活动等内容，快速传播至目标受众，能够在短时间内获得较高的关注度和影响力。传统营销方式的信息传播速度相对较慢，需要经过较长的时间才能到达消费者。

2. 实时的信息更新

新媒体营销可以根据市场变化、产品更新等情况实时发布最新信息，保持营销内容的时效性。传统营销方式在信息更新方面相对滞后，如纸质广告、电视广告等一旦制作完成并发布，难以快速进行修改和更新。

（五）营销效果评估方面

1. 数据化的评估体系

新媒体营销可以通过大数据分析，准确地收集和分析用户的行为数据、反馈数据等，从而对营销效果进行量化评估，了解营销活动的曝光量、点击率、转化率等指标，为企业进一步优化营销策略提供依据。传统营销方式的效果评估主要依赖于市场调研、销售数据等，评估的准确性和及时性相对较低。

2. 更精细的效果分析

新媒体营销可以对不同的营销渠道、活动内容、用户群体等进行细分的效果分析，找出最有效的营销方式和策略，提高营销的效率和质量。传统营销方式较难做到如此精细的效果分析。

（六）品牌形象塑造与创新方面

1. 多元化的品牌展示

新媒体平台提供了丰富多样的内容形式，如短视频、图文、直播等，汽车企业可以通过这些形式多角度、全方位地展示汽车产品的特点、性能、使用场景等，塑造更加立体的品牌形象。传统营销方式主要以平面广告、电视广告等形式为主，展示方式相对单一。

2. 创新的营销方式

新媒体营销不断涌现出各种新的营销方式和手段，如病毒营销、事件营销、口碑营销等，汽车企业可以根据自身的特点和目标受众选择合适的营销方式，吸引消费者的关注，提高品牌的知名度和影响力。传统营销方式相对较为保守，创新的难度较大。

四、汽车新媒体营销策略

汽车新媒体营销策略多种多样，每种策略都有其独特的优势和适用场景。汽车品牌可以根据自身特点和市场需求选择合适的策略进行组合运用，以实现最佳的营销效果，如表 1－2－1 所示。

表 1－2－1　汽车新媒体营销策略

营销策略	定义与特点	实施案例
事情营销	企业通过策划、组织和利用具有新闻价值、社会影响及名人效应的人物或事件，吸引媒体、社会团体和消费者的兴趣与关注，以求提高企业或产品的知名度、美誉度，树立良好品牌形象，并最终促成产品或服务的销售	汽车品牌举办一场盛大的新车发布会，邀请各界媒体、明星嘉宾和潜在消费者参加。在发布会上，通过展示新车的独特设计、先进技术和创新功能，制造新闻热点，引发媒体报道和公众关注
口碑营销	企业在调查市场需求的情况下，为消费者提供需要的产品和服务，从而让人们通过口碑了解产品、树立品牌形象，最终达到企业销售产品和提供服务的目的	汽车企业可以建立车主推荐奖励机制，老车主成功推荐新客户购车，双方都能获得一定的奖励，如免费保养服务、汽车精品等
饥饿营销	商品提供者有意调低产量，以期达到调控供求关系、制造供不应求“假象”、维持商品较高售价和利润率的目的	发布某款限量款跑车的试驾视频、内饰细节图等，同时透露产量有限的信息，引发消费者的抢购欲望。当正式接受预订时，由于前期的宣传和限量供应，往往会出现供不应求的情况

续表

营销策略	定义与特点	实施案例
互动营销	指企业在营销过程中充分利用消费者的意见和建议，用于产品的规划和设计，为企业的市场运作服务	在汽车品牌的官方网站或社交媒体账号上设置汽车配置定制功能，消费者可以根据自己的喜好选择汽车的颜色、内饰、配置等选项，然后生成个性化的汽车配置方案，并分享到社交平台
场景营销	基于对消费者场景的精准定位，在合适的场景下向消费者推送符合其需求的产品或服务信息	制作一系列短视频展示汽车在家庭自驾游、城市通勤、户外探险等场景中的优势。在自驾游场景中，展示汽车的大空间可以轻松装载行李和露营装备，舒适的座椅可以缓解长途驾驶的疲劳等特点
跨界营销	两个或多个不同领域的品牌通过合作，整合优势资源，推出兼具双方特色的联名产品或活动，从而达到扩大品牌影响力、拓展消费群体的目的	汽车品牌与时尚品牌合作，推出联名限量版车型，车内内饰采用时尚品牌的设计元素，同时在时尚品牌的门店展示联名汽车，双方通过各自的渠道进行宣传推广，吸引双方品牌的粉丝关注，实现品牌形象的提升和产品的销售

任务三　汽车新媒体营销岗位和职业素养

任务导入

小王同学通过对汽车新媒体营销的了解，发现这个行业前景非常可观，毕业后想从事该行业，于是开始深入了解汽车新媒体营销具体有哪些岗位，以及各岗位的职责分别是什么，需要具备哪些职业素养，为后续的工作做好铺垫。

知识解读

一、汽车新媒体营销团队

汽车新媒体营销团队对于提升品牌影响力、优化用户体验、提高营销效率及应对市场竞争等方面都具有重要作用。随着新媒体技术的不断发展和汽车市场的持续变化，新媒体营销团队将继续发挥其在品牌推广和市场营销中的核心作用，如图 1-3-1 所示。

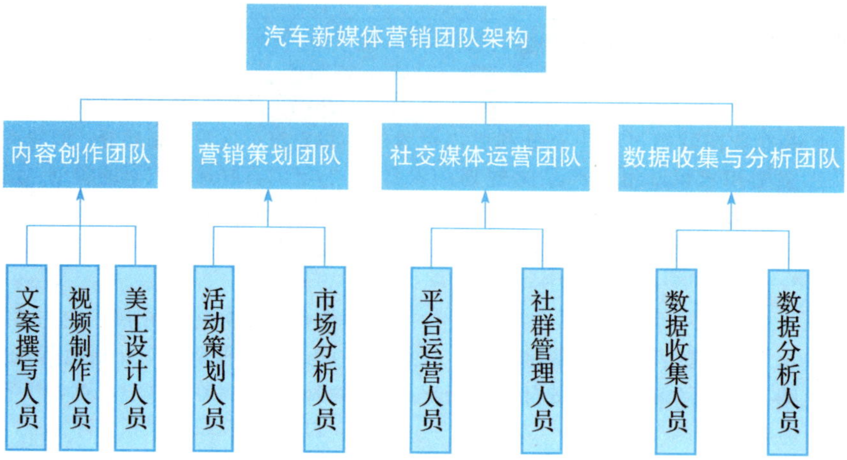

图 1-3-1　汽车新媒体营销团队架构

（一）汽车新媒体营销团队架构

1. 内容创作团队

（1）文案撰写人员：负责撰写汽车相关的各种文案，包括车型介绍、技术解读、品牌故事、用户案例等。文案要精准地传达汽车的特点和优势，同时还要符合新媒体平台的风格，吸引消费者的注意力。

（2）视频制作人员：负责拍摄和制作汽车营销视频，包括制作精美的广告视频、汽车评测视频、车主访谈视频等。视频制作人员需要掌握拍摄技巧，如汽车外观的全景展示、内饰细节的特写拍摄，以及视频后期制作。

（3）美工设计人员：主要负责汽车营销中的视觉设计工作。美工设计人员设计宣传海报、产品图片、社交媒体平台的头像和封面等，设计内容要体现汽车品牌的风格和特色，同时符合新媒体传播的视觉要求。例如，为汽车品牌设计的海报要突出汽车的外观亮点，色彩搭配要吸引人。

2. 营销策划团队

（1）活动策划人员：策划各种汽车新媒体营销活动，如线上抽奖、试驾活动、车主自驾游、汽车文化节等。活动策划人员要根据营销目标、目标受众和预算，设计活动的主题、流程和规则。

（2）市场分析人员：研究汽车市场动态、竞争对手情况和消费者需求变化。市场分析人员通过收集和分析数据，为营销决策提供依据。例如，分析不同地区消费者对汽车品牌和车型的偏好，以及竞争对手在新媒体营销方面的策略和活动，帮助团队制定更有针对性的营销方案。

3. 社交媒体运营团队

（1）平台运营人员：负责汽车品牌官方社交媒体账号（如微博、微信、抖音等）的日常运营，发布内容、管理评论和私信、与用户互动。例如，在汽车品牌的微博账号上，他们按照既定的内容发布计划，发布新车资讯、车主故事等内容，并及时回复用户的评论和私信，维护品牌形象。

（2）社群管理人员：建立和管理汽车品牌相关的社群，如车主群、汽车爱好者群等。社群管理人员组织社群活动、促进成员之间的交流，收集用户反馈。例如，在车主群中组织定期的汽车保养知识讲座，增强用户之间的黏性和对品牌的忠诚度。

4. 数据收集与分析团队

（1）数据收集人员：通过各种工具和渠道收集汽车新媒体营销相关的数据，包括网站流量数据、社交媒体互动数据、广告投放数据等。例如，利用网站分析工具收集汽车品牌官网的访问量、用户停留时间、页面浏览路径等数据。

（2）数据分析人员：对收集的数据进行深入分析，为营销团队提供洞察和建议；通过数据分析消费者行为、营销活动效果等。例如，分析广告投放数据，评估不同平台、不同广告形式的转化率，帮助团队优化广告投放策略。

（二）汽车新媒体营销团队组建

汽车新媒体营销团队的管理需要从明确目标设定、优化团队结构、强化沟通与协作、培训与提升、实施激励与考核、数据分析与优化及注重文化建设等多个方面入手。通过全面考虑和持续改进这些方面，可以打造出一个高效、和谐、富有创造力的汽车新媒体营销团队，如图 1－3－2 所示。

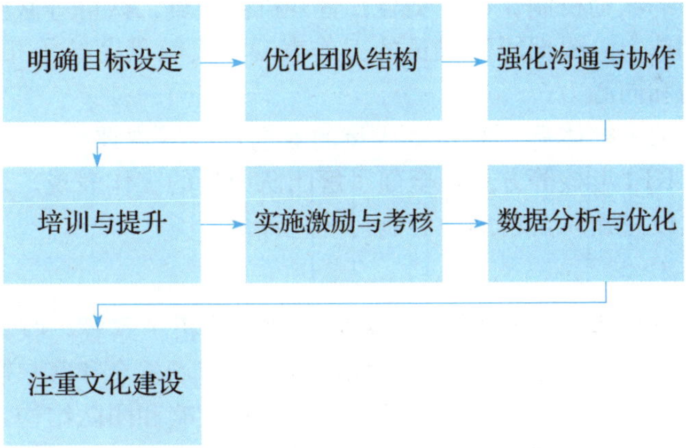

图 1－3－2　新媒体营销团队组建流程图

1. 明确目标设定

（1）制定具体目标。设定明确的营销目标，如增加品牌曝光度、提高用户参与度、促进销售转化等。确保团队成员对目标有清晰的认识和共同的理解。目标应具有可衡量性、可达成性和挑战性，以便在后续执行过程中进行监测和评估。

（2）分解目标。将整体目标分解为具体的个人目标和团队目标，确保每个团队成员都清楚自己的职责和期望成果。设定明确的 KPI（关键绩效指标），如点击率、转化率、粉丝增长率等，以便对团队成员的工作表现进行客观评价。

2. 优化团队结构

（1）选拔优秀人才。选拔具备汽车销售经验、良好沟通能力和团队合作精神的人才加入团队。注重团队成员之间的互补性，以便更好地应对各种销售场景和客户需求。

（2）明确岗位职责。根据团队成员的技能和经验进行合理分工，明确各自的岗位职责和工作内容。确保团队成员对自己的职责有清晰的认识，以便更好地履行职责和发挥作用。

3. 强化沟通与协作

（1）建立沟通机制。建立定期的沟通机制，如每周召开团队会议，讨论当前的工作进展、存在的问题及下一步的工作计划。使用即时通信工具，如微信群、Slack 等，进行日常的沟通和交流，确保信息传递顺畅。

（2）促进团队协作。鼓励团队成员之间的协作和配合，共同完成任务。通过项目合作、跨部门合作等方式，促进团队成员之间的合作和交流，提升整体工作效率。

4. 培训与提升

（1）定期组织培训。邀请行业专家举办讲座，分享最新的市场趋势和销售技巧。组织内部培训，分享成功的销售案例和经验。提供专业培训机会，如数据分析、社交媒体运营等，提升团队成员的专业素养和销售技能。

（2）鼓励自主学习。鼓励团队成员自主学习和成长，提供学习资源和学习平台。设定学习目标，鼓励团队成员参加行业会议和研讨会，以拓宽视野和获取最新信息。

5. 实施激励与考核

（1）制定合理的激励机制。设立奖金、晋升机会、员工认可等激励方式，激发团队成员的积极性和创造力。根据团队成员的工作表现和贡献程度给予相应的奖励和认可，增强团队的凝聚力和向心力。

（2）建立科学的考核体系。对团队成员的业绩进行客观评价，及时调整管理策略。通过 360 度评估、KPI 考核等方式，全面了解团队成员的工作表现。及时向团队成员反馈评估结果，提出改进建议，帮助他们制订改进计划。

6. 数据分析与优化

（1）建立数据分析体系。使用 CRM 系统、数据分析工具等，收集和分析新媒体营销活动的数据。评估营销策略的有效性，发现潜在的市场机会和客户需求。

（2）优化营销策略。根据数据结果及时调整营销策略和团队结构，确保团队能够持续高效地运作。通过数据分析发现团队成员的优势和不足，有针对性地进行培训和指导，提升整体销售能力。

7. 注重文化建设

（1）塑造积极向上的企业文化。宣传企业的核心价值观和愿景，激发团队成员的工作热情和归属感。通过表彰和奖励，激励团队成员践行企业文化，提升团队的整体凝聚力。

（2）营造良好的工作氛围。组织团队建设活动，如团建、团队竞赛等，增强团队成员之间的了解和信任。关注团队成员的心理健康和工作压力，提供必要的支持和帮助。

二、汽车新媒体营销从业人员的职业素养

汽车新媒体营销从业人员的职业素养，是其在职业过程中表现出来的综合品质，这

些品质不仅关乎个人能力的发挥，更直接影响到整个营销活动的效果和品牌形象的塑造。以下是对汽车新媒体营销从业人员应具备的职业素养的详细阐述。

（一）培养“网感”

汽车新媒体营销从业人员应时刻保持对社交媒体的热爱，具备主动工作的精神，同时密切关注时事动态，培养出色的“网感”。“网感”是对网络热点和流行趋势的敏锐感知，是判断营销潜力的重要依据。

（二）捕捉热点

在互联网信息爆炸的时代，新媒体营销从业人员需善于捕捉互联网热点和话题，对网络语言、流行趋势有精准的把控，能迅速找到大众兴趣的交汇点，制造热门话题，吸引人气，增长粉丝量，形成裂变传播。

（三）策划文案

内容是新媒体营销的核心，优质的内容才能带来流量。好的文案能够打动用户，让用户产生强烈的代入感，从而长期关注并转化为流量。善于结合图片、视频和音频等多种媒介进行内容创作，是提升内容吸引力的关键。

（四）共情客户

为了更有效地推广产品，新媒体营销从业人员必须首先熟悉自己的产品，同时深入了解用户的需求和痛点，与用户产生共情。这样才能写出引起用户共鸣的文案，创作用户愿意分享转发的内容，策划出吸引用户的活动。

（五）分析数据

数据是新媒体营销的重要工具，通过数据分析可以反映运营中的很多问题。新媒体营销从业人员需要从海量信息中提取有价值的数据，如页面访问量、文章完读率、转化率、用户浏览时长、留言评论数据等，并及时进行营销策略的研究及合理调整，以更好地服务市场。

（六）整合资源

资源整合是新媒体营销者的核心素养之一。在进行内容策划之前，新媒体营销从业人员需要收集大量资料，进行整合、提炼，并融入自己的观点。选择有助于内容传播的优质资源，整合网络上的素材，建立素材库，并从不同维度细分收集到的素材。

微课视频

新媒体营销人员的职业素养

三、汽车新媒体营销人员的职业规划

汽车新媒体营销人员的职业规划对于其个人发展及所在企业的市场竞争力都具有重要意义。因此，企业和个人都应重视职业规划的制定和实施，为营销人员的职业发展提供有力支持，具体职业规划如表 1-3-1 所示。

表 1-3-1　汽车新媒体营销人员职业规划

规划时间	职业方向	具体目标	具体实践
短期规划（1～2 年）	知识技能提升	深入学习汽车知识	利用公司内部资料、参加汽车行业讲座和培训，深入了解汽车的构造、性能、各类配置的原理和优势
		精通新媒体平台操作	掌握主流新媒体平台（如微博、微信、抖音、汽车之家等）的规则、算法和运营技巧
	建立行业人脉	积极参与行业活动	参加汽车展会、新媒体营销研讨会、汽车俱乐部活动等，结识汽车行业专家、新媒体同行、汽车经销商和潜在合作伙伴
		加入专业社群	在社交媒体上寻找并加入汽车新媒体营销相关的群组，参与讨论，分享见解，向有经验的从业者学习
中期规划（3～5 年）	内容创作与品牌建设	打造优质内容	根据汽车品牌特点和目标受众，制定内容策略，创作有吸引力、有深度的汽车新媒体内容
		塑造品牌形象	参与汽车品牌在新媒体上的形象塑造工作，与团队协作，确保所有营销内容都传递出一致、积极的品牌形象
	拓展营销渠道与活动策划	多渠道营销拓展	除了现有主流新媒体平台，探索新兴的汽车营销渠道，研究不同渠道的用户特点，制定有针对性的营销方案，扩大品牌的覆盖面和影响力
		策划营销活动	独立策划并执行汽车新媒体营销活动，如线上汽车知识竞赛、线下试驾体验活动等
长期规划（5 年以上）	行业专家与团队领导	成为汽车新媒体营销专家	在长期的实践和学习中，积累丰富的汽车新媒体营销经验，成为行业内的专家。可以在行业论坛、研讨会等场合发表演讲，分享自己的成功案例和见解，为行业发展提供指导
		领导营销团队	担任汽车新媒体营销团队的领导角色，负责团队的建设、管理和发展。培养和指导团队成员，激发他们的潜力，打造一个高效、有创造力的营销团队
	跨领域合作与创新	跨领域合作拓展	推动汽车品牌与其他行业的跨界合作，如与科技公司合作开发智能汽车应用、与时尚品牌联名推出限量版汽车或周边产品
		创新营销模式探索	持续探索创新的汽车新媒体营销模式，结合人工智能、大数据等技术，实现更精准的营销投放和个性化的用户体验

项目小结

本项目主要对汽车新媒体营销的知识进行了阐述，通过任务一的学习认识新媒体的基础知识，了解新媒体的含义、类型，并剖析了新媒体的发展现状与前景；通过任务二的学习认识汽车新媒体营销的内容，从内容创作与传播方式两个方面阐述新媒体营销的含义，分析汽车新媒体营销带来的变革，并与传统汽车营销进行分析对比，展现汽车新媒体营销的诸多优势；通过任务三的学习了解汽车新媒体营销的团队结构、各岗位的工作职责，以及应该具备的职业素养，并掌握组建营销团队的主要流程，从短期、中期、长期3个阶段讨论汽车新媒体营销人员的职业规划。

同步练习

一、选择题

1. 汽车新媒体营销主要依赖哪种媒介进行信息传播？（　　）

A. 电视广告　　B. 报纸杂志

C. 社交媒体和在线平台　　D. 户外广告牌

2. 下列哪一项不属于汽车新媒体营销的特点？（　　）

A. 互动性强　　B. 传播速度快

C. 营销成本高　　D. 目标受众精准

3. 汽车企业通过新媒体平台发布新车信息，主要是为了（　　）。

A. 提高产品知名度　　B. 替代传统销售渠道

C. 减少广告费用　　D. 替代线下试驾体验

4. 在新媒体营销中，汽车企业利用大数据分析主要是为了（　　）。

A. 确定广告投放时间　　B. 预测市场销量

C. 精准定位目标客户　　D. 设计产品外观

5. 社交媒体上的汽车KOL（关键意见领袖）对于汽车新媒体营销的作用是（　　）。

A. 替代传统广告　　B. 提供专业购车建议

C. 替代汽车销售顾问　　D. 增加品牌曝光度和信任度

6. 汽车新媒体营销中，哪种方式最能体现用户参与感和互动性？（　　）

A. 线上问卷调查　　B. 线下车展活动

C. 社交媒体互动话题　　D. 电视购车节目

7. 下列哪个平台最常用于汽车新媒体营销中的视频内容传播？（　　）

A. 电视购物频道　　B. 短视频App

C. 广播电台　　D. 电子邮件

8. 汽车企业在新媒体平台上进行直播带货的主要目的是（　　）。

A. 提升品牌形象　　B. 增加销售额

C. 宣传企业文化　　D. 替代线下4S店

9. 在汽车新媒体营销中，内容营销的核心是（　　）。

A. 发布广告信息　　B. 提供有价值的内容

C. 追求高点击率　　D. 强调产品性能

10. 哪种数据对于评估汽车新媒体营销效果最为关键？（　　）

A. 网站浏览量　　B. 社交媒体粉丝数

C. 转化率（如订单量、试驾量）　　D. 广告点击率

二、判断题

1. 汽车新媒体营销主要依赖互联网和社交媒体平台。（　　）

2. 汽车新媒体营销可以完全替代传统的汽车销售方式。（　　）

3. 汽车企业通过新媒体平台可以更容易地与目标受众建立联系。（　　）

4. 汽车新媒体营销的主要目的是提高品牌知名度和促进销售。（　　）

5. 在新媒体营销中，汽车企业不需要考虑用户参与度和互动性。（　　）

6. 社交媒体上的汽车 KOL（关键意见领袖）对汽车新媒体营销没有实质影响。（　　）

7. 汽车新媒体营销的内容只需要关注产品性能的介绍。（　　）

8. 大数据分析在汽车新媒体营销中不起重要作用。（　　）

9. 汽车新媒体营销效果评估的主要依据是广告点击率和浏览量。（　　）

10. 汽车新媒体营销可以完全替代传统的广告投放方式，如电视广告和户外广告。（　　）

三、简答题

1. 简述汽车新媒体营销的定义及其主要特点。

2. 列举几种常见的汽车新媒体营销手段，并说明其优势。

3. 分析汽车新媒体营销对于汽车企业的重要性。

4. 谈谈你对汽车新媒体营销未来发展的看法。

项目二

汽车新媒体常用营销工具的使用

学习目标

知识目标

1. 了解汽车图文信息编辑工具、H5 制作工具、网站设计工具及其用途。
2. 掌握相应领域 1～2 个工具的使用。

能力目标

能够根据汽车企业的实际需求，利用相关软件及工具制作新媒体营销作品，达到宣传和推广效果。

素养目标

1. 学会与团队成员分工协作，养成独立思考的习惯，具备良好的沟通和表达能力。
2. 能够在营销传播过程中遵守国家法律与社会道德，践行社会主义核心价值观。

思维导图

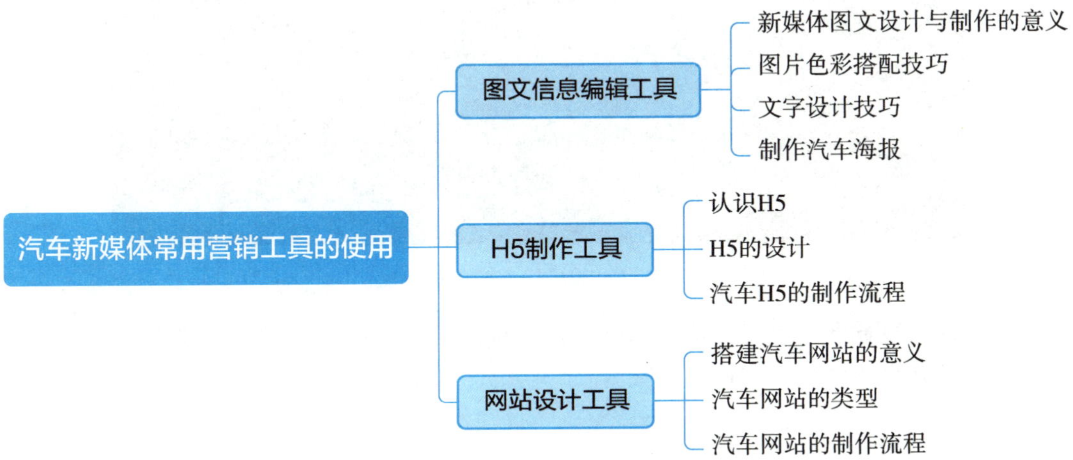

任务一　图文信息编辑工具

任务导入

在新媒体营销盛行的环境下，如果你是某4S店的销售人员，本店将在线上平台为新上市车型做推广活动，需要制作一系列新媒体营销的宣传海报，请问你了解新媒体图文设计吗？你知道如何设计一张产品海报吗？

知识解读

一、新媒体图文设计与制作的意义

图文设计在新媒体营销中是最主要的元素之一。图2-1-1所示为某品牌汽车的宣传海报。汽车新媒体营销图文制作的主要目标是传递汽车产品的核心价值和优势，激发潜在客户的购买欲望，吸引目标受众的注意力，并促进品牌形象的塑造和传播。通过精心设计的图文内容，企业可以提高品牌知名度和美誉度，在激烈的市场竞争中脱颖而出，与消费者建立情感连接。

图2-1-1　某品牌汽车的宣传海报

它不仅是视觉上的呈现，更是品牌传播、信息传达和用户互动的重要工具。以下是图文设计在新媒体营销中的核心意义。

（一）吸引注意力

在信息爆炸的时代，用户的注意力是稀缺资源。图文设计通过精美的图片和吸引人的文字，能够迅速抓住用户的眼球，引导他们关注并深入了解品牌或产品信息。

（二）传递品牌信息

图文设计是品牌视觉识别系统（VI）的一部分，能够直观地展示品牌的调性、理念和价值观。通过统一的风格、色彩和字体，图文设计能够增强品牌的辨识度和记忆点。

（三）提升内容质量

高质量的图文设计能够提升内容的可读性和吸引力，使用户更愿意停留和阅读。这有助于提高内容的传播效率和用户参与度，从而增加品牌的曝光度和影响力。

（四）增强情感共鸣

图文设计能够通过视觉元素和文字表达，触动用户的情感需求，引发他们的共鸣。这种情感连接有助于建立品牌与用户之间的信任和忠诚。

（五）促进用户互动

图文设计能够激发用户的分享欲望，促使他们通过社交媒体等平台进行转发、评论和点赞。这种用户互动不仅扩大了品牌的传播范围，还增加了品牌的社交资产。

（六）优化用户体验

优秀的图文设计能够提升用户的阅读体验，使他们更加愉悦地接收信息。这有助于提升品牌的整体形象和口碑，从而吸引更多的潜在客户。

（七）数据分析和优化

图文设计还可以结合数据分析工具，对用户的点击量、停留时间、转化率等数据进行监测和分析。这些数据可以为后续的营销策略提供有力的支持，帮助品牌不断优化图文设计，增强营销效果。

二、图片色彩搭配技巧

吸引人的美观图片能够吸引消费者的注意力，这就要求新媒体图像设计师精通色彩搭配的艺术。相反，如果图片的颜色搭配混乱无序，可能会让消费者怀疑店铺的审美，进而影响他们对商品质量的信任。因此，对于商品图片而言，色彩的和谐搭配是极为关键的。主流的颜色模式如表 2-1-1 所示。

表 2-1-1　主流的颜色模式

序号	颜色模式	定义	应用场景
1	RGB 模式	基于红（Red）、绿（Green）、蓝（Blue）三种基本色光加色混合的原理，通过调整这三种颜色的亮度来产生其他颜色	显示器、投影仪等发光物体，网页设计和数字媒体
2	CMYK 模式	CMYK 模式是基于青色（Cyan）、品红色（Magenta）、黄色（Yellow）和黑色（Key/Black）四种基本色调减色混合的原理，通过调整这些色调的比例来产生其他颜色	打印机等吸光物体，印刷出版

续表

序号	颜色模式	定义	应用场景
3	LAB 模式	一种基于亮度（Luminance）和两种颜色通道 A（从绿色到红色范围）、B（从蓝色到黄色的范围）的颜色模式	图像编辑和色彩调整，黑白打印和扫描
4	灰度模式	指图像中只有灰度信息（亮度信息），没有彩色信息	图像编辑中的简化处理

新媒体配图讲究简明有力，创意优美，把选题、灵感和画面完美结合。那么怎样才能做出吸引人的配图呢？下面介绍一些实用技巧。

（一）美化图片更悦目

对配图加以美化，可以让图片更鲜活，更吸引人。新媒体营销编辑可以根据自己的技能水平选择图片后期处理软件，如 Photoshop、美图秀秀等，通过软件处理让图片变得更加生动。

（二）巧用动图更生动

动图让图片更有动感，一张动图甚至可以演示一个动作的整个过程，相对于传统的静态图片，动图包含了更多的信息，比静态图片更有表现力，可以更好地展现一段动态场景，更加准确具体地展现所要传达的信息，表达能力更强大，自然效果会更好。

（三）采用长图文更震撼

长图文是使图片获得更多关注度的一种好方法，因为长图文将文字与图片融合在一起，借文字描述图片内容的同时使图片所要表达的意思更生动、形象，两者相辅相成，使文章更加生动形象，提高阅读量。

（四）多样二维码更活泼

二维码对于新媒体图文而言不仅是非常重要的一种引流图片，同时也是平台的电子名片，除最常用的黑白格子二维码外，还可以尝试指纹二维码、彩色二维码、LOGO 二维码及动态二维码等多种样式，使图文内容更活泼。

微课视频

新媒体的图文设计

三、文字设计技巧

文字作为新媒体图片的关键元素，与色彩共同构成了视觉内容的精髓。文字的设计应当与图像的整体风格相协调，以避免产生突兀感，因为不和谐的图文组合可能激起观众的反感，进而造成客源的流失。各种字体类型能够营造出独特的情感色彩和氛围，所以在挑选字体时，必须细致斟酌其适用性。

（一）宋体类

宋体字体端庄、典雅，具有浓厚的文化底蕴。它适合用于正式、庄重的场合，如新闻报道、书籍封面等。在新媒体图片中，宋体字体可以营造出一种传统、稳重的氛围。以凡科快图在线设计平台的素材为例，应用宋体的文字效果如图 2-1-2 所示。

图 2-1-2　应用宋体的文字效果

（二）黑体类

黑体字体简洁、明快，具有较强的视觉冲击力。它适合用于标题、标语等需要突出显示的文字内容。在新媒体图片中，黑体字体可以迅速吸引观众的注意力，提高信息的传达效率。以凡科快图在线设计平台的素材为例，应用黑体的文字效果如图 2-1-3 所示。

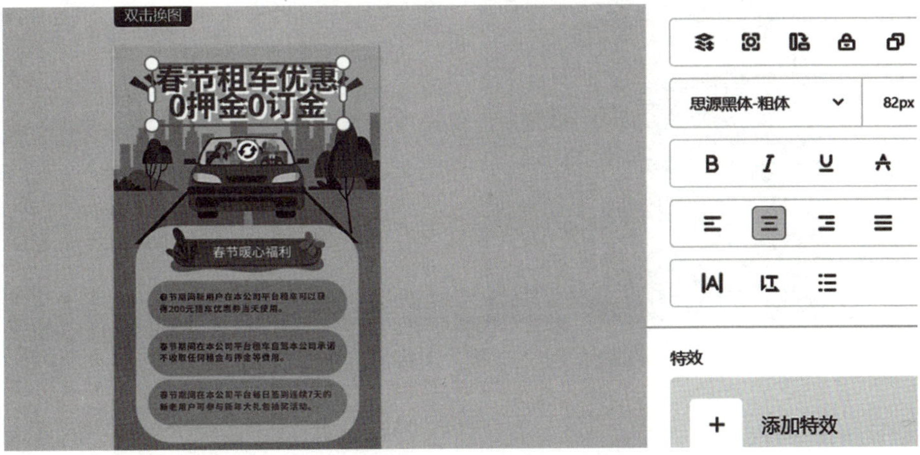

图 2-1-3　应用黑体的文字效果

（三）书法体类

书法体字体流畅、自然，富有艺术美感。它适合用于需要展现文化底蕴和艺术气息的场合。在新媒体图片中，书法体字体可以增添一份独特的艺术魅力，使画面更加生动有趣。以凡科快图在线设计平台的素材为例，应用书法体的文字效果如图 2-1-4 所示。

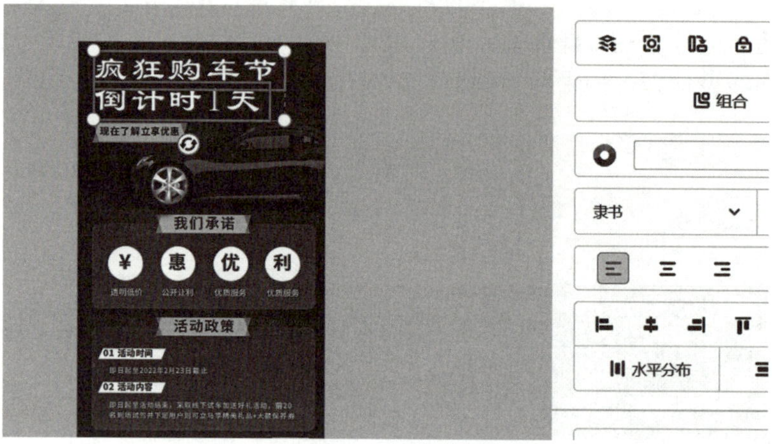

图 2-1-4　应用书法体的文字效果

（四）艺术体类

艺术体字体创意十足，形式多样，可以根据不同的需求进行个性化设计。它适合用于需要展现创意和个性的场合。在新媒体图片中，艺术体字体可以打破传统束缚，为画面增添一份独特的视觉冲击力。以凡科快图在线设计平台的素材为例，应用艺术体的文字效果如图 2-1-5 所示。

图 2-1-5　应用艺术体的文字效果

四、制作汽车海报

网络上有很多免费的新媒体在线设计平台，这些平台提供了海量的版权图片、原创插画及多种高质量的设计模板供用户使用。用户只需挑选出心仪的模板，随后进行简单的个性化调整，便能轻松制作出电商海报、普通海报、个人简历、Banner 横幅、名片及邀请函等多种类型的设计作品。接下来，以汽车促销活动的海报设计为例，详细介绍如何利用凡科快图这一在线设计工具进行网页设计操作。

（一）注册凡科快图在线设计工具

在百度搜索引擎中输入“凡科快图”，单击链接访问凡科快图的官方网站，单击页面右上角的“注册”按钮，之后可以选择使用手机、邮箱或者微信等方式进行账号的注册。注册完成后即可登录进入设计界面，如图 2-1-6 所示。

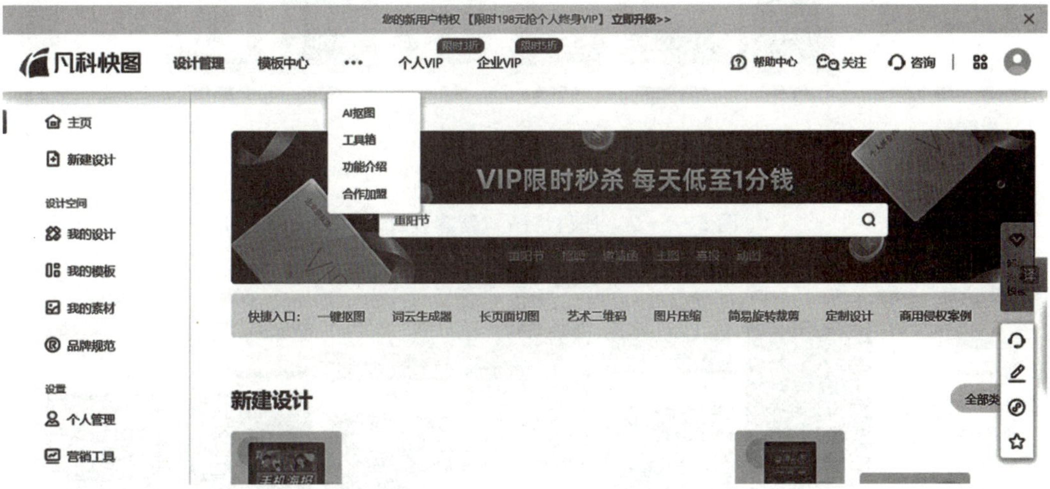

图 2-1-6 凡科快图登录首页

（二）海报设计

1. 选择合适的模板

凡科快图平台为用户提供了种类繁多的免费模板，涵盖了新媒体配图、营销海报、电商网站素材、企业办公文档、各类印刷物料（如宣传单、名片等）、社交生活场景设计及广告投放所需的各种创意设计模板。

步骤 1：单击左侧的“新建设计”图标，开始设计，如图 2-1-7 所示。

步骤 2：选择需要的模板进行设计，这里以“长图海报”为例，单击“长图海报”图标进入设计页面。

步骤 3：在“长图海报”设计页面中，展示了海量的模板，包含了不同的主题，如国家各种节假日及商务、旅游、促销等。在搜索栏中输入“汽车”主题，挑选符合企业营销目的、应用场景的模板，如图 2-1-8 所示。

2. 图片编辑

步骤 1：在选中的结果中，可以对图片进行编辑，如替换主题中的车型图片，单击右侧的“更换图片”按钮，如图 2-1-9 所示。

步骤 2：从“我的素材”或者“系统素材”中选择心仪的图片，图 2-1-10 所示。

步骤 3：根据页面大小，调整素材图片的尺寸，美观即可，如图 2-1-11 所示。

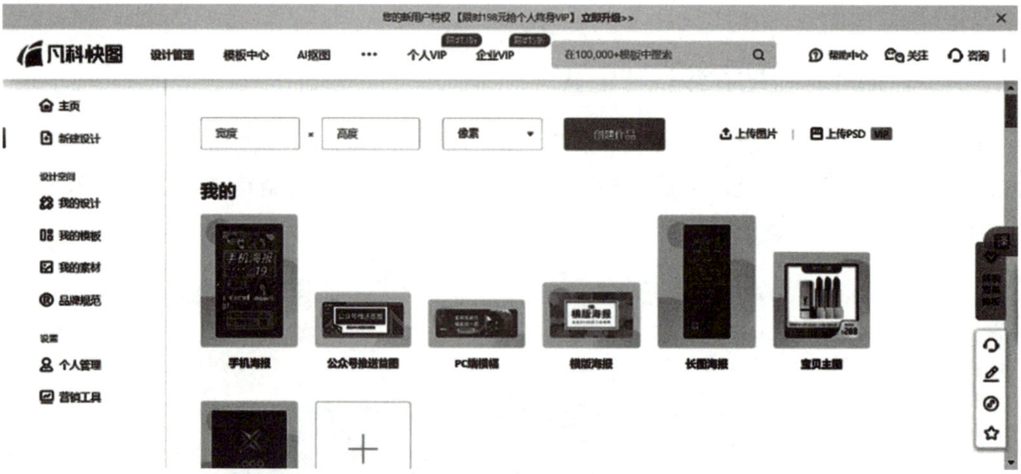

图 2-1-7　凡科快图“新建设计”界面

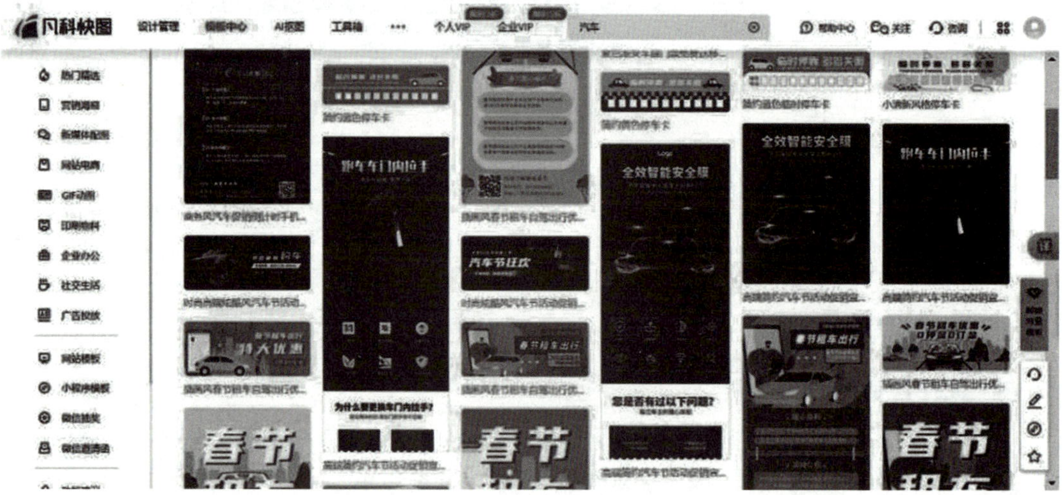

图 2-1-8　主题界面

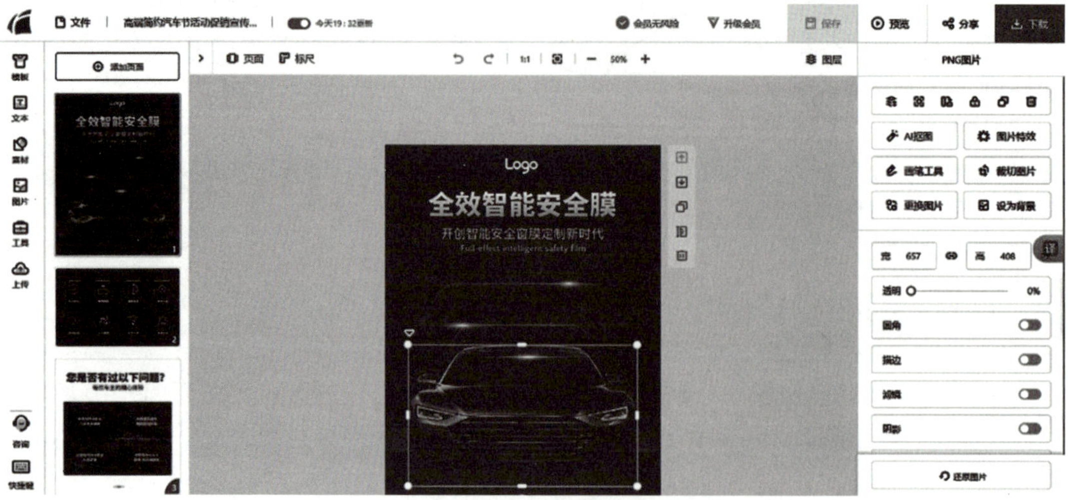

图 2-1-9　替换主题中的车型图片

图 2-1-10　选择心仪的图片

图 2-1-11　调整素材图片的尺寸

3. 文字编辑

步骤 1：编辑文字。双击需要替换的文字，在编辑框中输入新替换的文字。

步骤 2：美化文字。在对话框的右侧区域，用户可以对文本进行一系列的美化操作（见图 2-1-12），包括调整字体类型、字号大小，设置加粗、斜体、删除线等文本样式，以及改变文字的背景颜色和对齐方式。此外，还可以调整字间距来优化文本的视觉效果。为了进一步提升文本的吸引力，用户可以添加平面特效或 3D 特效，特效包括阴影、描边、弧度等。更有趣的是，用户还可以像编辑图片一样，为文本添加入场动画、强调动画和退场动画等动态效果，使文本在展示时更加生动有趣。

4. 预览效果并导出下载

除了对基本的模板、文字、图片进行编辑，还可以利用软件的工具栏，添加二维码、地图等信息，如图 2-1-13 所示。

图 2-1-12　美化文字

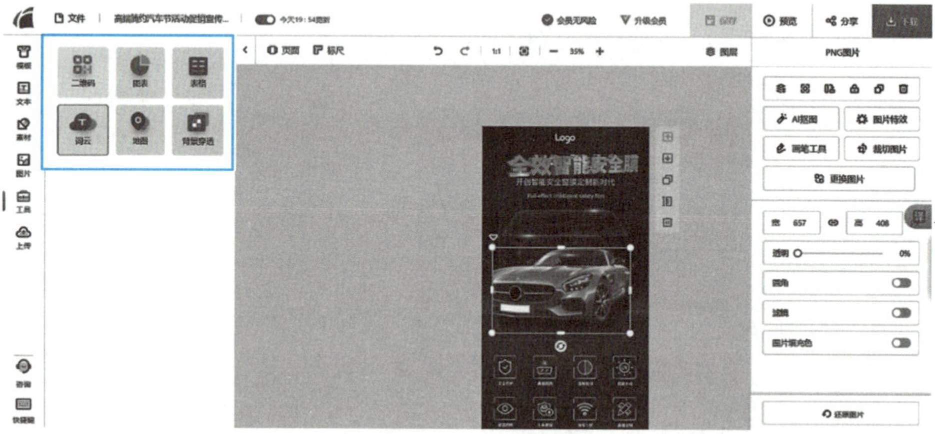

图 2-1-13　工具栏

最终确认编辑完成后，单击右上角的“下载”按钮将海报下载到电脑，也可直接将海报导出到公众号，如图 2-1-14 所示。

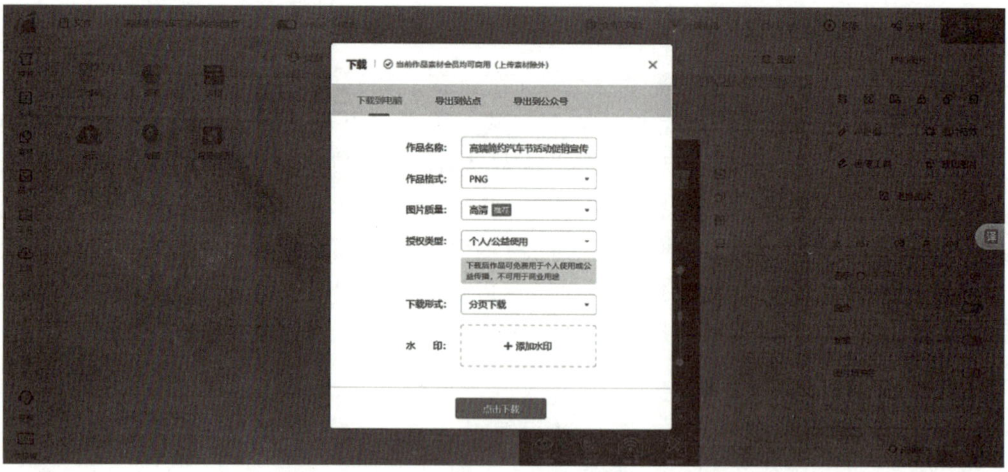

图 2-1-14　下载海报

素养园地

新媒体图文创作严防侵权

移动互联网时代，新媒体账号推送的文章是大家娱乐、互动、获取信息最主要的渠道之一，图文兼备的文章会获得更多的阅读量。有的文章作者往往写完一段文字，随手在网上找个配图就发布，而且还注明“原创”，完全没有意识到图片不能未经许可擅自使用。“1人原创，99人转载”已成了新媒体平台生态的真实写照。新媒体账号往往用于从事营利性的商业推广活动，或者作为营销的一种手段，不属于个人欣赏、研究、评价等“合理使用”的范畴。只要未经权利人许可，擅自使用配图，就属于著作权侵权。在发布时注明了作者、出处等信息，写上“来源于网络，如有侵权请联系删除”同样不能免责。

在发布新媒体图文时，应严格防控著作权侵权风险，要做到以下几点：

(1) 无论是文字还是图片，即使是再小的配图，都应使用自己创作或经过权利人许可的作品，切忌在网上搜寻后随意使用。

(2) 在转载他人文章或图片时，应慎重确定被转图文的原始权利人并获得其许可。

(3) 在转载他人视频时，除应当取得视频内容著作权人的许可之外，还应当取得该视频制作者的许可。

(4) 设置明显的联系方式，一旦涉嫌侵权，便于权利人联系，获取许可或及时删除，避免进入司法程序。

(5) 一旦因侵权被起诉，应及时选择专业的律师，根据具体案情提出有针对性的抗辩，或进行有效的沟通调解，避免扩大损失。

在互联网时代，每个人都是信息的发布者，新媒体账号内容虽小，权利却不小。无论是运营者还是普通个人，都是互联网社群的一名成员，有责任让知识分享获得更多尊重。

任务二 H5制作工具

任务导入

假如你是某4S店的销售人员，销售经理分配给你一项新任务，为店内新到的车型制作一个产品推广H5，通过H5开展微信营销。请问你了解H5吗？你知道如何使用软件制作H5吗？

知识解读

一、认识 H5

（一）H5 的定义

H5 全称为 HTML5，是 HTML（超文本标记语言）的第五次重大修改/升级版本。H5 也可以理解为一系列制作网页互动效果的技术集合，H5 页面能够呈现出丰富多彩的视觉效果和用户体验。微信小程序就是符合 H5 标准的页面。

（二）应用场景的定义

1. 网页开发

H5 技术广泛用于网页开发，特别是移动端的 Web 页面。利用 H5 开发的网页不仅具有良好的跨平台兼容性，还能提供丰富的多媒体和交互体验。

2. 数字产品

H5 也指用 H5 语言制作的一切数字产品，包括 H5 游戏、H5 广告等。这些产品通常具有轻便、易于传播的特点，非常适合在移动设备上进行分享和传播。

3. 市场推广

在国内市场，H5 通常指的是那些在微信等移动应用内运行的网页链接或二维码。这些 H5 页面不仅用于信息收集，还广泛用于品牌推广、活动邀请、节日祝福等多种场景。

（三）H5 的特征

在新媒体营销中，H5 作为一种新兴的移动端 Web 页面技术，展现出了鲜明的特征，这些特征使其成为营销领域中的热门工具，如表 2-2-1 所示。

表 2-2-1　H5 的特征

技术层面的特征	营销层面的特征
基于 HTML5 编程语言	可视化效果好
多媒体融合	情感共鸣
交互性强	需求满足
易于分享	灵活性强

微课视频

H5 的类型

（四）H5 的类型

1. 品牌传播型 H5

品牌传播型 H5 主要用于提升汽车品牌知名度和形象。这类 H5 页面通常包含品牌故事、品牌理念、品牌历史等内容，通过精美的设计和丰富的多媒体元素，向用户展示品牌的独特魅力和价值。例如，汽车品牌可以制作一个关于其品牌起源、发展历程和未来愿景的 H5 页面，让用户更加深入地了解品牌，增强品牌认同感。某品牌汽车致敬中国互联网 30 周年 H5 页面如图 2-2-1 所示。

图 2-2-1　某品牌汽车致敬中国互联网 30 周年 H5 页面

（1）创意概述。该 H5 页面以中国互联网 30 周年为背景，通过复古风格的设计，带领用户回忆 20 世纪 80 年代的互联网场景。同时，结合针对 20 世纪 80 年代的互联网知识问答，以及视频内容和用户互动环节，展示该汽车品牌的独特魅力。

（2）技术特点。主要运用了答题插件技术和视频技术，让用户在互动中了解品牌。

（3）设计亮点。整体采用 20 世纪 80 年代的画风，如当时的计算机、流行软件等元素，增强了用户的代入感和情感共鸣，使得整个 H5 页面既具有怀旧感又不失现代感。

2. 产品展示型 H5

产品展示型 H5 主要用于展示汽车产品的特点和优势。这类 H5 页面通常包含汽车产品的外观、内饰、性能、配置等详细信息，通过 3D 模型、全景展示等技术手段，让用户能够全方位地了解产品。同时，还可以加入互动环节，如虚拟试驾、配置选择等，让用户能够亲身体验产品的性能和特点。例如，某品牌汽车累计生产 1 500 万辆汽车成就展示 H5 页面如图 2-2-2 所示。

（1）创意概述。该 H5 页面以某品牌汽车累计生产 1 500 万辆汽车为基准，通过长屏切换的形式，展示该品牌汽车在载人、高度、载重等方面的巨大能量和成就。

（2）设计亮点。该 H5 页面以黄色为主要背景色，视觉上鲜明醒目。同时，通过巧妙的布局和设计，将某品牌汽车的成就和实力以直观、生动的方式呈现给用户。

（3）互动体验。用户可以通过滑动屏幕，逐步了解某品牌汽车的各项成就和品牌实力，增强对品牌的认知和认同感。

图 2-2-2　某品牌汽车累计生产 1 500 万辆汽车成就展示 H5 页面

3. 互动游戏型 H5

互动游戏型 H5 通过有趣的游戏形式吸引用户参与，提升用户的互动性和参与度。这类 H5 页面通常包含与汽车品牌或产品相关的游戏元素，如赛车游戏、拼图游戏等，让用户在游戏中了解品牌或产品。同时，还可以设置奖励机制，如积分、优惠券等，激励用户参与和分享。例如，某品牌汽车 3D 全景探索 H5 游戏页面如图 2-2-3 所示。

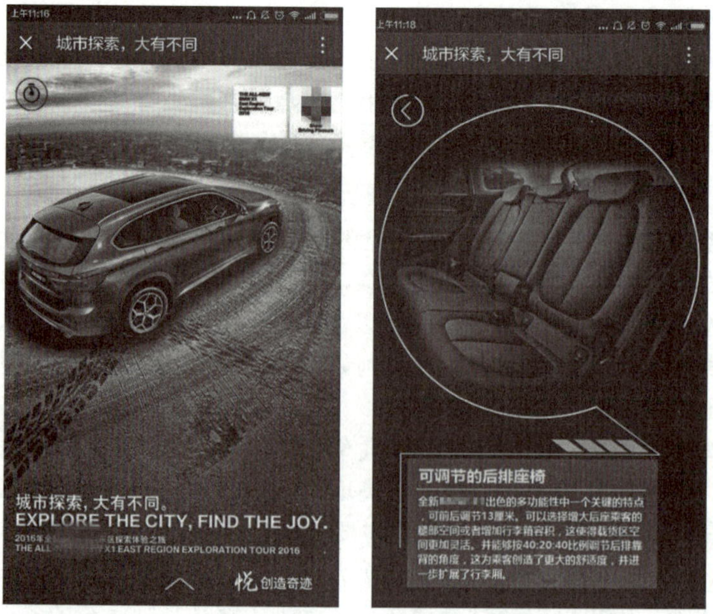

图 2-2-3　某品牌汽车 3D 全景探索 H5 游戏页面

（1）创意概述。某品牌汽车推出了一款 3D 全景类 H5 游戏，用户可以通过单击小球并拖动手指的方式观看 720°车内全景，并探索该品牌汽车的六大功能点。同时，游戏还设置了探索城市不同地点的功能，用户可以选择地图上的地点并填写个人信息报名参加该地区的某品牌汽车活动。

（2）设计亮点。该 H5 游戏采用了 3D 全景技术，以生动直观的方式呈现了某品牌汽车的内饰和外观特点。同时，通过探索城市不同地点的功能，增加了游戏的互动性和趣味性。

（3）互动体验。用户可以通过拖动手指的方式自由观看车内全景和各个功能点，并通过报名参加某品牌汽车活动的方式进一步了解产品和品牌。此外，该 H5 游戏还提供了丰富的视觉和听觉体验，增强了用户的沉浸感和体验感。

4. 技术展示型 H5

技术展示型 H5 主要用于展示汽车品牌或产品的先进技术和创新成果。这类 H5 页面通常包含 3D 引擎、VR/AR 等先进技术元素，通过虚拟展示、互动体验等方式，让用户能够直观地了解汽车品牌或产品的技术特点和优势。例如，汽车品牌可以制作一个关于其智能驾驶技术的 H5 页面，通过 VR 技术让用户能够身临其境地体验智能驾驶的便捷性和安全性。例如，某品牌汽车“电动未来”H5 页面如图 2-2-4 所示。

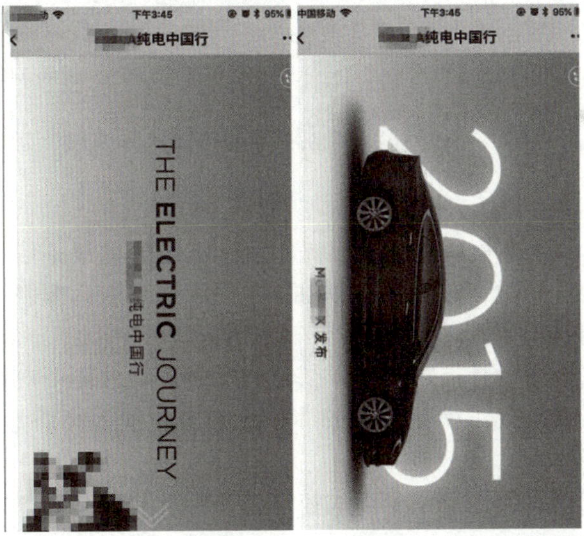

图 2-2-4　某品牌汽车“电动未来”H5 页面

（1）创意概述。某品牌汽车为宣传其电动车型和创新技术，制作了“电动未来”H5。通过动画和视频的方式，生动展示了某品牌汽车的独特魅力。

（2）设计亮点。页面设计现代感十足，色彩明亮活泼。使用了高质量的动画和视频效果，增强了用户的体验感。

（3）技术展示。展示了某品牌汽车的电动车型、电池技术、智能驾驶技术等核心亮点。通过动画和视频效果，用户可以直观地了解某品牌汽车的创新技术和产品优势。

5. 用户服务型 H5

用户服务型 H5 主要用于提供汽车品牌的用户服务信息，如售后服务、保养指南、购车咨询等。这类 H5 页面通常包含详细的用户服务流程和联系方式，方便用户随时了解服务流程和联系客服。同时，还可以设置在线客服、预约服务等功能，提升用户服务体验和满意度。例如，某汽车品牌 H5 售后服务页面如图 2－2－5 所示。

图 2－2－5　某汽车品牌 H5 售后服务页面

（1）创意概述。该 H5 售后服务页面提供了丰富的售后服务信息，如保养指南、维修预约、配件购买等。同时，该页面还提供了在线客服和电话客服等咨询服务，方便用户随时咨询和解决问题。

（2）设计亮点。页面设计清晰明了，信息分类合理，方便用户查找；提供了多种售后服务信息和咨询服务方式，满足用户的多样化需求；使用高质量的图像和动画效果，提升页面的视觉体验。

（3）服务特点。该页面提供了全面的售后服务信息和咨询服务方式，方便用户随时了解和解决问题。通过高质量的图像和动画效果提升了用户的视觉体验和使用便捷性，增强了用户对该汽车品牌的信任度和忠诚度，提高了用户的满意度和口碑。

二、 H5 的设计

（一）H5 的内容设计

设计 H5 的内容时，需要遵循一系列步骤和原则，以确保最终的作品既吸引人又实用。其关键步骤和考虑因素如表 2－2－2 所示。

表 2-2-2　H5 设计的关键步骤和考虑因素

关键步骤	考虑因素
明确目标	明确 H5 页面的主要作用，是推广产品、提供服务、分享信息还是娱乐互动
	研究目标受众的兴趣、需求和偏好，以便为他们量身定制内容
内容策划	根据目标确定一个吸引人的主题，确保其与受众的兴趣相关
	规划内容的层次和顺序，确保信息逻辑清晰，易于理解
	加入动画、视频、音频等多媒体元素，提升内容的吸引力和互动性
设计布局	保持页面布局简洁，避免过多的文字和复杂的图形，以免让用户感到困惑
	使用颜色、字体、大小等视觉元素引导用户视线，帮助他们快速找到重要信息
	确保 H5 页面在不同设备和屏幕尺寸上都能良好显示，提供一致的用户体验
交互设计	提供明确的用户反馈，如加载提示、操作确认等，增强用户的参与感和掌控感
	设计直观易用的导航菜单，帮助用户快速找到所需内容
	添加表单、按钮、滑动条等互动元素，提高用户的参与度和互动性

（二）H5 的展示设计

H5 的展示设计涉及多个方面，旨在为用户提供良好的视觉体验和互动感受。

1. 满版型构图设计

满版型构图设计是一种大胆且充满视觉冲击力的设计风格，突破传统构图的边界，充分利用整个画面空间，创造出一种几乎不留空白的视觉效果。

2. 条纹玻璃效果与鲜艳色彩

条纹玻璃效果以独特的质感和光影变化，为设计作品增添了一种现代而又复古的韵味。随着观察角度的不同，展现出不同的视觉效果，为空间或产品设计带来动态和深度。

三、汽车 H5 的制作流程

网站类 H5 制作工具是随着互联网技术的发展，由互联网公司推出的 H5 制作网站。易企秀是针对移动互联网营销的手机网页制作工具，拥有大量免费模板，并提供统计功能，用户可以通过易企秀编辑手机网页，并将其分享到社交网络，还可以随时了解 H5 的传播效果。

下面以手机易企秀网页制作工具为例，制作一个汽车展会邀请函 H5。

（一）在模板库中挑选适合的 H5 模板

手机下载易企秀 App，打开 App，在搜索框里输入“汽车行业”，对需要编辑的模板进行筛选，选中 H5，在价格栏里可以选择免费的模板，如图 2-2-6 所示。单击打开所需的模板，单击“使用”按钮，进入模板编辑状态。也可以单击首页界面下方的“+”按钮，进行模板创作。

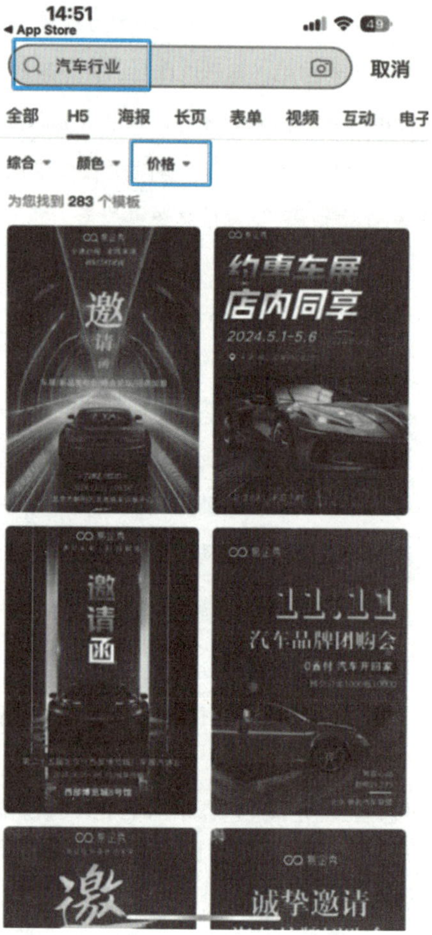

图 2-2-6　选择 H5 模板

（二）H5 的编辑操作

打开活动模板后，用户可以将 H5 中的品牌素材、宣传文案及背景音乐等替换成与营销活动或企业相关的内容。

1. 添加文字

双击其中的文字，可修改模板的文本内容，对文字的大小、颜色、字体进行修改，也可为文字添加动画效果等，如图 2-2-7 所示。若想增加除模板以外的文字，单击下方工具栏中的“T 文字”按钮，再单击“+文字”按钮，可进行文字的添加，如图 2-2-8 所示。

2. 更换图片

单击下方工具栏中的“图片”按钮，再单击“+图片”按钮，可进行图片的添加，如图 2-2-9 所示。直接在需要编辑的图片上单击，不仅可以进行换图，还可以添加动画效果，如图 2-2-10 所示。

图 2-2-7　字体修改

图 2-2-8　添加文字

图 2-2-9　添加图片

图 2-2-10　编辑图片

3. 页面管理

在 H5 的首页，单击“页面管理”按钮，可以将某个页面进行删除或者添加新页面，如图 2-2-11 所示。单击“页面排序”按钮，可对本套模板内所有页面进行删除、排序，如图 2-2-12 所示。

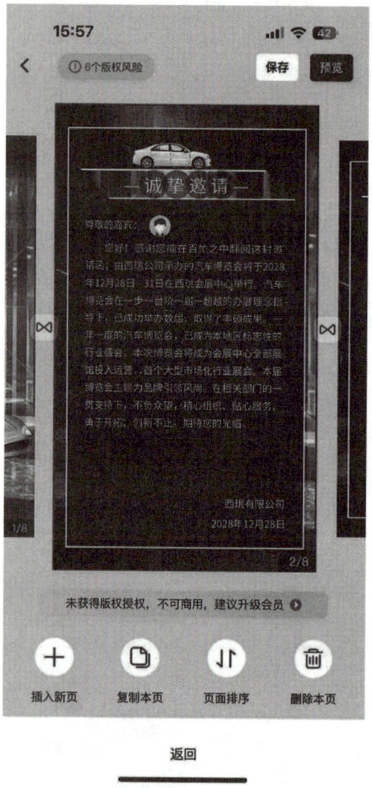

图 2-2-11　页面管理

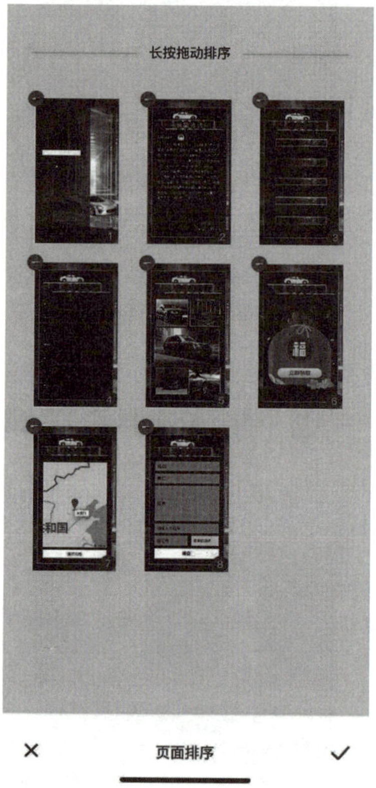

图 2-2-12　对所有页面进行排序

4. 更换音乐

在编辑页面单击右上角的“预览”按钮，用户可以方便地修改标题并更换音乐。音乐的选择既可以是音乐库中现有的内容，也支持用户自行上传个性化音乐，如图 2-2-13 所示。

5. 工具栏介绍

H5 页面底部有添加组件、背景修改、更改特效等编辑工具。单击“组件”按钮，可在 H5 界面内添加相应组件，如二维码、链接、地图等，如图 2-2-14 所示。单击“特效”按钮，有指纹、氛围、涂抹、互动等多种特效模式可供选择，如图 2-2-15 所示。单击“背景”按钮，可编辑背景图片，也可以单击“替换”按钮，再单击“+”按钮，添加自己的图片作为背景，如图 2-2-16 所示。

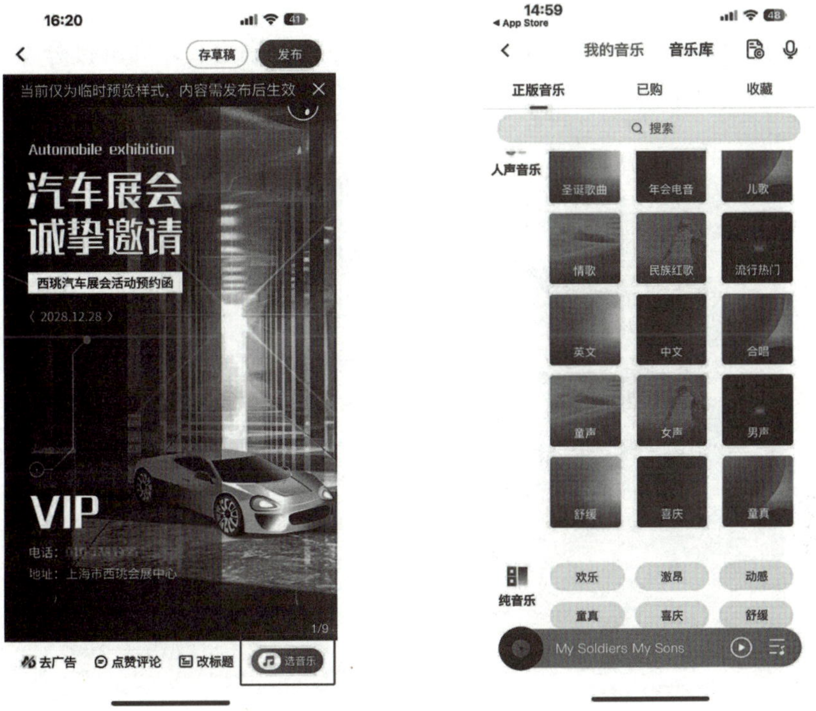

(a) (b)

图 2-2-13 更换音乐

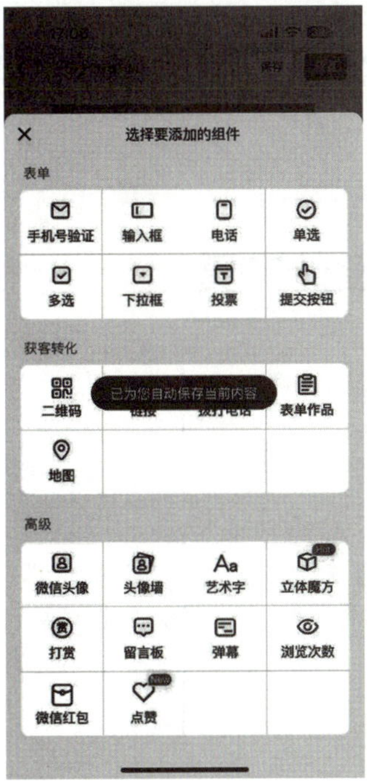

图 2-2-14 编辑工具

图 2-2-15 特效模式

6. 一键生成 H5 作品并发布

在编辑预览界面，单击“发布”按钮，生成三种分享方式，即链接分享、海报分享及二维码，可分享至微信、朋友圈、小程序等，如图 2-2-17 所示，H5 作品制作完成。

图 2-2-16　更改背景图片

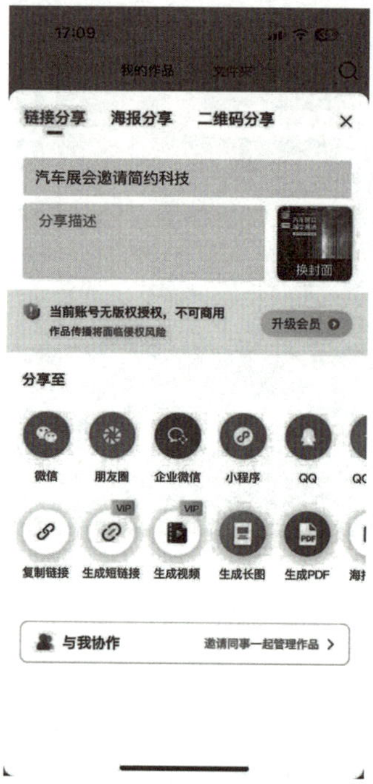

图 2-2-17　作品发布分享界面

任务三　网站设计工具

任务导入

某 4S 店新来的销售员小张发现许多顾客到店前已对企业品牌及其车型有所认知，这些认知主要来自企业的官方网站。于是，小张好奇起来，想要深入了解建设一个汽车官方网站的重要性，网站应当涵盖的关键信息，以及实施这一建设过程的具体步骤。

知识解读

一、搭建汽车网站的意义

搭建汽车网站具有多重意义，涵盖了从市场推广到客户服务、品牌建设到数据分析等多个方面。

（一）市场推广与销售

通过搜索引擎优化（SEO）和在线广告，汽车网站可以扩大品牌知名度，提高网站流量，进而增加销售机会。网站上的预约试驾、在线购车等功能可以简化购车流程，提升用户体验，促进销售转化。

（二）客户互动与服务

汽车网站可以提供在线客服、常见问题解答（FAQ）、用户论坛等功能，增强与客户的互动，及时解答客户的疑问。通过客户留言、评论和反馈系统，企业可以收集客户意见，优化产品和服务。网站还可以提供售后服务预约、保养提醒等功能，提升客户满意度和忠诚度。

（三）品牌建设与传播

汽车网站是企业展示品牌形象、企业文化和价值观的重要窗口。通过精心设计的网站内容和布局，可以塑造独特的品牌形象。网站上的新闻动态、企业介绍、社会责任等内容可以传递企业的正面形象，增强品牌信任度和好感度。

（四）数据分析与市场调研

汽车网站可以通过网站分析工具收集用户的访问数据，如浏览量、停留时间、跳出率。这些数据可以用于优化网站内容、布局和功能，提升用户体验。同时，网站还可以收集用户的基本信息、购车意向等市场数据，为企业制定市场策略提供有力支持。

（五）降低成本与提高效率

与传统的线下展厅相比，汽车网站可以显著降低企业的运营成本，如租金、人工等。网站可以自动处理用户的购车咨询、预约试驾等请求，提高工作效率和响应速度。

（六）适应数字化转型

随着互联网和移动互联网的普及，越来越多的消费者倾向于在线浏览和购买汽车。搭建汽车网站是企业适应数字化转型、满足消费者需求的重要举措。

二、汽车网站的类型

（一）汽车门户网站

微课视频

认识汽车网站

汽车门户网站是指专注于汽车行业，集汽车资讯、产品展示、购车指南、用户互动、在线服务等功能于一体的综合性网络平台，如图 2－3－1 所示。这些网站通常提供全面的汽车相关信息，旨在满足用户对汽车购买、使用、保养等方面的需求。汽车门户网站的主要特点如表 2－3－1 所示。

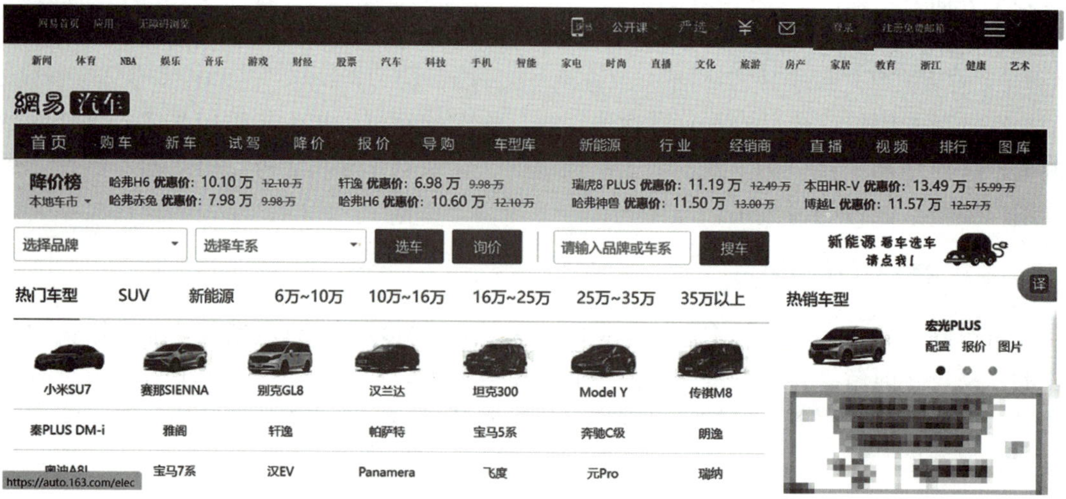

图 2-3-1　汽车门户网站

表 2-3-1　汽车门户网站的主要特点

特点	含义
咨询丰富	提供最新的汽车行业新闻、车型评测、技术解析等内容，帮助用户了解市场动态和汽车产品的最新信息
产品展示	展示各种汽车品牌和车型的图片、配置、价格等信息，方便用户进行车型对比和选择
购车指南	提供购车流程、贷款政策、保险选择等方面的指导，帮助用户顺利完成购车过程
用户互动	设立论坛、评论区等互动区域，让用户分享购车经验、交流用车心得，形成活跃的社区氛围
在线服务	提供预约试驾、在线购车、售后服务预约等便捷服务，提升用户体验
数据分析	通过收集和分析用户数据，为汽车厂商和经销商提供市场洞察和营销策略建议

知识视界

以下是一些知名汽车品牌网站设计的具体案例。

1. 法拉利（Ferrari）

法拉利作为豪华跑车品牌，其官方网站设计充分展现了品牌的奢华与动感。网站采用了高端大气的设计风格，页面布局简洁明了，同时又不失细节上的精致。产品展示页面详细列出了每款车型的性能参数、技术特点和外观图片，让用户能够全方位了解法拉利汽车的魅力。此外，网站还提供了预约试驾、在线购车等便捷服务，进一步提升了用户体验。

2. 梅赛德斯-奔驰（Mercedes-Benz）

梅赛德斯-奔驰的官方网站同样采用了高端优雅的设计风格，与品牌形象相得益彰。

网站提供了丰富的车型信息，包括轿车、SUV、跑车等多个系列，每款车型都有详细的配置说明和性能参数。此外，网站还设有品牌故事、新闻动态等板块，让用户能够更深入地了解奔驰品牌的历史、文化和创新技术。在用户体验方面，奔驰网站提供了便捷的在线购车流程、预约试驾服务及丰富的售后服务支持。

3. 宝马（BMW）

宝马的官方网站设计注重用户体验和互动性。网站采用了现代化的设计风格，页面布局清晰合理，色彩搭配舒适。在产品展示方面，宝马网站提供了详细的车型信息、配置说明和性能参数，同时配备了多角度的车辆图片和视频，让用户能够更直观地了解宝马汽车的特点。此外，网站还设有互动体验区、车主服务、品牌活动等板块，为用户提供更加丰富的互动体验和服务。

4. 日产（Nissan）

日产的官方网站设计简洁明了，注重实用性和用户体验。网站提供了全面的车型信息，包括轿车、SUV、MPV 等多个系列，每款车型都有详细的配置说明和性能参数。在用户体验方面，日产网站提供了便捷的在线购车流程、预约试驾服务及丰富的售后服务支持。同时，网站还设有新闻动态、品牌故事等板块，让用户能够更全面地了解日产品牌的发展历程和创新技术。

（二）汽车垂直网站

垂直网站集中于某些特定的领域或某种特定的需求，提供有关此领域或需求的全部深度信息和相关服务。尽管“垂直网站”这个概念人们不常提及，但在日常的信息生活中，人们早已习惯从这里提取信息。如果把门户网站的内容呈现比喻为“大而全”，那么垂直网站的内容呈现就可以比喻为“小而精”。只有针对性强、专业化程度深的内容才能更长久地吸引受众，“小而精”的垂直网站更有利于实现点对点的服务，满足用户多样化、个性化的信息需求，从而增强用户的关注度和黏性。

汽车垂直网站在汽车业务上深耕细作，是网络世界的“专卖店”。与门户网站相比，汽车垂直网站具有如表 2-3-2 所示的特点。

表 2-3-2　汽车垂直网站的主要特点

特点	含义
内容丰富性	汽车垂直网站涵盖了从新车发布、车型评测、购车指南到汽车保养、维修、改装等全方位的汽车内容。 用户可以在这些网站上找到关于汽车的各种信息，包括价格、配置、性能、油耗、用户评价等
互动性	汽车垂直网站通常设有论坛、问答、评论等互动板块，用户可以在其中交流购车经验、分享用车心得。 互动性不仅增强了用户体验，还有助于网站收集用户反馈，优化内容和服务

续表

特点	含义
数据驱动	汽车垂直网站往往利用大数据和人工智能技术，为用户提供个性化的推荐和服务。通过分析用户行为、偏好等数据，网站能够更精准地推送用户感兴趣的内容和产品
电商功能	许多汽车垂直网站都具备电商功能，用户可以在线预订、购买汽车及其相关产品（如配件、装饰品等）。 这种一站式服务不仅方便了用户，也提高了网站的商业价值
线上线下融合	汽车垂直网站通常会与线下的汽车经销商、维修店等建立合作关系，为用户提供线下的试驾、保养等服务。 这种线上线下融合的模式能够为用户提供更加便捷、全面的汽车服务体验
用户精准化	垂直网站的用户基本上都是该行业的消费者，每一个用户都代表着购买力。垂直网站能以其权威专业的内容，吸引、刺激和带动用户消费
更新及时	汽车垂直网站通常能够迅速更新汽车行业的最新动态和消息，确保用户能够第一时间获取最新的汽车资讯

汽车垂直网站的架构主要包括新闻资讯、行情报价、图库相册、视频、音频、改装、赛事坛、说客、导购、二手车等频道，覆盖选车、买车、用车、置换的全产业链体系。汽车之车首页如图 2-3-2 所示。

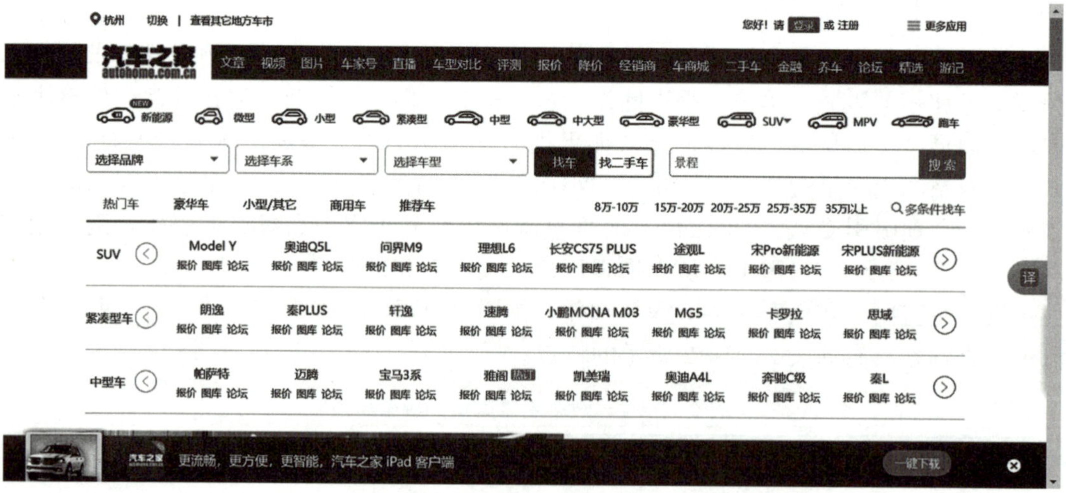

图 2-3-2 汽车之家首页

（三）汽车直销网站

汽车直销网站是指汽车制造商或经销商直接面向消费者，通过互联网平台提供汽车销售和服务的网站。这类网站通常旨在简化购车流程，去除中间环节，使消费者能够直接从制造商或指定的经销商处购买汽车，享受更加便捷、透明的购车体验。汽车直销网站的特点如表 2-3-3 所示。

表 2-3-3 汽车直销网站的特点

特点	含义
在线购车	网站上查看车型信息、配置、价格，甚至直接在线下单购买，少了传统购车中的烦琐步骤
价格透明	直销网站通常会提供明确的车型报价，使消费者能够更容易地比较不同车型和配置的价格
个性化定制	在线定制汽车的颜色、内饰、配置等，提供个性化的购车体验
在线金融服务	直销网站可能会提供贷款、保险等金融服务，帮助消费者更方便地完成购车交易
售后服务	提供在线预约保养、维修、零部件更换等售后服务，提升消费者的购车后体验
用户社区	建立用户社区，让消费者能够分享购车经验、交流用车心得，增强用户黏性和品牌忠诚度

然而，直销模式也面临着一些挑战，如如何保证线上线下的服务一致性、如何建立消费者信任等。因此，汽车直销网站需要在不断优化用户体验的同时，加强品牌建设和售后服务体系建设，以赢得消费者的信任和忠诚。某品牌汽车采用的是体验店与网络直销两种渠道，其官网车型选择如图 2-3-3 所示。这种方式通过为消费者提供“看得见，摸得着”的服务体验，直接避免了用户担心销售人员要价太高，出现讨价还价的情况。

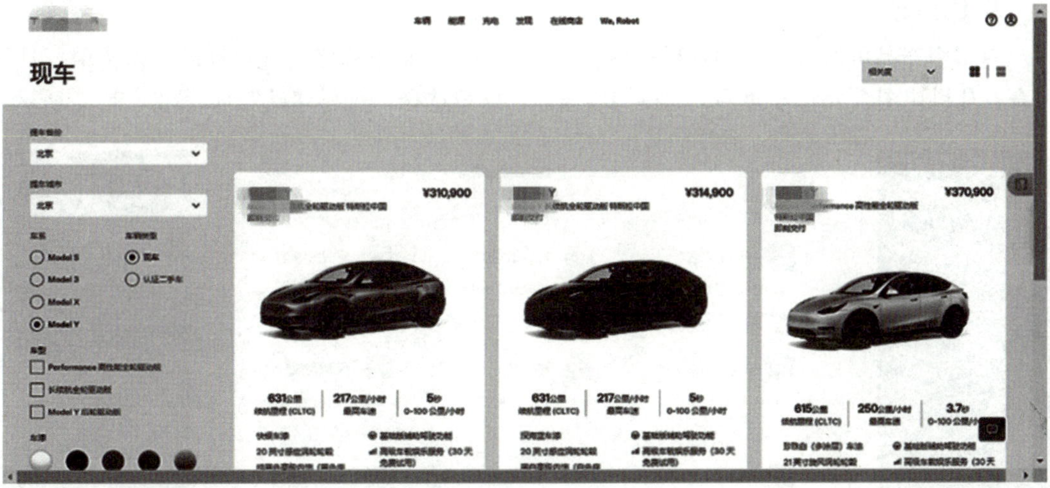

图 2-3-3 某品牌汽车官网车型选择

三、汽车网站的制作流程

凡科网是一个专注于为中小微企业提供全方位营销解决方案的服务平台，其核心产品是“凡科建站”，旨在助力这些企业轻松踏入互联网营销领域。通过“凡科建站”，即便是没有任何建站经验的人也能实现一键快速搭建网站，享受功能全面、操作便捷、维护简单的建站体验，并且平台提供了大量精美的模板供用户选择。下面以凡科网的实际操作为例，创建一个名为“好美汽车美容装饰”的企业网站。

（一）新建网站界面

1. 注册账号

进入凡科官网界面。单击“免费注册”按钮，使用微信或者手机号注册凡科网账号，如图 2－3－4 所示。

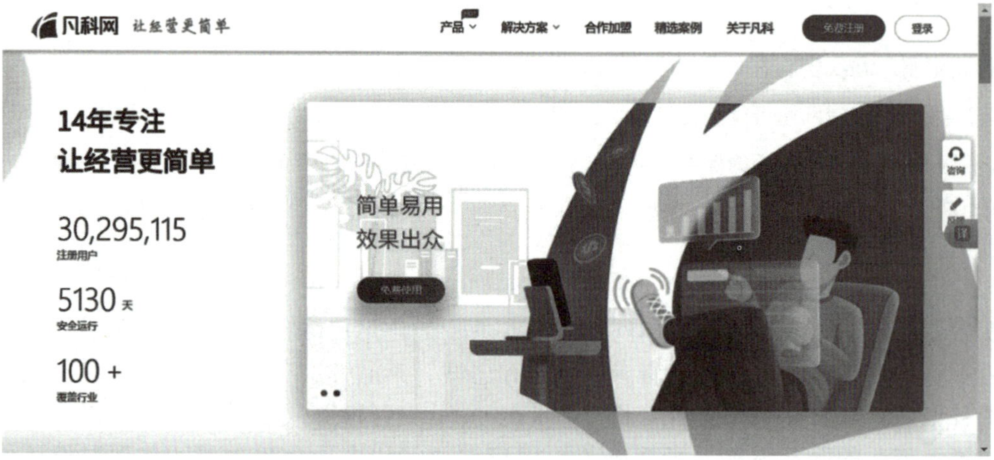

图 2－3－4　凡科网账号注册首页

2. 选择建站模块

有多个产品可供选择，如凡科建站、凡科商城、轻站小程序、凡科互动、微传单、凡科教育、凡科快图、公众号助手、凡科门店通等，这里选择“凡科建站”，如图 2－3－5 所示。

图 2－3－5　选择建站模块

3. 选择模板

在“凡科建站”页面单击“网站模板”→“标准模板”→“更多行业”，或者在搜索框内输入“汽车”进行相关搜索，根据网站定位，选择合适的模板，单击“使用”按钮，进入模板编辑页面，如图 2 - 3 - 6 所示。

图 2 - 3 - 6　选择模板

（二）装饰网站界面

在模板编辑页面，利用左侧的模块、样式、设置、百度优化和辅助工具等可以方便地对界面进行优化，如图 2 - 3 - 7 所示。

图 2 - 3 - 7　界面优化工具栏

1. 新增/删除模块

单击“模块”按钮，在弹出的对话框中可添加新的素材或对网页上已有的栏目模块进行编辑或删除，如图 2 - 3 - 8 所示。若用户对当前某个模块的布局感到不满意，只需在“栏目模块”选项卡中单击“隐藏模块”按钮，该模块便会从页面上消失，但并未真正被删除。要彻底删除它，可以在“栏目模块”选项卡中单击“当前栏目”按钮找到该模块，并单击“删除”按钮来完成操作。

2. 编辑模块样式

步骤 1：设置主题样式。如图 2 - 3 - 9 所示，平台提供了不同的主题颜色及排版模式，设计者可根据实际需求进行选择。

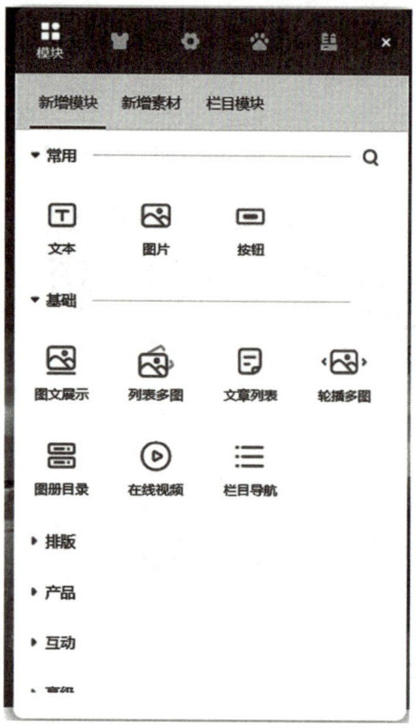

图 2-3-8　新增模块

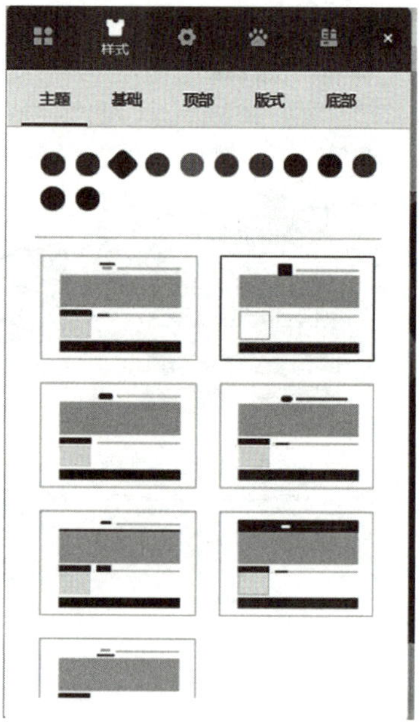

图 2-3-9　设置主题样式

步骤 2：设置基础样式。样式分为顶部区、横幅区、版式区和底部区，用鼠标左键单击可以显示或隐藏该区域，也可以设置网站的宽度和背景颜色，还可以通过填充图片的方式设置网站背景，如图 2-3-10 所示。

步骤 3：设置顶部样式。在顶部区可以对顶部的类型（固定或不固定）、高度、背景和下拉框进行设置，如图 2-3-11 所示。

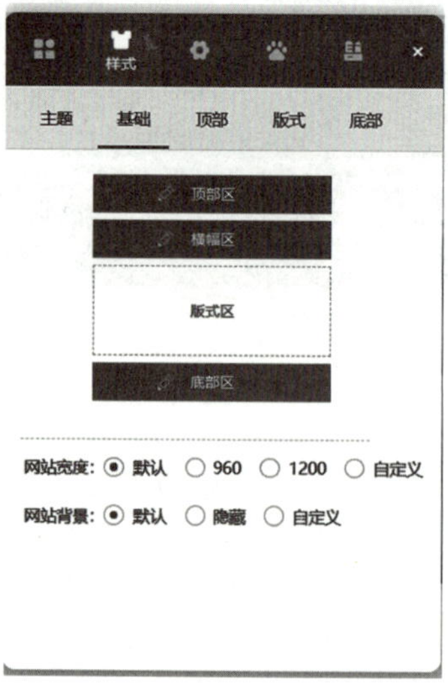

图 2-3-10　设置基础样式

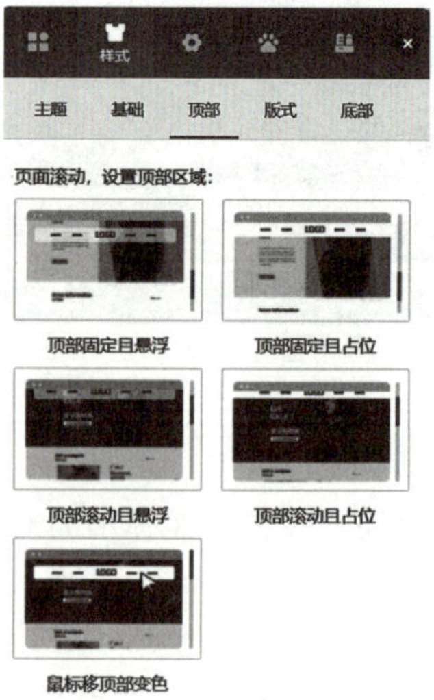

图 2-3-11　设置顶部样式

步骤 4：设置版式样式。在版式设置中，“横幅和导航”必不可少，因此该区域不可隐藏。单击标有数字“1”“2”“3”“4”“5”的区域可以隐藏或者显示该区域，如图 2－3－12 所示。

步骤 5：设置底部样式。在底部区可以对版权信息进行显示或者隐藏，对背景的颜色、类型、平铺效果进行更改，如图 2－3－13 所示。

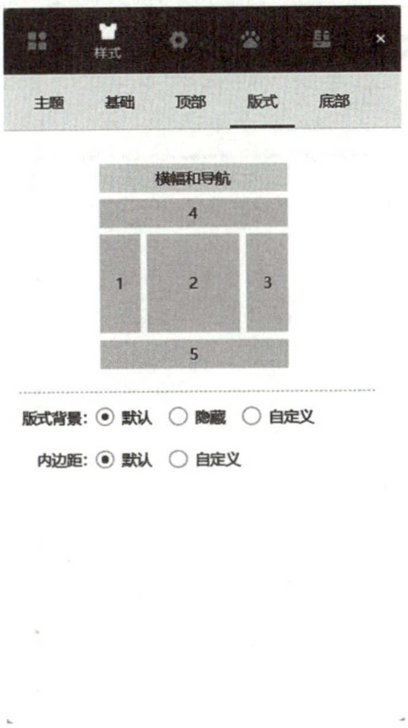

图 2－3－12 设置版式样式

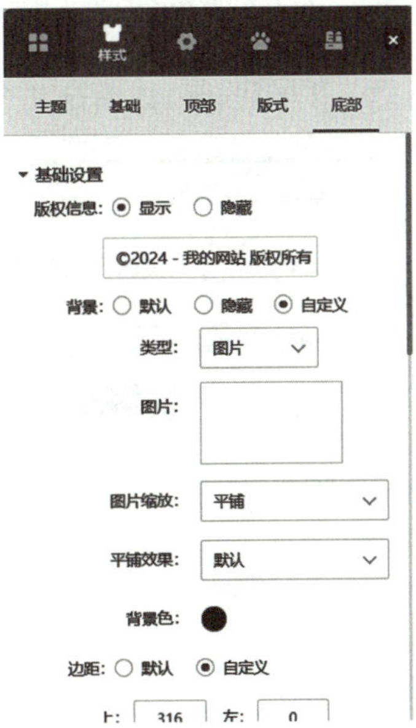

图 2－3－13 设置底部样式

3. 设置网站名

步骤 1：设置浏览器标题。在网站首页的编辑页面，单击“设置”→“基础设置”，在“浏览器标题”文本框中输入内容，如“好美汽车美容装饰网站”，如图 2－3－14 所示。

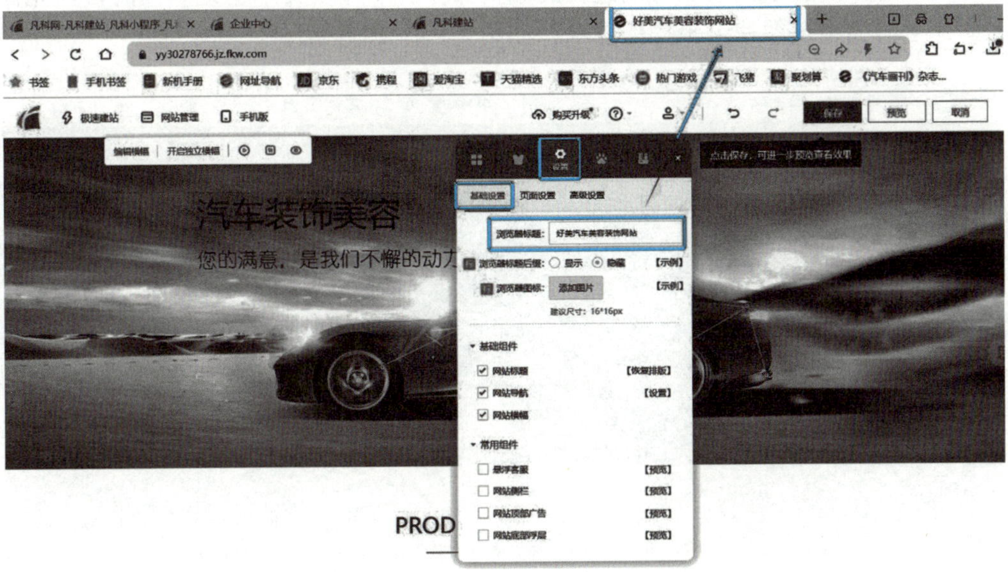

图 2－3－14 设置浏览器标题

步骤 2：添加网站横幅。当用户将光标悬停在横幅区域时，系统会自动弹出一个编辑横幅的悬停框。单击“编辑横幅”按钮后，在弹出的“编辑横幅”对话框中默认显示“常规”选项卡，在这里用户可以执行多项操作，如添加横幅、替换现有的横幅图片、重新排列横幅的顺序、移除不需要的横幅，以及为横幅设置超链接以跳转到其他页面。此外，通过“切换样式”、“切换动画”、“横幅特效”及“高级”等选项卡，用户还可以对横幅进行进一步的优化，以满足其个性化需求，如图 2－3－15 所示。

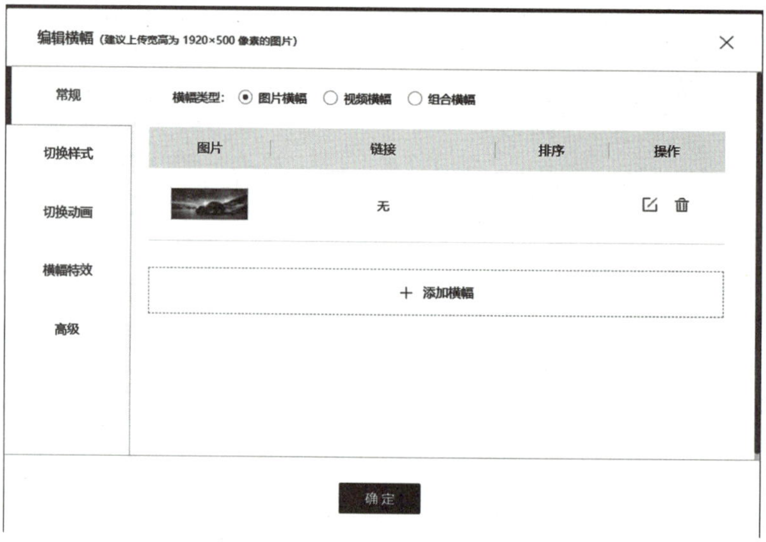

图 2－3－15　编辑横幅

4. 图片及文本编辑

在模板编辑页面上滑动鼠标，可对网页的模块内容进行更改。当光标移到某一模块时，会出现悬停框显示该模块可以进行的编辑操作。图片及文本也是一样的，当光标停留在图片上时会出现图片编辑操作选项，如图 2－3－16 所示。

图 2－3－16　图片编辑操作选项

图片编辑操作选项从左至右分别是编辑图片、模块特效、图片形状、模块动画、设置链接及隐藏模块，可实现图片的更换，设置图片的形状、动画、透明度、触点特效及图片跳转链接等，如图 2－3－17 所示。

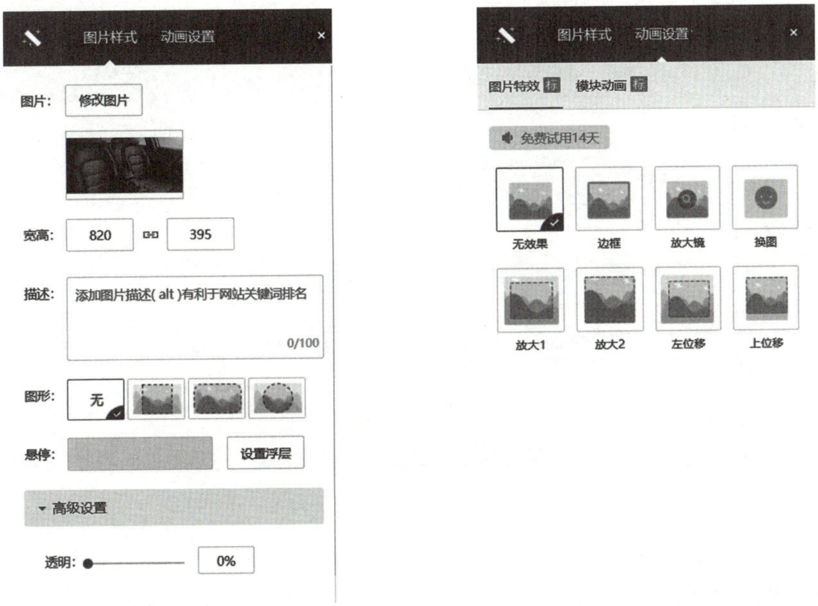

（a）图片样式　　　　（b）动画设置

图 2－3－17　图片编辑

5. 添加并展示产品

步骤 1：添加产品参数。在添加产品之前，首先要设置产品参数。单击“网站管理”按钮，进入网站管理页面，单击“产品”→“产品参数”→“添加产品参数”，按照实际情况进行添加，如图 2－3－18 所示。

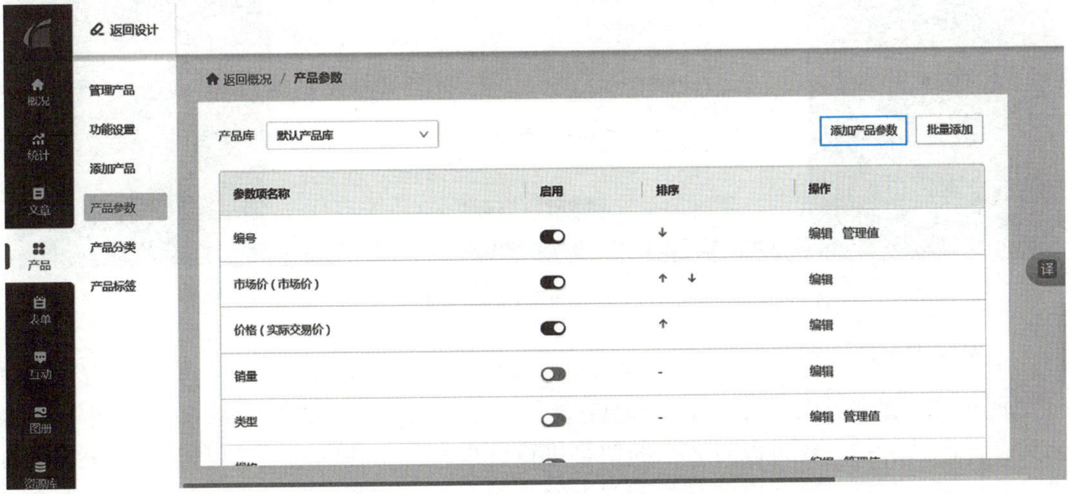

图 2－3－18　添加产品参数

步骤 2：产品分类。一个企业可能有很多产品，我们要对产品进行分类，才便于消费者更好地找到自己需要的产品。例如，某品牌把汽车分为 MPV、SUV、轿车、双擎引动、新能源五类，如图 2-3-19 所示。

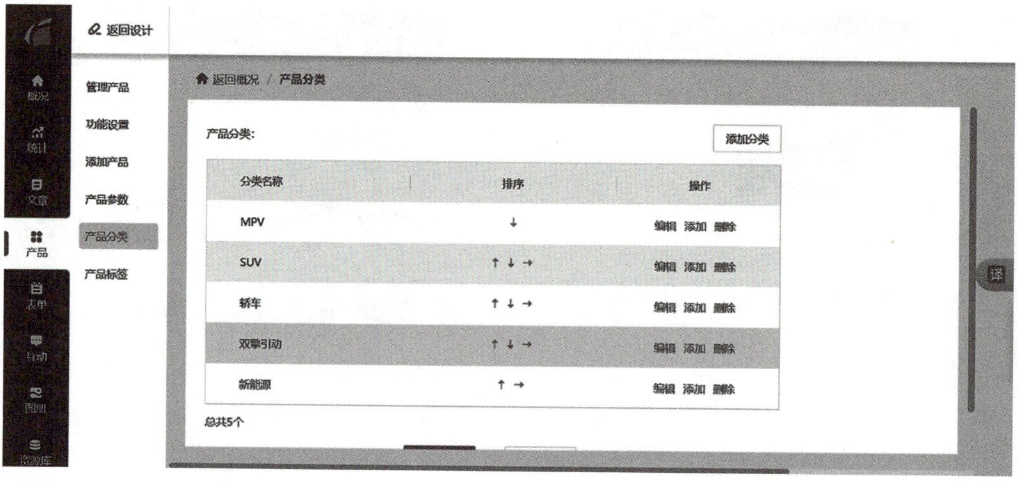

图 2-3-19　产品分类

步骤 3：展示产品。单击“模块”→“新增模块”→“产品”→“产品展示”，选择“模块样式”，在“设置产品列表”列表框中单击“添加产品”按钮，在弹出的“添加产品”对话框中添加展示产品的图片，并且可以开启在线支付功能，如图 2-3-20 所示。

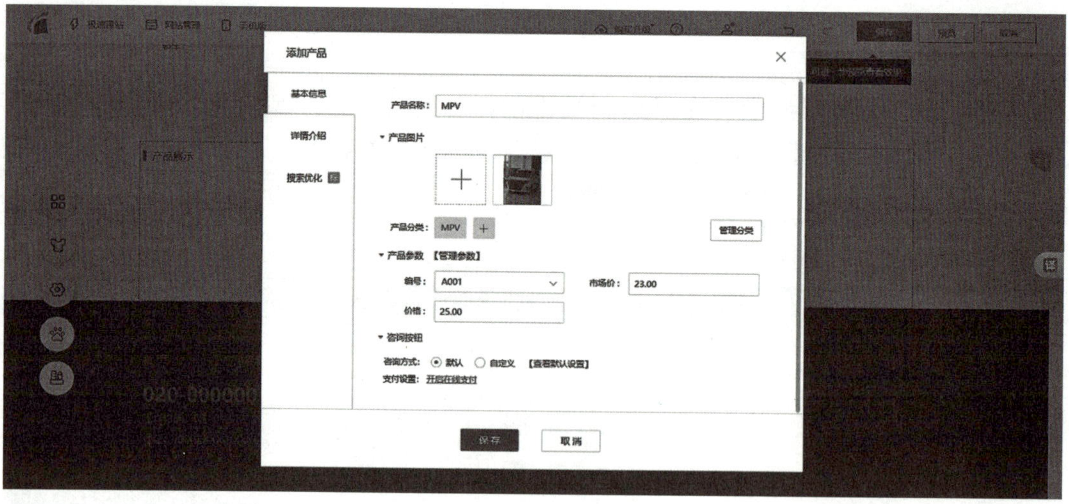

图 2-3-20　添加产品

6. 互动管理

通过网站管理界面，可以添加/删除会员，并可以对会员进行分组，对不同等级的会员设置产品折扣，还可以对客户的留言进行管理，甚至在网站上还可以发起投票、抽奖、授权绑定公众号等，以此增加与线上客户的互动，如图 2-3-21 所示。

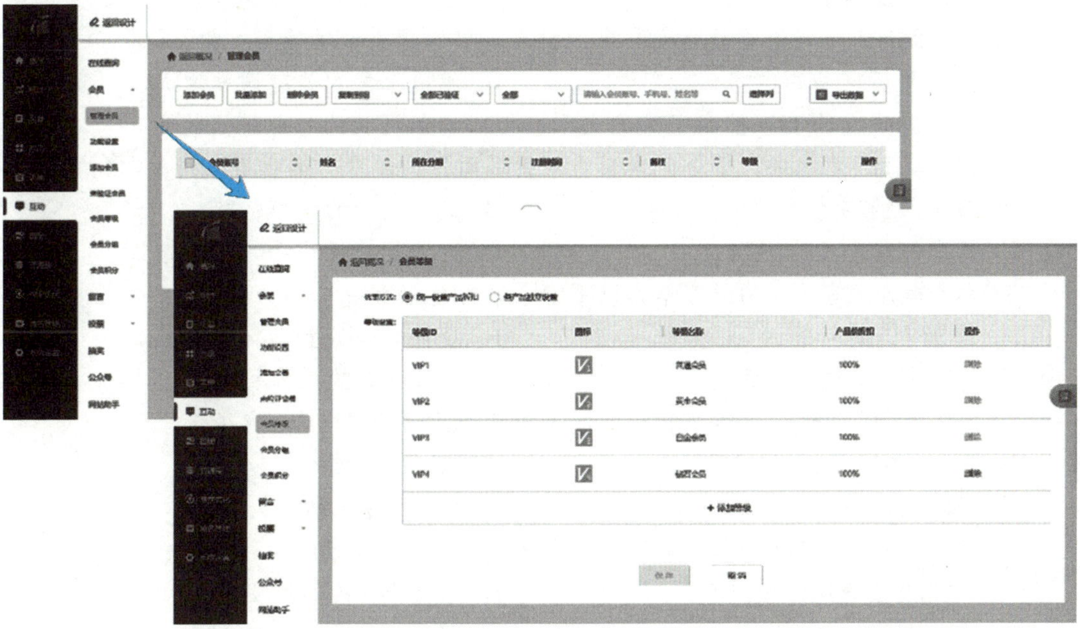

图 2-3-21　互动管理

项目小结

本项目主要对汽车新媒体常用营销工具的使用进行了阐述，通过任务一的学习了解新媒体图文设计与制作的意义，学习图片色彩搭配技巧和文字设计技巧，并利用凡科快图工具，对如何设计一款车型的汽车海报进行了剖析，掌握图文信息编辑的工具使用；通过任务二的学习了解 H5 的概念、特征、应用场景，理解 H5 该如何设计内容和展示，并利用易企秀制作工具，对如何设计一个汽车展会邀请函 H5 进行剖析，掌握 H5 的工具使用；通过任务三的学习了解汽车网站的意义、类型，并利用凡科建站工具，对如何设计一个汽车美容装饰企业的网站进行剖析，掌握汽车网站设计工具的使用。

同步练习

一、选择题

1. 在汽车网站营销中，哪个策略最能直接吸引潜在客户的注意力？（　　）

A. 发布大量的产品广告　　B. 提供有吸引力的优惠活动

C. 增加网站的社交分享功能　　D. 优化网站的搜索引擎排名

2. 为了提升汽车网站的用户黏性，以下哪个做法最为有效？（　　）

A. 增加网站的广告投入　　B. 提供丰富的汽车资讯和行业动态

C. 频繁更改网站的设计风格　　D. 强化网站的社交属性

3. 在汽车网站营销中，哪个指标最能反映网站的营销效果？（　　）

A. 网站的访问量　　B. 网站的转化率

C. 网站的跳出率　D. 网站的社交媒体关注量

4. 为了提升汽车网站在搜索引擎中的排名，以下哪个做法最为关键？（　　）

A. 频繁更新网站的内容　B. 使用大量的关键词堆砌

C. 优化网站的 SEO（搜索引擎优化）　D. 增加网站的外部链接数量

5. 在汽车 H5 营销中，哪个元素最能够吸引用户的注意力并提升互动率？（　　）

A. 高质量的图片　B. 引人入胜的故事情节

C. 复杂的用户注册流程　D. 大量的产品广告

6. 为了提升汽车 H5 的分享率，以下哪个策略最为有效？（　　）

A. 增加 H5 的加载时间　B. 设计有趣的互动环节

C. 降低 H5 的视觉吸引力　D. 减少 H5 的内容长度

7. 在汽车 H5 营销中，哪个指标最能反映营销活动的成功与否？（　　）

A. H5 的打开率　B. H5 的完成率

C. H5 的分享率　D. H5 的转化率

8. 为了优化汽车 H5 的用户体验，以下哪个做法最为关键？（　　）

A. 使用大量的动画效果　B. 保持 H5 的简洁明了

C. 增加 H5 的加载时间　D. 降低 H5 的视觉效果

9. 在汽车新媒体图文营销中，哪种内容形式最能吸引用户的注意力？（　　）

A. 单纯的文字描述　B. 高质量的图片配合简洁有力的文字

C. 长篇大论的产品介绍　D. 复杂的数据图表

10. 为了优化汽车新媒体图文营销的效果，以下哪个做法最为关键？（　　）

A. 追求极致的视觉效果　B. 深入了解目标用户的需求和偏好

C. 频繁发布内容，保持高曝光率　D. 依赖广告推广，增加内容曝光

二、判断题

1. 在汽车 H5 营销中，使用 3D 模型展示车辆外观和内饰可以显著提升用户体验和参与度。（　　）

2. 汽车 H5 营销活动通常不包含用户数据收集和分析功能，因为这会侵犯用户隐私。（　　）

3. 汽车 H5 营销页面可以嵌入社交媒体平台，方便用户分享和传播。（　　）

4. 在汽车短视频营销中，直接展示车辆性能和驾驶体验的视频内容更能激发用户的购买欲望。（　　）

5. 在汽车短视频营销中，越长的视频越能完整展示产品特点，吸引用户。（　　）

6. 制作汽车新媒体图文时，应尽量避免使用行业术语和复杂数据，以免读者难以理解。（　　）

7. 制作汽车新媒体图文时，应确保所有图片和文字内容均符合版权规定，避免侵权风险。（　　）

8. 制作汽车新媒体图文时，文字描述越详细越好，能够全面展示车辆特点和优势。（　　）

9. 在新媒体营销中，发布大量的产品广告是提升品牌知名度的唯一途径。（　　）

10. 汽车网站制作中，响应式设计能够确保网站在不同设备上都能良好地显示和交互。 （ ）

三、简答题

1. 简述汽车新媒体图文制作的意义。

2. 简述什么是产品型 H5。

3. 汽车网站的意义有哪些?

4. 简述汽车垂直网站的特点。

项目三

汽车微博营销

学习目标

知识目标

1. 了解汽车微博营销的含义。
2. 理解汽车微博营销的常见模式和优势。

能力目标

1. 掌握微博营销的运营和推广技巧。
2. 具备对汽车微博营销进行定位的能力。
3. 具备组建微博营销团队的能力，以及实施汽车微博营销的能力。

素养目标

1. 养成独立思考的习惯，培养正确的媒体价值观念。
2. 树立合作共享、积极创新的营销价值观。

思维导图

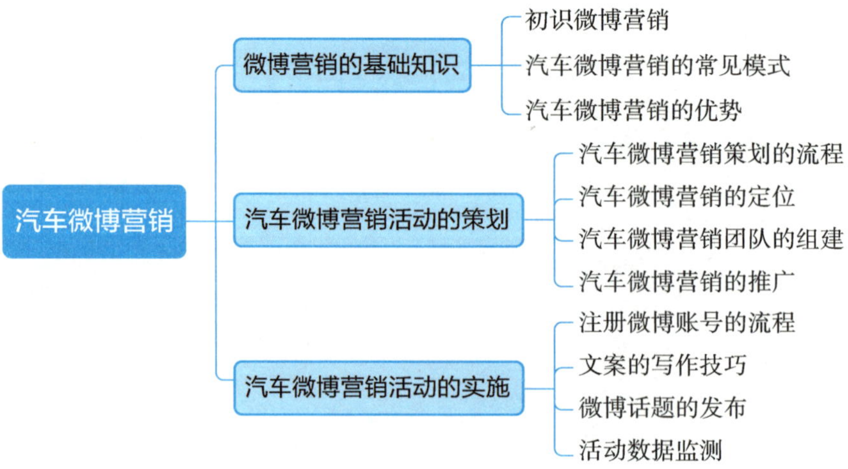

任务一 微博营销的基础知识

任务导入

在当今竞争激烈的汽车市场中，微博已经成为各大汽车品牌营销的重要战场。但是，很多汽车品牌在微博营销时遇到了各种问题。比如，不知道如何吸引目标客户的关注，发布的内容总是石沉大海，互动活动无人问津。你知道这是为什么吗？其实，这背后是对汽车微博营销基础知识缺乏了解。下面一起深入探究这些基础知识，找到解决问题的方法。

知识解读

一、初识微博营销

微博营销是指企业或个人利用微博这一社交媒体平台，通过一系列有策略的内容发布、互动交流、话题制造等方式（见表 3-1-1），来推广产品、服务、品牌形象或个人形象，从而达到营销目的的活动。企业或个人利用微博平台向网友传播企业信息、产品信息，树立良好的企业形象和产品形象，从而实现营销目标。

表 3-1-1 推广方式

方式	方法	内容
内容发布	多种形式的内容	微博支持文字、图片、视频、链接等多种形式的内容发布。企业可以根据产品或服务的特点，选择合适的内容形式
	有价值的信息提供	发布的内容要能够为用户提供价值，这样才能吸引用户关注。这些价值可以是知识类的，也可以是娱乐性的，还可以是实用性的
互动交流	与用户直接沟通	用户可以通过评论、私信等方式向企业提问、反馈意见或表达赞美。企业则可以及时回复用户、解答疑问、处理投诉或表示感谢
	互动活动开展	抽奖活动、问答比赛、投票活动及线上线下活动相结合等，可以与用户建立情感连接，培养忠诚度
话题制造	热门话题参与	微博上有各种各样的热门话题，企业可以参与其中，将自己的产品或服务与热门话题相关联
	话题创造与引导	企业也可以自己创造话题，引导用户讨论。话题可以围绕新产品发布、品牌活动、行业创新等内容展开

二、汽车微博营销的常见模式

微课视频

汽车微博营销的常见模式

（一）明星效应模式

1. 明星代言与宣传

汽车品牌邀请当红明星作为代言人，利用明星的知名度和粉丝效应来推广汽车。明星会在微博上发布自己与代言汽车的合照、试驾视频等内容。粉丝会因为对明星的喜爱而对代言的汽车品牌产生好感，进而关注汽车的相关信息。

例如，某豪华汽车品牌邀请一位国际知名影星代言，影星在微博上分享自己出席品牌活动的照片，坐在汽车驾驶座上的帅气形象吸引了大量粉丝关注，如图 3－1－1 所示。

图 3－1－1　明星代言发布微博

2. 明星车主故事分享

挖掘明星作为车主的故事也是一种有效的模式。一些明星本身就是汽车爱好者，他们会在微博上分享自己购买、使用汽车的经历，这种真实的用户体验分享能够引起粉丝和其他消费者的共鸣。

（二）热点话题模式

1. 结合社会热点

汽车品牌会关注当下的社会热点话题，将汽车营销与之巧妙结合。例如，在环保成为社会关注热点时，新能源汽车品牌在微博上发起“绿色出行，新能源汽车引领未来”的话题讨论。

例如，发起“新能源汽车减少碳排放对改善空气质量的贡献”等话题，引导用户参与讨论，从而提高品牌在环保领域的形象和知名度，如图 3-1-2 所示。

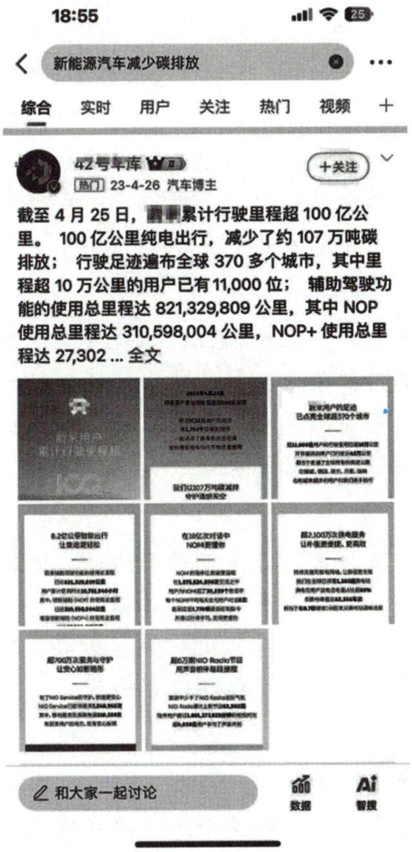

图 3-1-2　减少碳排放的热点话题

知识视界

比亚迪新能源汽车——环保与科技助力可持续发展

比亚迪作为全球知名的新能源汽车制造商，在微博营销中积极宣传其环保理念和科技创新，这一策略不仅有助于提升品牌形象，还进一步推动了新能源汽车的普及和可持续发展。以下是对比亚迪在微博营销中相关做法的详细分析。

一、环保理念的传播

比亚迪在微博平台上积极发布关于新能源汽车如何减少碳排放、保护生态环境的内容。这些内容通过生动的案例和数据，展示了新能源汽车相比传统燃油汽车在环保方面的巨大优势。例如，比亚迪会分享每售出一辆新能源汽车所减少的尾气排放量和相应的环保效益，以此强调新能源汽车对环境保护的积极作用。

二、科技创新的展示

比亚迪在微博营销中注重展示其科技创新成果。从首搭e平台3.0技术的海豚车型，到搭载先进新能源技术的海鸥车型，再到首批搭载DM-i超级混动技术的宋PLUS DM-i车型，比亚迪不断推出具有创新性的新能源汽车产品。这些车型的技术特点和优势通过微博平台得到了广泛传播，吸引了大量消费者的关注和认可。

此外，比亚迪还通过微博平台发布了一系列关于新能源汽车技术发展趋势和未来展望的内容。这些内容不仅展示了比亚迪在新能源汽车技术领域的领先地位，还为消费者提供了更多关于新能源汽车的知识和信息。

三、利用微博平台的广泛传播性

比亚迪充分利用微博平台的广泛传播性，通过发布高质量的微博内容，吸引了大量粉丝的关注和互动。这些粉丝不仅包括消费者，还包括行业专家、媒体人士等具有影响力的群体。通过与这些群体的互动和交流，比亚迪不仅提升了品牌知名度和美誉度，还获得了更多关于市场和消费者的反馈和建议。

四、与用户的互动和沟通

比亚迪在微博平台上积极与用户进行互动和沟通。通过回复用户的评论、私信等方式，比亚迪及时了解了用户的需求和反馈，并据此进行了产品改进和服务优化。此外，比亚迪还通过微博平台开展了一系列用户共创活动，如产品体验官招募、营销荐言官招募等，进一步增强了用户参与感和品牌忠诚度。

五、案例与效果

比亚迪在微博营销中的成功案例不胜枚举。例如，在比亚迪海洋网三周年庆典期间，比亚迪通过微博平台发布了一系列关于海洋网发展历程、技术创新、用户共创等方面的内容，吸引了大量用户的关注和参与。同时，比亚迪还推出了多项优惠政策，如购买特定车型享受保险补贴等，进一步激发了用户的购买欲望。这些活动不仅提升了比亚迪的品牌形象和知名度，还促进了销量的增长。

2. 制造行业热点

汽车品牌也可以自己制造热点话题。比如，通过逐步释放新车的技术亮点、设计草图等信息，引发行业内的关注和消费者的期待，制造一个围绕新车的热点话题，如图3-1-3所示。

图 3-1-3 发布设计草图

（三）用户生成内容（UGC）模式

1. 用户体验分享

汽车品牌鼓励消费者在微博上分享自己的汽车使用体验，包括购车过程、驾驶感受、汽车保养心得等。用户在微博上发布带有品牌指定话题标签的内容，品牌方可以对优秀的内容进行转发和奖励。

2. 用户创意征集

品牌还可以在微博上征集用户对汽车的创意想法，如汽车外观设计创意、汽车功能改进建议等。对于被采纳的创意，品牌给予用户一定的奖励。这种模式不仅能够收集到有价值的用户创意，还能增强用户对品牌的参与感和忠诚度。

（四）知识科普模式

1. 汽车知识讲解

在微博上发布汽车知识相关的内容，如汽车的基本工作原理、不同汽车部件的功能、汽车保养技巧（见图 3-1-4）等。这些内容可以以文字、图片或短视频的形式呈现，为消费者提供实用的知识，同时也树立品牌专业的形象。

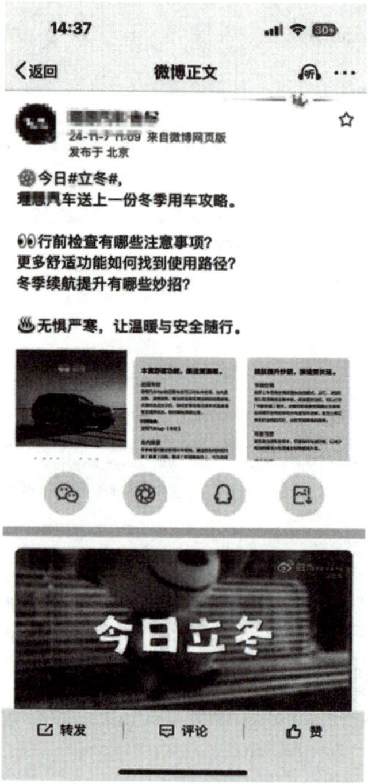

图 3－1－4　分享汽车保养技巧

2. 行业动态解读

除了汽车知识，品牌还可以对汽车行业的动态进行解读。例如，在汽车排放标准更新时，汽车品牌在微博上详细解读新标准对汽车性能、价格、市场的影响，帮助消费者更好地理解行业变化，使品牌成为消费者了解汽车行业的重要信息源。

（五）情感营销模式

1. 品牌故事讲述

通过微博讲述汽车品牌的故事，包括品牌的创立背景、发展历程中的感人故事、品牌所坚持的价值观等。例如，一个有着悠久历史的汽车品牌在微博上分享其在战争时期依然坚持品质，为军队提供可靠交通工具的故事，唤起消费者的情感共鸣，让消费者对品牌产生敬意和认同感。

2. 用户情感连接

关注用户与汽车之间的情感纽带，如车主与汽车的难忘经历。品牌可以在微博上征集这些故事，然后进行分享。例如，在情人节期间，汽车品牌征集车主和伴侣在汽车中的浪漫故事，将这些充满爱意的故事发布在微博上，拉近与用户的情感距离。

三、汽车微博营销的优势

传统营销方式往往难以获取实时的数据反馈和效果评估，使得营销策略的调整和优化变得困难。汽车微博营销在成本效益、目标客户、互动性、传播速度、内容形式等方面具有显著优势，如图 3-1-5 所示。这些优势使得车企能够更好地与消费者建立联系，提升品牌影响力和市场竞争力。

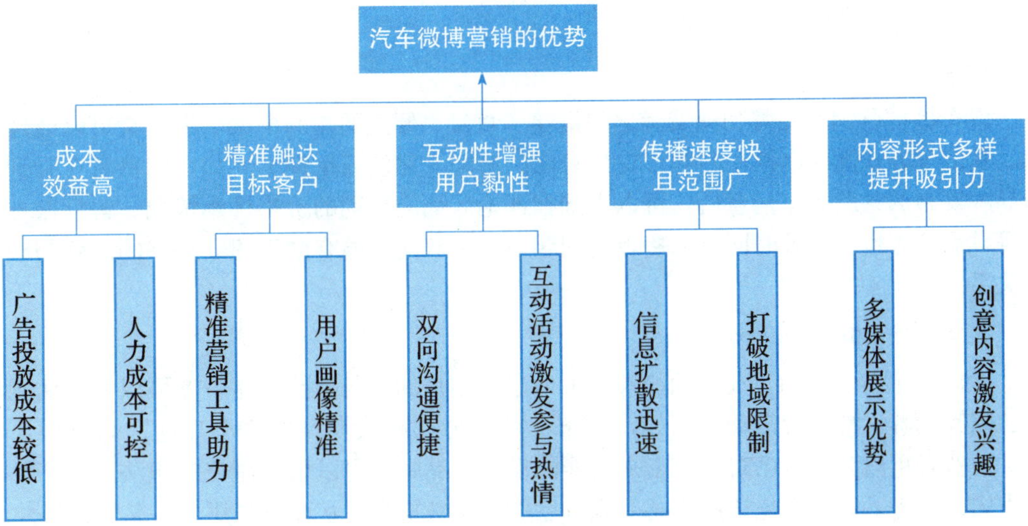

图 3-1-5　汽车微博营销的优势树图

（一）成本效益高

1. 广告投放成本较低

相较于传统的电视广告、平面广告等营销方式，汽车微博营销在广告投放上成本较低。在微博平台上，汽车品牌可以根据自身预算灵活选择推广方式。例如，品牌可以通过发布有机微博内容（即非付费推广的内容）来积累粉丝和口碑，这些内容如果制作精良、话题性强，同样能够获得较高的关注度。

2. 人力成本可控

运营汽车微博账号通常不需要庞大的团队。一般来说，一个小团队就可以完成内容创作、发布、互动等一系列工作。团队成员包括文案撰写人员、平面设计或视频制作人员（也可以部分外包）及账号运营人员等。

（二）精准触达目标客户

1. 精准营销工具助力

微博提供了多种精准营销工具。例如，微博的广告投放系统可以根据品牌设定的目标受众特征进行广告投放，确保广告展示在最有可能对汽车产品感兴趣的用户面前。同时，通过话题标签的使用，汽车品牌可以吸引对特定汽车主题（如汽车改装、新能源汽车技术等）感兴趣的用户。例如，当汽车品牌发布一条带有“新能源汽车续驶里程”话题标签的微博时，关注这个话题的用户就能及时看到这条微博，从而提高营销信息的触达精准度。

2. 用户画像精准

微博平台积累了海量的用户数据，汽车品牌可以利用这些数据来精准定位目标客户。

例如，如果一个汽车品牌推出一款面向年轻上班族的新能源汽车，就可以在微博上精准定位到关注新能源汽车话题、对科技产品感兴趣的年轻用户群体。

（三）互动性增强用户黏性

1. 双向沟通便捷

汽车微博营销为品牌和消费者之间搭建了直接、便捷的沟通桥梁。消费者可以通过评论、私信等方式随时向汽车品牌方提出自己的疑问、建议或反馈。例如，消费者在看到汽车品牌发布的某款新车信息后，可以直接在评论区询问车辆的价格优惠情况、售后服务内容等。品牌方也能够及时回复消费者的问题，这种双向沟通有助于建立良好的品牌与消费者关系。

2. 互动活动激发参与热情

微博上丰富多样的互动活动能够极大地激发用户的参与热情。品牌方可以发起话题讨论、问答竞赛、抽奖等活动。例如，汽车品牌举办“我最期待的汽车功能”话题讨论活动，消费者可以分享自己对汽车未来功能的设想，品牌方可以根据用户的想法进行产品研发方向的参考，同时也能让用户感受到自己的意见被重视，从而增强用户对品牌的黏性。

（四）传播速度快且范围广

1. 信息扩散迅速

一旦汽车品牌发布了有吸引力的内容，这些信息就可以在短时间内通过用户的转发、分享得到广泛传播。例如，一款热门汽车品牌宣布限时大促销活动，其官方微博发布活动信息后，粉丝们会迅速转发，可能在几个小时内就能传播到数十万甚至数百万用户面前，大大提高了营销活动的曝光率。

2. 打破地域限制

微博的用户来自世界各地，汽车微博营销能够突破地域限制，将汽车品牌和产品信息传播到全球范围。这对于汽车品牌尤其是国际品牌来说，是一个非常大的优势。比如，德国的汽车品牌可以通过微博在中国、美国、日本等多个国家和地区进行营销，吸引全球各地的消费者关注其品牌和车型。

（五）内容形式多样提升吸引力

1. 多媒体展示优势

微博支持文字、图片、视频等多种内容形式，汽车品牌可以充分利用这些形式来展示汽车的魅力。通过发布高清精美的汽车外观和内饰图片，让用户直观地感受到汽车的设计美感，利用视频展示汽车的性能、动力、操控性等。

2. 创意内容激发兴趣

在微博上，汽车品牌可以发布各种创意内容来吸引用户。比如，通过漫画的形式介绍汽车的工作原理，或者以故事连载的方式讲述车主与汽车的有趣经历。这些创意内容能够打破传统汽车营销的枯燥感，激发用户的阅读和分享兴趣，从而更好地推广汽车品牌和产品。

任务二 汽车微博营销活动的策划

任务导入

假设你是一家汽车销售公司的市场部成员，公司最近推出了一款新车型，但销量不尽如人意。你们公司在微博上有一定的粉丝基础，但之前的营销活动并没有引起太大的反响。现在，老板要求你在一个月内策划一场有效的微博营销活动，提高这款新车型的知名度和销量，你需要通过学习汽车微博营销活动策划知识来解决这些问题。

知识解读

一、汽车微博营销策划的流程

微博营销策划是指针对微博这一社交媒体平台，制订并实施一系列旨在提升品牌知名度、增加用户参与度、促进产品或服务销售等目标的战略和行动计划。这一过程涉及对微博平台特性的深入理解、目标受众的精准定位、营销内容的创新设计及营销活动的有效执行与监测。汽车微博营销策划的主要流程如图 3-2-1 所示。

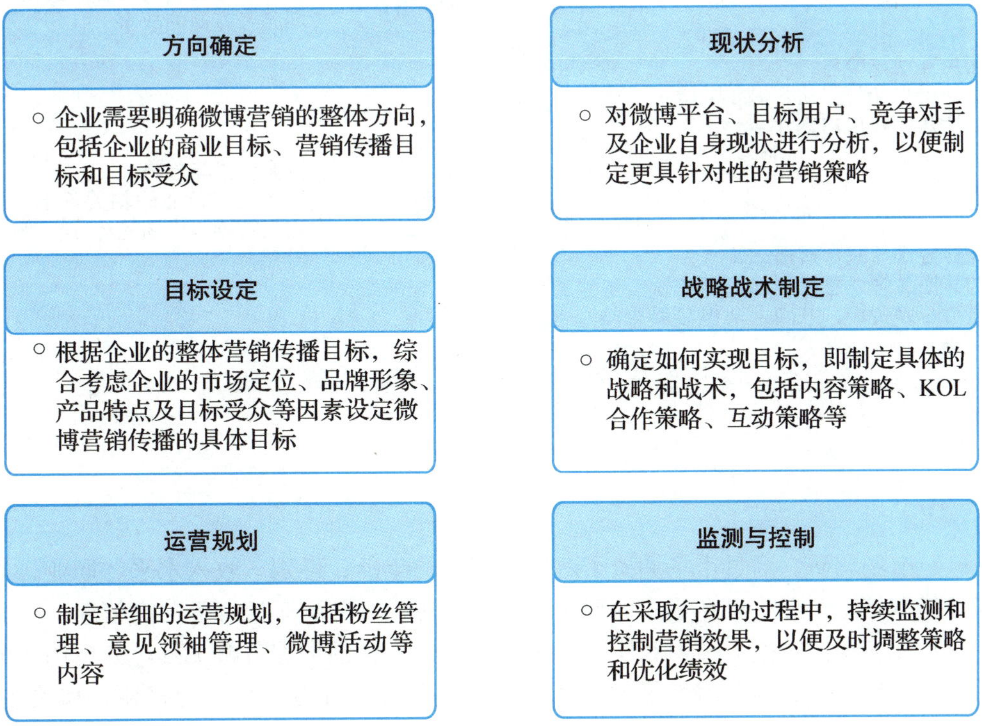

图 3-2-1 汽车微博营销策划的主要流程

二、汽车微博营销的定位

（一）内容定位

1. 内容定位的核心要素

（1）品牌理念与价值观。微博营销内容应紧密围绕品牌理念与价值观展开，传递品牌的核心价值。例如，如果品牌强调创新、环保和可持续发展，那么微博内容可以突出这些方面的信息，如新能源汽车的研发、环保材料的运用等。

（2）目标受众的需求。深入了解目标受众的需求和偏好，根据这些需求定制微博内容。例如，针对年轻消费者，可以发布更多关于汽车科技、智能驾驶、个性化定制等方面的内容；针对家庭用户，则可以强调汽车的安全性、舒适性和实用性。

（3）市场趋势与热点。紧跟市场趋势和热点话题，将品牌与这些话题相结合，提高微博内容的时效性和相关性。例如，在新能源汽车市场快速增长的背景下，可以发布关于新能源汽车政策、技术突破、充电设施建设等方面的内容。

2. 内容定位的具体策略

汽车微博营销内容定位的具体策略如图 3－2－2 所示。

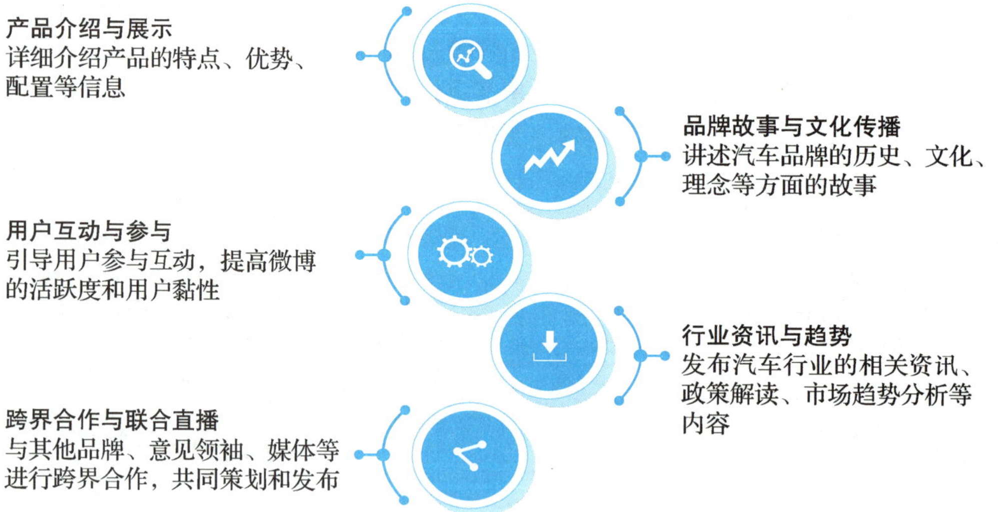

图 3－2－2　汽车微博营销内容定位的具体策略

（二）用户定位

1. 用户定位的依据

（1）市场调研。通过市场调研了解潜在用户的年龄、性别、收入水平、职业、兴趣爱好等基本信息，分析潜在用户的购车需求、购车预算、购车偏好等关键信息。

（2）社交媒体数据分析。利用微博等社交媒体平台的数据分析工具，分析用户的关注话题、互动行为、消费习惯等数据。通过数据分析发现潜在用户的兴趣点和关注点，为精准定位提供依据。

（3）竞品分析。分析竞品的用户群体特征，包括年龄、性别、地域、消费能力等。了解竞品用户的购车偏好和购车行为，以便在定位时避免与竞品过度重叠。

2. 用户定位的具体策略

汽车微博营销用户定位的具体策略如图 3-2-3 所示。

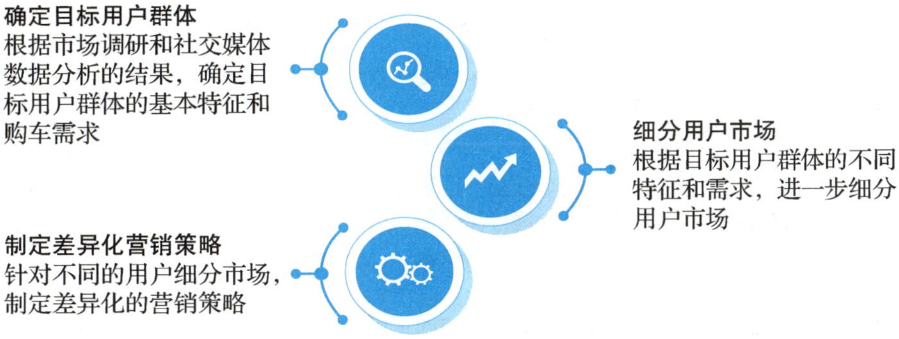

图 3-2-3　汽车微博营销用户定位的具体策略

（三）产品定位

1. 产品定位的依据

（1）市场调研。通过市场调研了解目标用户群体的购车需求、偏好和预算等信息。分析竞争对手的产品特点和市场表现，找出差异化的竞争优势。

（2）产品特性分析。深入了解推广产品的性能、配置、价格、外观等方面的特点。评估产品的市场潜力和竞争优势，确定产品的核心卖点。

（3）社交媒体数据分析。利用微博等社交媒体平台的数据分析工具，分析用户对于汽车产品的讨论热点、关注趋势和购买意向。根据数据分析结果，调整产品定位策略，确保产品更符合用户的需求和期望。

2. 产品定位的具体策略

汽车微博营销产品定位的具体策略如图 3-2-4 所示。

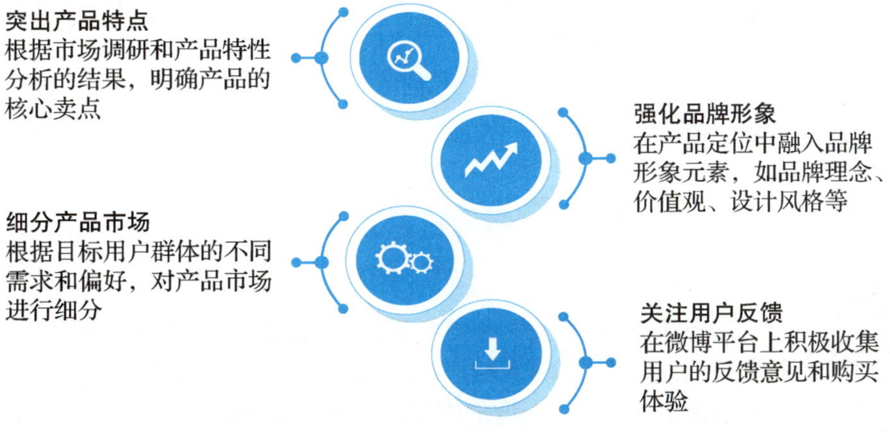

图 3-2-4　汽车微博营销产品定位的具体策略

三、汽车微博营销团队的组建

微博作为社交媒体平台，具有信息传播速度快、覆盖范围广的特点。专业的微博营销团队能够充分利用这些特点，通过精心策划的营销活动，迅速提升品牌知名度和产品曝光率。团队成员之间的协作与分工可以优化工作流程，提高营销活动的执行效率和响应速度。组建汽车微博营销团队可从如表 3－2－1 所示的几个方面着手。

表 3－2－1　汽车微博营销团队的组建

团队构成	具体人员	工作领域
核心成员	内容策划专员	熟悉汽车行业，了解各类车型的特点、性能、配置等。能根据目标受众和营销目标，策划出吸引人的微博内容，如新车资讯、试驾体验、汽车保养知识等
	文案撰写人员	具备出色的文字功底，可将汽车相关内容以生动、有趣、易懂的文案形式呈现出来，适配微博的短文案风格，抓住用户眼球
	视觉设计人员	负责设计制作微博配图、海报、短视频等视觉内容。需掌握图片处理、视频剪辑软件，能根据汽车特点及营销活动设计出吸睛的视觉效果
推广运营人员	微博运营专员	精通微博平台规则与用法，负责日常账号管理，包括发布内容、回复评论、私信互动等。能分析微博数据，根据粉丝增长、互动情况等调整运营策略
	活动策划推广员	规划并执行微博线上线下营销活动，如抽奖、问答、车展直播等活动，以提高账号知名度与粉丝活跃度
数据分析人员		能够收集、整理微博相关数据，如粉丝画像、内容阅读量、转发量等。通过数据分析评估营销效果，为团队提供优化建议
其他支持人员	汽车行业专家顾问	邀请汽车行业资深人士作为顾问，在遇到专业问题或需要深度解读汽车技术时提供专业指导
	客服人员	处理粉丝咨询、投诉等问题，及时反馈给相关团队成员解决，维护良好的品牌形象

四、汽车微博营销的推广

微课视频

汽车微博营销的推广

（一）利用微博广告工具推广

1. 粉丝头条

粉丝头条（见图 3－2－5）是推广博文及账号的利器，能助力广告主快速积累社交资产，精通粉丝经济。它可以让广告主的微博内容在粉丝的微博信息流中置顶展示，增加内容的曝光量和阅读量。操作简单，广告主只需选择要推广的博文，设置推广时间和预算，即可完成投放；支持多种计费方式，如按天计费、按次计费等，广告主可根据自己的需求选择合适的计费方式，如图 3-2-5 所示。

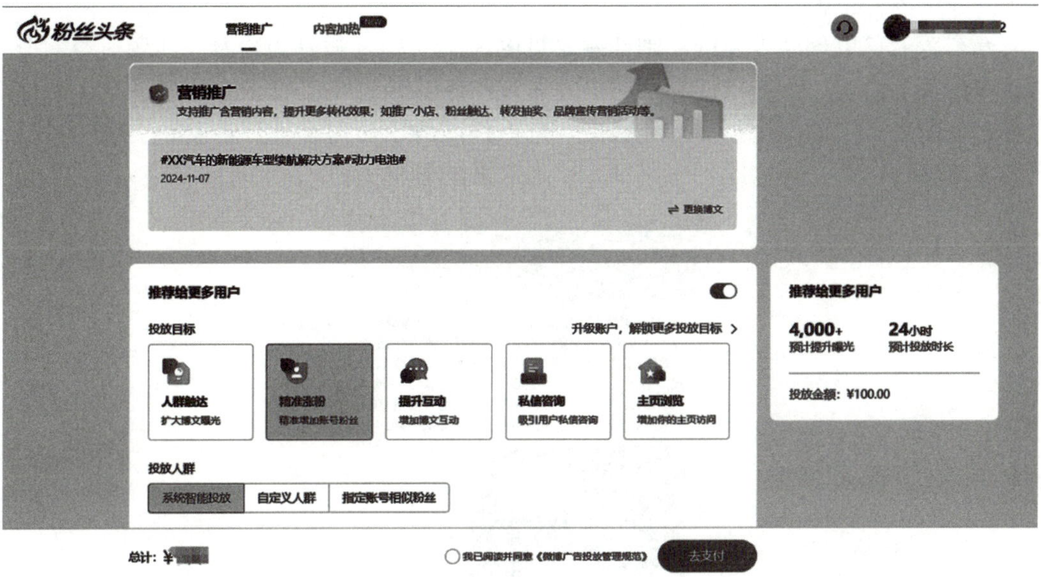

图 3-2-5 粉丝头条

2. 超级粉丝通推广

超级粉丝通推广可以实现更精准的人群定向，除基本的人口统计学信息和兴趣标签外，还能根据用户的行为数据进行定向。对于汽车营销，可针对近期在微博上搜索过汽车相关话题、关注过汽车评测账号或者参与过汽车抽奖活动的用户进行定向广告投放。

（二）与汽车领域大 V 合作推广

1. 与汽车评测大 V 合作

汽车评测大 V 在微博上拥有大量的粉丝和较高的公信力。汽车企业可以与他们合作，邀请他们试驾汽车并制作评测内容。这些评测大 V 可以从专业的角度对汽车的性能、操控、舒适性等方面进行详细的测评，如图 3-2-6 所示。企业可以在合作过程中与大 V 共同策划内容。

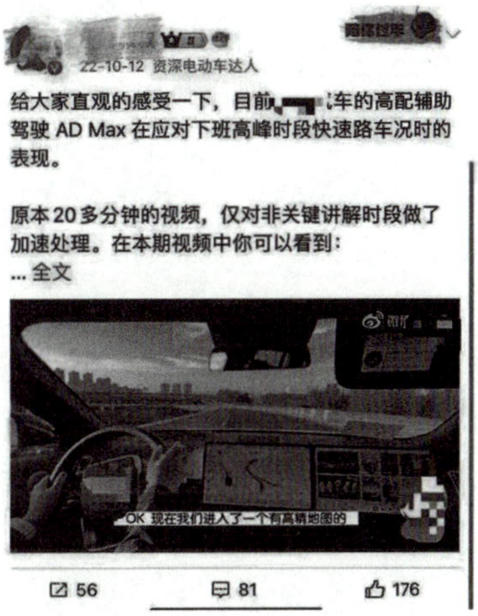

图 3-2-6 某评测大 V 微博

2. 与汽车生活类大 V 合作

汽车生活类大 V 侧重于展示汽车在日常生活中的应用。企业可以与他们合作，展示汽车如何融入人们的生活，如在家庭出行、购物、自驾游等场景中的便利性。这种合作可以让汽车品牌更贴近消费者的生活，拉近与消费者的距离，消费者可以更容易想象自己拥有汽车后的生活场景，从而激发购买欲望。

（三）话题营销推广

1. 创建品牌话题

汽车企业可以创建专属的品牌话题（见图 3－2－7），鼓励用户参与话题讨论，分享与品牌相关的内容。企业可以在话题中发布汽车新品预告、品牌活动信息、车主故事等内容，定期对话题内容进行整理和推广，选取优质的用户内容进行转发和奖励，激发用户的参与热情，使品牌话题保持热度，扩大品牌的影响力。

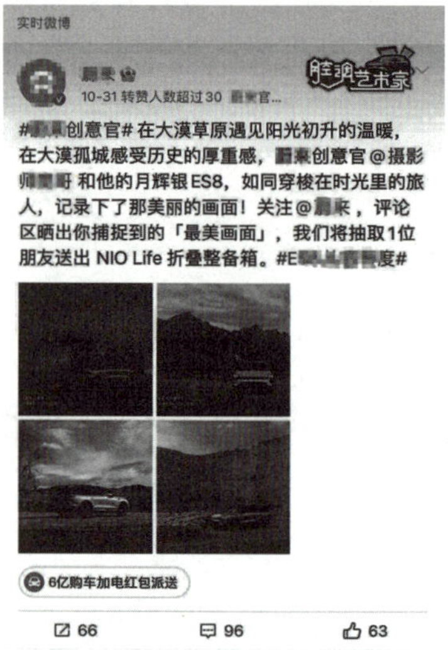

图 3－2－7　专属的品牌话题

素养园地

红旗汽车——民族品牌复兴与爱国情怀

红旗汽车作为中国汽车工业的代表性品牌，不仅承载着深厚的历史底蕴，还寄托了国人的民族情感和爱国情怀。在微博营销中，红旗巧妙地运用民族品牌复兴的主题，深入挖掘品牌的历史文化价值，同时展示现代化的设计与高端技术，成功激发了消费者的爱国情怀和民族自豪感。以下是对红旗汽车微博营销策略的详细分析。

一、背景分析

红旗汽车自 1958 年创立以来，就成了中国高端汽车的代表。它不仅是中国汽车工业的象征，更承载着几代中国人的汽车梦和自豪感。然而，红旗品牌也曾经历过低谷，面临着市场化道路的挑战。为了重振品牌，红旗在近年来进行了大刀阔斧的改革，不仅推出了全新的产品矩阵，还明确了“中国第一、世界著名”的品牌愿景。在微博营销中，红旗充分利用这一背景，讲述品牌故事，传承品牌精神，赢得了消费者的广泛关注和认可。

二、微博营销策略

挖掘品牌历史文化价值。红旗汽车在微博中经常发布关于品牌历史、创始人故事、经典车型回顾等内容，让消费者对红旗品牌有更深入的了解。红旗还通过微博平台与消费者互动，分享品牌故事和情怀，增强了消费者对品牌的认同感和归属感。

展示现代化的设计与高端技术。红旗在微博中积极展示其现代化的汽车设计，如流线型的车身、精致的内饰等，吸引了年轻消费者的目光。同时，红旗还展示了其在新能源、智能网联等方面的最新技术成果，展现了品牌的创新实力和未来发展方向。

激发爱国情怀和民族自豪感。红旗汽车作为中国汽车工业的象征，其品牌本身就蕴含着浓厚的爱国情怀。在微博营销中，红旗巧妙地运用这一元素，通过发布与国旗、国歌等相关的内容，激发消费者的爱国情怀。

此外，红旗还通过微博平台展示其在国际舞台上的风采，如参加国际车展、获得国际奖项等，增强了消费者的民族自豪感。红旗汽车在微博中积极与消费者互动，回复消费者的评论和私信，建立了良好的情感联系。

2. 参与热点话题

关注微博上的热点话题，尤其与汽车行业相关的话题，如新能源汽车发展趋势、自动驾驶技术突破等。汽车企业可以参与这些热点话题的讨论，发表专业的观点和见解，也可以将企业的汽车产品与热点话题巧妙结合。

（四）活动推广

1. 线上抽奖活动

汽车企业可以在微博上发起抽奖活动，用户通过转发、点赞、评论活动微博参与抽奖。在抽奖活动中，可以设置一些额外的参与条件，如关注汽车品牌官方微博、@三位好友等，以增加品牌的粉丝量，扩大活动的传播范围，如图 3－2－8 所示。

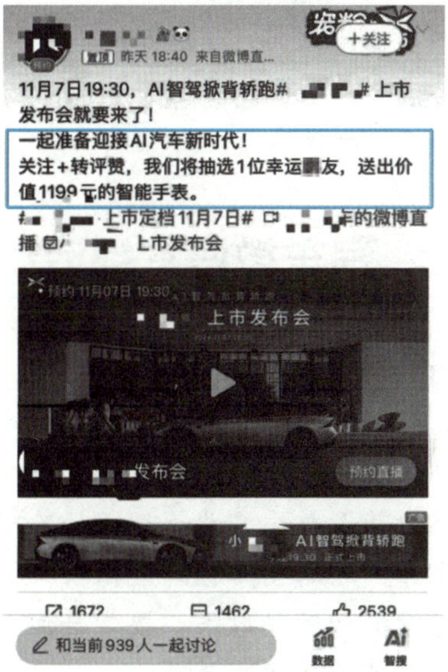

图 3－2－8　线上抽奖活动微博页面

2. 线上线下互动活动

策划线上线下互动活动，如用户在微博上报名参加试驾活动，然后到指定的汽车4S店进行试驾。企业可以在微博上发布试驾活动的详细信息，在试驾活动结束后，鼓励用户在微博上分享试驾感受，企业对用户的分享内容进行整理和展示，形成良好的口碑传播，如图 3－2－9 所示。

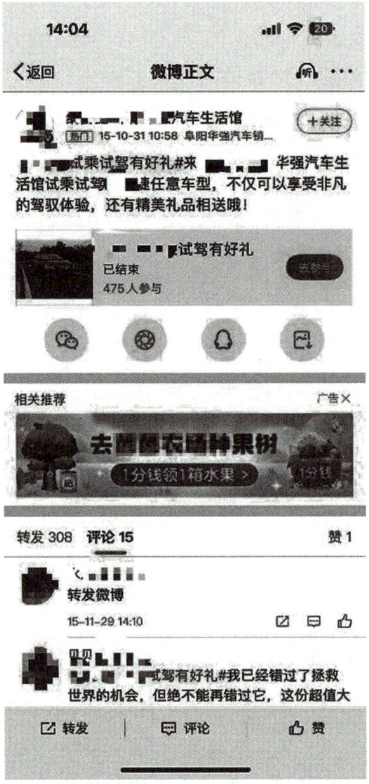

图 3－2－9　发布试驾活动

任务三　汽车微博营销活动的实施

任务导入

如果你是某汽车店的微博运营人员，需要策划一场有效的微博营销活动，首先你需要给公司注册一个微博企业账号，还需要掌握一些微博文案写作的技巧，并配合微博热门话题进行发布，最后为了持续提升营销效果，要学会运用微博平台自带工具对营销活动效果的数据进行监测且有方向性地优化营销策略。

知识解读

一、注册微博账号的流程

（一）手机号注册

打开微博客户端或网页版，单击“注册”或“立即注册”按钮，如图 3－3－1 所示。

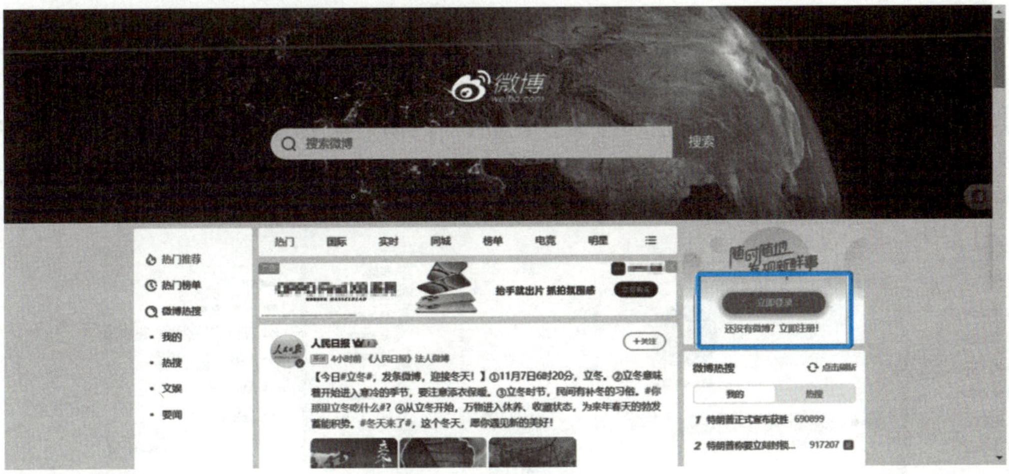

图 3－3－1　微博客户端主页

在微博注册页面输入手机号码，单击“免费获取短信激活码”按钮，如图 3－3－2 所示。稍等片刻，将收到一条短信验证码，将其输入相应的位置。然后，设置微博密码，建议密码包含字母、数字和符号的组合，以提高安全性。最后，单击“下一步”或“注册”按钮，完成基本信息的填写。

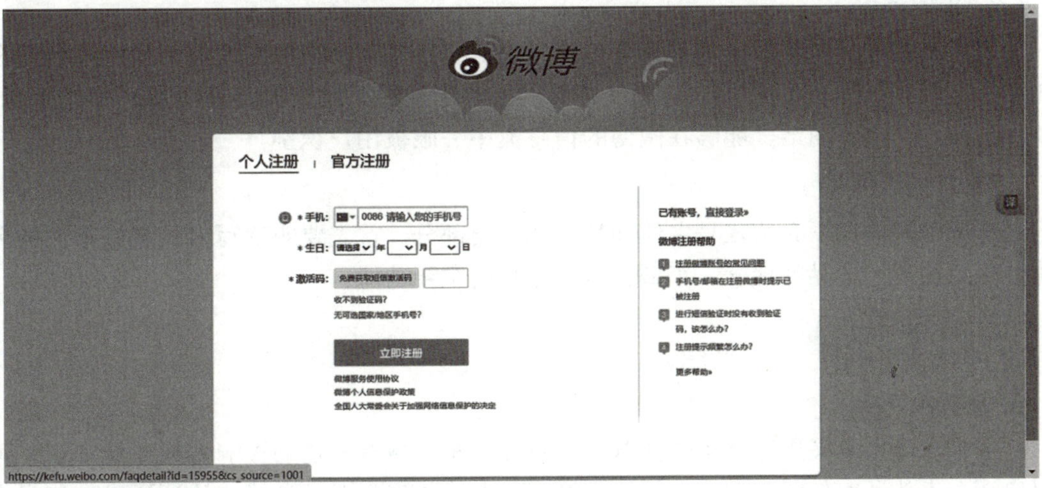

图 3－3－2　微博注册页面

（二）第三方账号授权注册

如果已经拥有 QQ、微信、淘宝等第三方账号，微博也支持使用这些账号进行授权注册。在注册页面选择相应的第三方账号图标，单击后按照提示进行授权操作。例如，选择微信授权注册，会跳转到微信页面进行确认授权，授权成功后即可完成微博账号的注册。

（三）完善基本信息

1. 用户名设置

为汽车营销账号取一个简洁、易记且与汽车相关的用户名，最好能够体现出账号的主题或品牌特色，方便用户识别和搜索。比如，“汽车之家官方微博”“××汽车品牌资讯”等，案例以“好美汽车美容装饰”为名，如图 3－3－3 所示。避免使用过于复杂或生僻的词汇，同时要确保昵称在微博平台上的唯一性，防止与其他账号混淆。

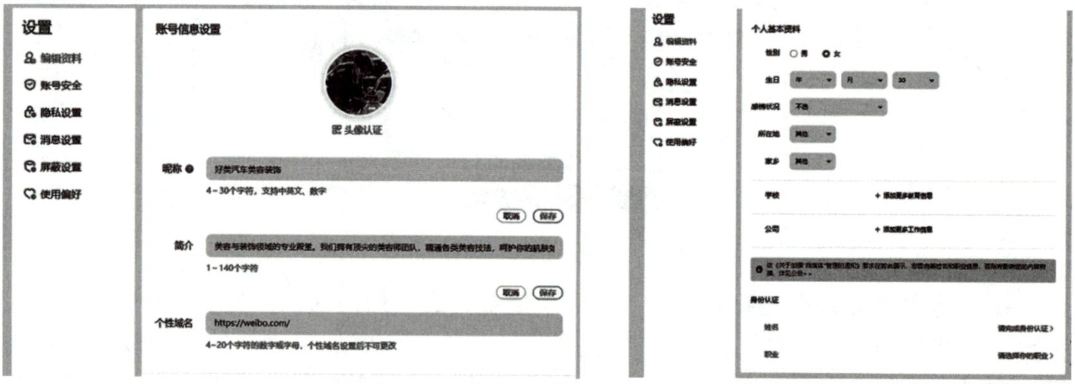

图 3－3－3　填写基本信息页面

2. 头像选择

汽车微博账号的头像应具有高辨识度，最好直接使用品牌标志或具有代表性的汽车图案。如果是单一车型的推广账号，可以使用该车型的正面或侧身特写照片作为头像，要保证图片清晰、简洁，能够在微博的信息流中一眼被用户识别。

3. 个人简介填写

这部分是向用户介绍账号主体和特色的重要部分。首先要明确写出品牌或车型的名称，然后简要阐述品牌理念、车型特点或账号的主要功能。

（四）账号认证

1. 个人认证

如果以个人名义进行汽车微博营销，且在汽车领域有一定的影响力或专业知识，可以申请个人认证，如图 3－3－4 所示。申请个人认证需要满足微博的认证要求，如提供真实的身份信息、相关的证明材料等。个人认证可以提高账号的可信度和权威性。

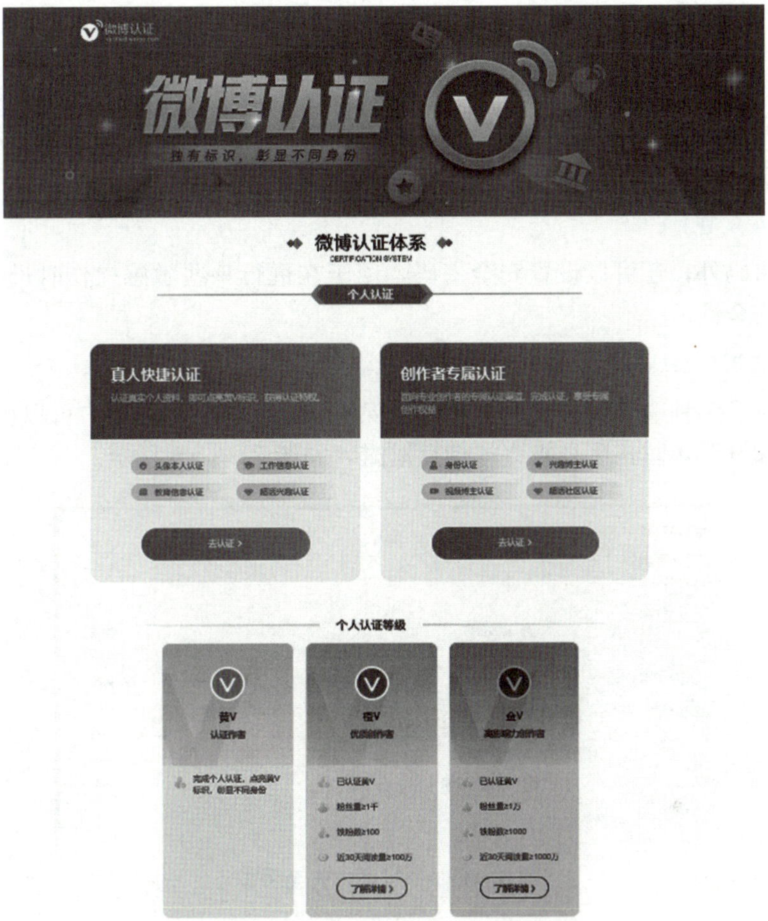

图 3-3-4　微博个人认证页面

2. 企业认证

如果代表汽车企业或经销商进行微博营销，建议申请企业认证，如图 3-3-5 所示。企业认证需要提供企业的相关信息和资质证明，如营业执照、法人身份证明等。企业认证后的账号会有专属的标识，更容易获得用户的信任和关注。

图 3-3-5　微博企业认证页面

（五）设置账号安全

1. 绑定手机

在账号注册完成后，绑定手机号码，以便在账号出现异常情况时能够及时接收短信通知，同时也方便通过手机验证码进行登录和操作。

2. 设置安全密码

除登录密码外，还可以设置安全密码，用于在进行一些敏感操作时进行二次验证，提高账号的安全性。

3. 开启账号保护功能

微博提供了多种账号保护功能，如登录保护、隐私保护等，用户可以根据自己的需求进行开启和设置，防止账号被盗或信息泄露，如图 3－3－6 所示。

图 3－3－6　账号与安全界面

注册完成后，用户就可以开始进行汽车微博营销的相关操作，如发布汽车相关的内容、与用户互动、开展营销活动等。需要注意的是，在进行微博营销时，要遵守微博的相关规定和法律法规，发布真实、合法、有价值的内容，避免过度营销和违规行为。

二、文案的写作技巧

微博是一个拥有庞大用户群体的社交媒体平台，通过精心撰写的文案，汽车品牌可以传达其核心价值、设计理念、技术实力等关键信息，从而塑造和提升品牌形象。微博文案有字数限制，要快速切入重点，用精练的语言传达核心信息，避免冗长复杂的表述，确保用户能在短时间内获取关键内容。文案的写作技巧如表 3－3－1 所示。

表 3－3－1　文案的写作技巧

写作技巧	作用	文案设计
抓住受众眼球（见图 3－3－7）	制造悬念	明天将亮相一款神秘新车，它的某项设计会彻底颠覆你对汽车的认知，猜猜看是什么
	抛出问题	你理想中的汽车，是要速度与激情并存，还是舒适与豪华兼具呢

续表

写作技巧	作用	文案设计
突出汽车亮点（见图 3-3-8）	性能优势	这款车百公里加速仅需×秒，瞬间点燃你的驾驶激情
	科技配置	具备自动泊车、自适应巡航等高科技功能，驾驶从此轻松无忧
	设计美感	流线型车身搭配犀利大灯，宛如奔跑的猎豹，颜值爆表
营造场景感（见图 3-3-9）	日常出行	每天开着它穿梭在城市的大街小巷，应对早晚高峰游刃有余，宽敞的车内空间让你伸展自如，心情也随之舒畅
	旅行自驾	驾驶这款车踏上自驾之旅，穿越山川湖海，超大的后备厢能装下所有装备，全景天窗让你与美景零距离接触，每一刻都是难忘的体验
引发情感共鸣（见图 3-3-10）	梦想追求	每个爱车的人心中都有一个梦想之车的模样，而这款车或许就是你梦想照进现实的选择，带你开启属于你的驾驶传奇
	家庭温暖	带着家人一起出行，这款车的安全配置让你无比安心，舒适的座椅见证着每一个温馨的家庭时刻，它是家庭出行的贴心伙伴
融入互动元素		“大家觉得这款车的哪个颜色最酷炫呢？快来评论区说说吧！”鼓励用户参与评论、点赞、转发，增加文案的传播度

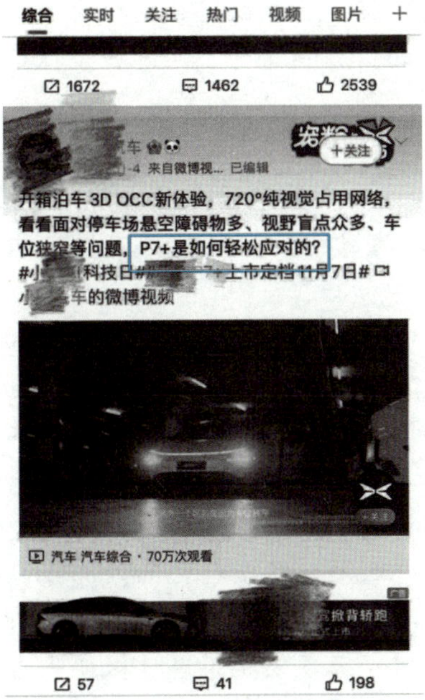

图 3-3-7 抓住受众眼球

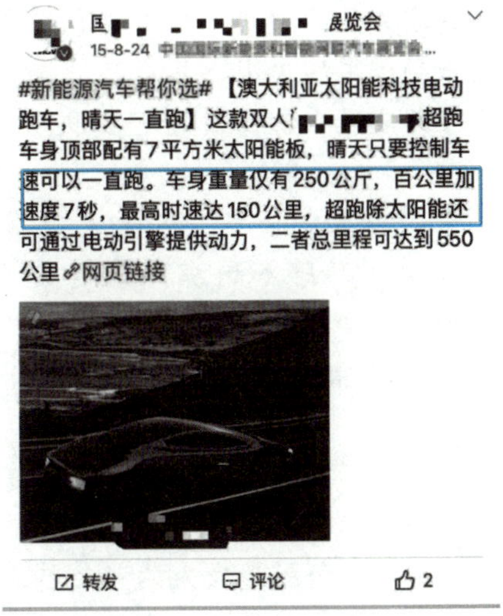

图 3-3-8 突出汽车亮点

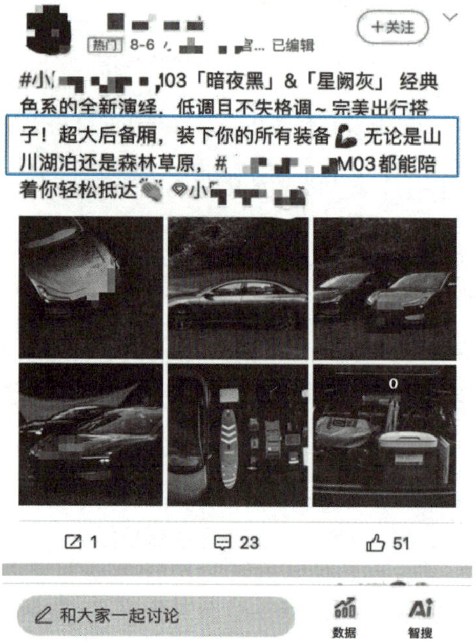

图 3-3-9　营造场景感

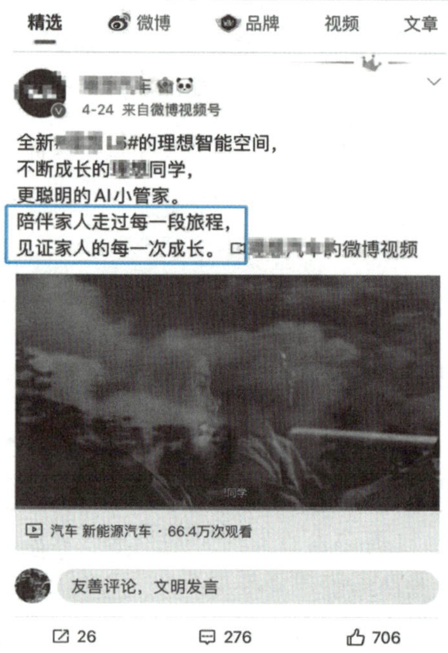

图 3-3-10　引发情感共鸣

知识视界

五菱宏光——人民需要什么，五菱就造什么的责任担当

五菱宏光以贴近消费者需求的产品定位而广受赞誉，其在微博营销中更是突出品牌对社会责任的担当，这一策略不仅赢得了消费者的信赖和支持，也进一步提升了品牌形象。以下是对五菱宏光微博营销策略的详细分析。

五菱宏光作为中国汽车市场的知名品牌，始终坚持以消费者需求为导向，不断推出符合市场需求的车型。其产品线涵盖了多种车型，满足了不同消费者群体的需求。同时，五菱宏光在特殊时期也积极履行社会责任，为社会做出贡献，赢得了广泛的赞誉。

突出品牌责任担当。五菱宏光在微博营销中始终强调品牌的社会责任担当，通过发布关于品牌如何满足消费者需求、如何在特殊时期为社会做出贡献的内容，展示了品牌的正面形象。例如，在疫情期间，五菱宏光迅速转产医用口罩，并打出“人民需要什么，五菱就造什么”的口号，这一举措赢得了广泛的赞誉和认可。

强调满足不同消费者需求。五菱宏光在微博中积极展示其多样化的产品线，强调品牌能够满足不同消费者群体的需求。通过发布各种车型的介绍、试驾体验等内容，让消费者更加了解五菱宏光的产品特点和优势。同时，五菱宏光还通过微博平台与消费者互动，收集消费者的需求和反馈，不断优化产品和服务。

五菱宏光在微博营销中注重与消费者的情感共鸣和互动。通过发布富有感染力的内容和故事，引发消费者的共鸣和关注。同时，五菱宏光还积极回复消费者的评论和私信，建立良好的互动关系，增强了消费者对品牌的认同感和忠诚度。

资料来源：郑思雯．六十五载初心不改，人民需要什么，五菱就造什么．侃车 e 族，2023-10-30.

三、微博话题的发布

微课视频

汽车微博发布时的要点

微博话题是根据微博热点、个人兴趣、网友讨论等多种内容，经过话题主持人补充说明和加以设置，与某个话题词有关的专题聚合页面。在发布微博时，用户需要在文字内容中插入双井号“＃”及其中间的关键词。微博话题发布要注意以下几个问题。

（一）话题的吸引力和相关性

1. 吸引力

话题名称要足够吸引人，能够激发用户的好奇心和参与欲望，可以使用一些具有煽动性、趣味性或悬念性的词汇，结合热点元素来增加话题吸引力。比如，当一部热门的汽车主题电影上映时，可以发布“＃电影同款汽车的魅力在哪里＃”这样的话题，借助电影的热度吸引用户关注汽车，如图 3-3-11 所示。

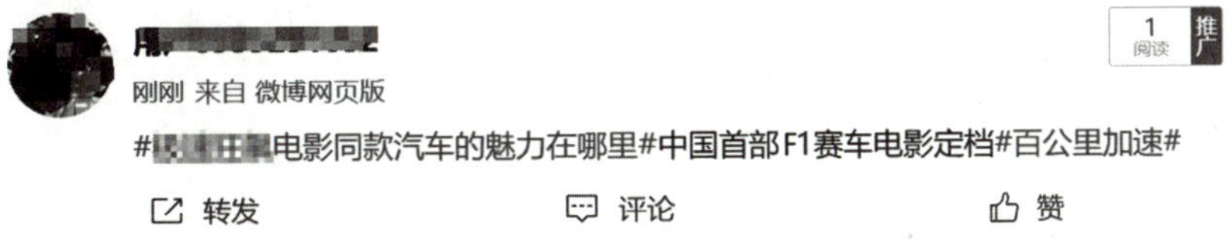

图 3-3-11　吸引力强的话题

2. 相关性

话题要与汽车品牌、车型、汽车文化或汽车使用等相关内容紧密联系。如果是汽车品牌官方微博发布话题，话题应该围绕品牌形象、产品特点、促销活动、车主服务等方面展开。例如，“＃××汽车的智能互联系统体验＃”就与汽车产品的功能体验密切相关，能够让用户围绕这个话题分享使用汽车智能系统的感受和建议。

（二）话题的清晰度和简洁性

1. 清晰度

话题的含义要清晰明确，用户在看到话题标签时就能立刻理解这个话题是关于什么的，避免使用模糊、歧义的词汇。例如，“＃××汽车的新能源车型续航解决方案＃”这个话题就很清晰，用户一看就知道是在讨论该品牌新能源汽车续航方面的内容，包括续航提升技术、充电设施配套等，如图 3-3-12 所示。

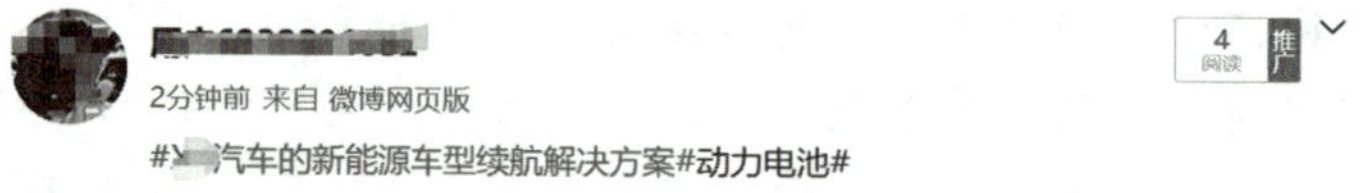

图 3－3－12　清晰度高的话题

2. 简洁性

话题标签应尽量简洁，方便用户记忆和输入。一般来说，话题标签最好不超过 15 个字，例如，“＃汽车品牌 Z 新车内饰抢先看＃”就比较简洁明了，而“＃让我们一起来看看汽车品牌 Z 新车超级酷炫的内饰设计到底有多么令人惊艳＃”则过于冗长。

（三）话题发布的时机和频率

1. 时机

选择合适的时间发布话题能提高话题的曝光率和参与度。可以结合汽车行业的活动时间来发布，考虑微博用户的活跃时间。例如，在车展前发布“＃车展前瞻-品牌 A 的重磅车型＃”，提前预热品牌在车展上即将展示的重点车型，吸引用户关注，如图 3－3－13 所示。

图 3－3－13　抓住时机发布话题

2. 频率

话题发布频率要适中，既不能过于频繁让用户感到厌烦，也不能间隔太久导致用户遗忘，每周发布 1～3 个高质量话题是比较合适的。例如，每周发布一个关于汽车产品知识讲解的话题，如图 3－3－14 所示。

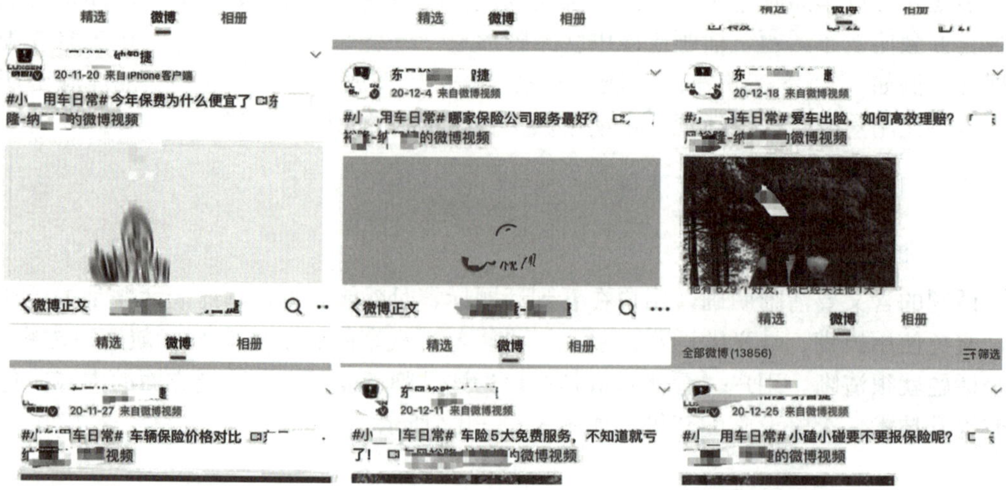

图 3－3－14　每周发布一个关于汽车产品知识讲解的话题

（四）话题内容的质量和引导性

1. 质量

发布话题时，微博正文的内容质量要高。无论是文字、图片还是视频，都要能够为用户提供有价值的信息。内容要真实可靠，避免夸大其词或传播错误信息。如果是介绍汽车性能的话题，如“#汽车品牌C的高性能车型动力展示#”，要确保性能数据的准确性，并且通过合理的方式（如测试视频、专业评测引用等）来展示性能，如图3-3-15所示。

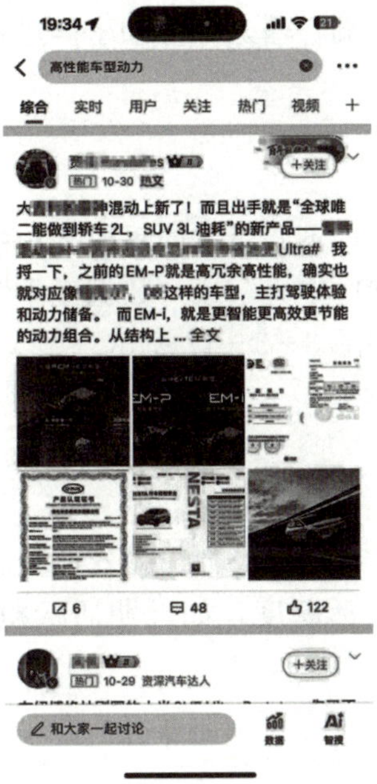

图3-3-15 准确性高的性能数据参数

2. 引导性

在微博内容中要带有一定的引导性，鼓励用户参与话题讨论。例如，在“#汽车品牌D的新颜色你喜欢吗#”这个话题下，微博正文可以写：“汽车品牌D推出了全新的车身颜色，你最喜欢哪一种呢？快来评论区告诉我们吧！”这样就能激发用户的评论欲望，提高话题的活跃度，如图3-3-16所示。

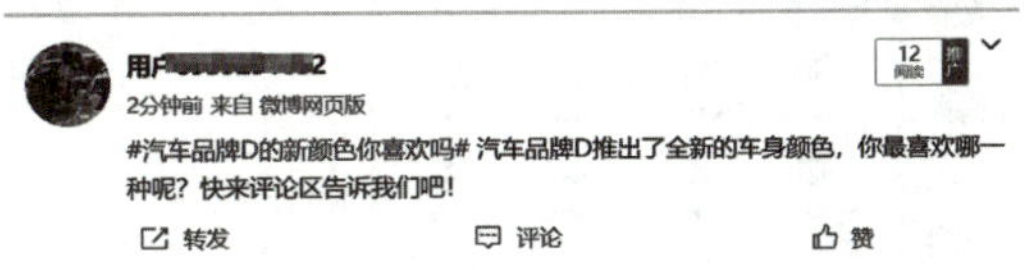

图3-3-16 具有引导性的微博内容

四、活动数据监测

微博营销活动的数据监测对于评估营销效果、优化营销策略、洞察市场趋势及提升品牌形象都具有重要意义。因此，企业在进行微博营销时，应充分重视数据监测的作用，并合理利用监测结果来指导未来的营销活动。

按一定周期（如每周、每月）对营销效果进行评估，分析数据变化趋势，找出表现好和不好的部分。根据评估结果对微博营销策划进行优化，如调整内容策略、互动策略、发布时间和频率、合作对象等，以持续提升营销效果。以下是使用微博平台自带工具分析数据的一般操作步骤。

（一）登录微博账号

打开微博网页版或手机客户端，输入账号和密码进行登录。确保登录的是要进行数据分析的账号。

（二）进入数据中心

下面以手机客户端操作为例，不同版本的手机客户端位置可能略有不同，但一般在微博的“我”页面中，找到“创作中心”或“数据助手”等类似的选项，单击进入后可以找到相关的数据分析模块，如图 3－3－17 所示。

（三）选择分析模块

1. 粉丝分析

粉丝概况：查看粉丝总数、新增粉丝数、粉丝增长趋势等数据，了解账号粉丝的整体增长情况，还可以关注粉丝的活跃度，如近期活跃粉丝的数量变化，如图 3－3－18 所示。

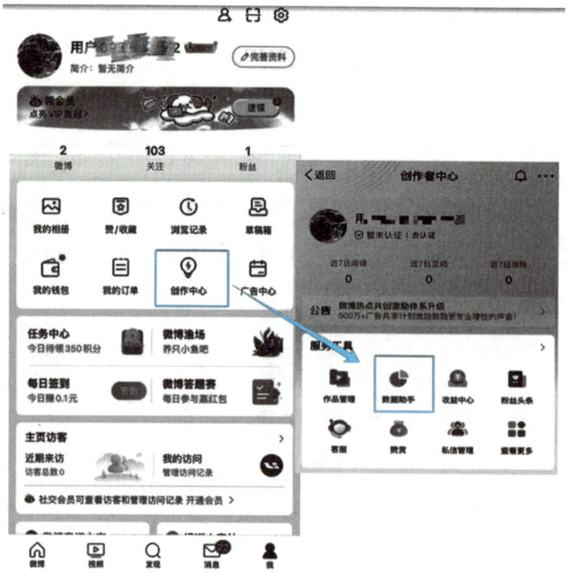

图 3－3－17　进入数据中心

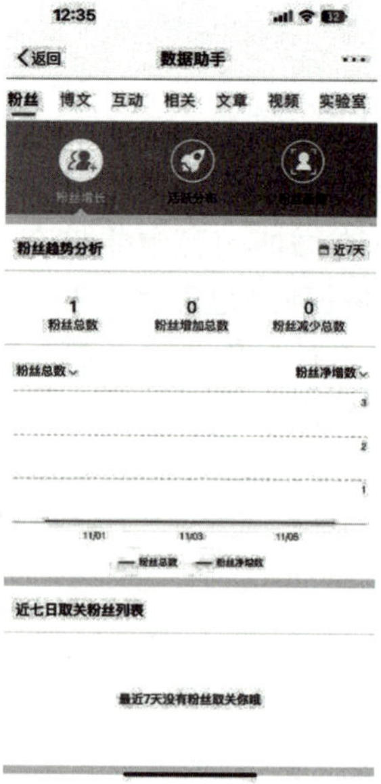

图 3－3－18　粉丝分析

粉丝画像：分析粉丝的性别、年龄、地域、兴趣爱好等信息，以便更精准地了解目标受众的特征，为内容创作和营销活动提供参考。

粉丝互动：了解粉丝的互动行为，如粉丝的点赞、评论、转发等互动频率较高的内容，以及互动较多的粉丝列表，这有助于发现活跃粉丝和潜在的意见领袖。

2. 内容分析

微博曝光量分析：查看每条微博的阅读量、曝光量等数据，了解内容的被展示次数，如图 3-3-19 所示。可以分析不同类型、不同话题、不同发布时间的微博曝光量差异，找出高曝光量的规律。

互动指标分析：关注微博的点赞数、评论数、转发数等互动指标，评估用户对内容的兴趣和认可程度，如图 3-3-20 所示。通过分析互动率（互动数总和除以阅读量），判断内容的吸引力和传播效果。

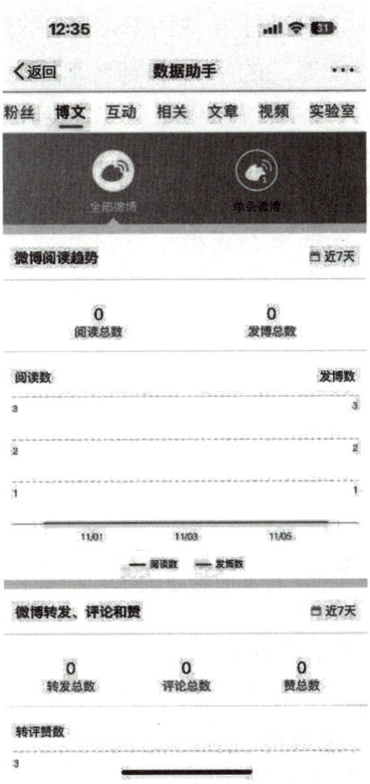

图 3-3-19　微博曝光量分析页面

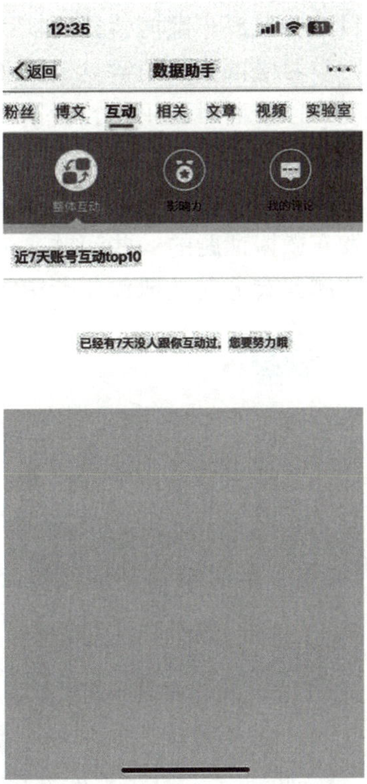

图 3-3-20　互动指标分析页面

内容传播路径：了解微博内容的传播途径，如用户是通过搜索、热门推荐、粉丝关注等渠道看到微博的，这对于优化内容发布策略和提高曝光机会有重要意义。

3. 活动分析

如果在微博上举办了营销活动，可以在数据中心的相关模块查看活动的参与数据。例如，根据活动的参与人数、参与率、互动情况等，评估活动的吸引力和效果。

对于有明确转化目标的活动，如引导用户到线下门店试驾、线上预约购车等，分析活动带来的转化效果，如点击量、转化率等指标。

（四）设置时间范围

根据分析需求，选择不同的时间范围来查看数据。可以查看最近一周、一个月、三个月甚至更长时间的数据，以便观察数据的变化趋势和周期性规律。

（五）导出数据报告（如有需要）

微博数据中心通常提供数据报告的导出功能。如果用户需要对数据进行进一步的整理、分析或分享，可以选择导出数据为 Excel、CSV 等格式的文件，以便在其他数据分析工具中进行处理。

项目小结

本项目主要对汽车微博营销的知识进行了阐述，通过任务一的学习了解微博营销的基础知识，学习微博营销的常见模式和优势；通过任务二的学习掌握汽车微博营销活动的策划流程，以及面对的用户、营销商品进行定位，并了解如何组建微博营销团队，利用微博广告工具、与汽车领域大 V 合作、话题营销和活动进行微博营销的推广；通过任务三学习汽车微博营销活动的实施，首先注册微博账号，其次掌握文案的写作技巧，并要注意发布微博话题的一些问题，最后学会运用微博平台自带工具对营销活动效果的数据进行监测并有方向性地优化营销策略。

同步练习

一、选择题

1. 以下哪项不是汽车微博营销的过程？（　　）

A. 集粉期　　B. 培育期　　C. 爆发期　　D. 停滞期

2. 汽车品牌在微博网站建立官方账号的主要目的是什么？（　　）

A. 销售汽车　　B. 与车主和粉丝互动

C. 发布广告　　D. 提升微博活跃度

3. 以下哪个品牌被认为是第一个使用微博进行营销推广的车企？（　　）

A. 一汽丰田　　B. 东风雪铁龙　　C. 长安福特　　D. 奔驰

4. 微博互动数据的展示主要采取什么方式？（　　）

A. 测算互动人数　　B. 对互动的类型进行分类

C. 统计点赞人数　　D. 与前日对比的方式

5. 微博中，用户关注一般体现在什么上？（　　）

A. 微博的转发量　　B. 微博的评论数

C. 用户的主页　　D. 微博的点赞数

6. 微博企业认证不包括以下哪项？（　　）

A. 企业认证　　B. 机构团体认证　　C. 个人认证　　D. 校园认证

7. 汽车企业微博账号对内容的要求通常最高，这与什么有关？（　　）

A. 微博的流行度　　B. 汽车的销量

C. 汽车企业一贯的严谨营销态度　　D. 微博的发布频率

8. 微博营销中，如何激活粉丝的互动热情？（　　）

A. 发布大量广告

B. 提供最专业的汽车知识

C. 让内容更加具备趣味性、专业性和灵活性

D. 频繁发布微博

9. 以下哪项不是微博营销中管理驱动的内容？（　　）

A. 市场和营销的联动　　B. 品牌和产品的联动

C. 售前和售后的联动　　D. 微博与微信的联动

10. 汽车企业微博在运营过程中，以下哪项不是其主要职能？（　　）

A. 及时发布市场信息　　B. 深度营销

C. 品牌形象传播　　D. 提供售前咨询服务

二、判断题

1. 汽车微博营销只需要发布产品信息，不需要与粉丝互动。（　　）

2. 微博上的汽车营销账号应该只发布与汽车相关的内容。（　　）

3. 汽车微博营销的效果可以通过转发量和评论数来衡量。（　　）

4. 汽车企业在微博上发布广告需要支付费用。（　　）

5. 汽车微博营销的主要目的是提高汽车的销量。（　　）

6. 汽车微博营销账号的粉丝数量越多，营销效果就越好。（　　）

7. 汽车微博营销可以通过与网红或关键意见领袖合作来提升影响力。（　　）

8. 汽车微博营销的内容应该保持一成不变，以维护品牌形象。（　　）

9. 汽车微博营销可以通过设置话题标签来增加内容的可见性。（　　）

10. 汽车微博营销的效果可以立即显现，不需要长期投入。（　　）

三、简答题

1. 简述汽车微博营销的主要目标。

2. 在进行汽车微博营销时，如何选择合适的微博内容？

3. 汽车微博营销中如何与粉丝有效互动？

4. 评估汽车微博营销效果的主要指标有哪些？

项目四

汽车直播营销

学习目标

知识目标

1. 了解汽车直播营销的含义、优势和类型。
2. 掌握公众号菜单栏的设计。
3. 了解直播引流的推广方法。

能力目标

1. 具备对汽车直播营销进行定位的能力。
2. 具备直播场景搭建、团队组建及实施汽车直播营销的能力。

素养目标

1. 培养良好的团队合作精神，与其他团队成员（如策划、摄像、剪辑等）紧密合作，共同完成直播任务。
2. 面对直播中的各种突发情况，培养强大的心理素质及灵活的应变能力。

思维导图

- 汽车直播营销
  - 直播营销的基础知识
    - 初识直播营销
    - 直播营销的常见方式
    - 汽车直播营销的优势
    - 常见的汽车主流直播平台
  - 汽车直播营销活动的策划
    - 汽车直播营销的定位
    - 直播引流推广
  - 汽车直播营销活动的实施
    - 直播场景搭建
    - 直播团队组建
    - 实施直播

任务一 直播营销的基础知识

任务导入

随着互联网技术的飞速发展，直播已经成为一种极具影响力的营销手段，汽车品牌和经销商们开始意识到，通过直播可以更直接地接触潜在客户，展示汽车的特点和优势，解答消费者的疑问，从而提高品牌知名度和汽车销售量。所以某4S店的经理决定带领团队了解直播营销及其应用，包括直播营销的含义、常见方式、优势和主流的直播平台。

知识解读

一、初识直播营销

直播营销是指一种采用视频直播形式进行实时互动的营销活动。该营销活动以电商平台或直播平台为载体，为商家达到品牌推广或产品销售的目的。直播营销的要素包括主播、产品、直播内容、平台、观众及营销策略等方面。这些要素相互关联、相互影响，共同构成了直播营销的核心体系。

（一）主播

主播是直播营销的核心，他们的专业能力、形象气质、表达能力及互动能力都会直接影响直播的效果。主播需要具备良好的产品知识，能够清晰地介绍和展示产品特点。

同时，主播还需要具备与观众互动的能力，通过回答问题、引导话题等方式保持直播的活跃度和观众的参与度。

（二）产品

产品是直播营销的基础，产品的选择、质量、价格等因素都会直接影响观众的购买决策。在直播中，产品需要能够吸引观众的注意力，并激发他们的购买欲望。商家需要确保产品的质量可靠，价格合理，以满足观众的需求和期望。

素养园地

网红直播带货接连涉假翻车，专家：直播行业应建立信用评价体系

红薯粉条里没有红薯、香港“知名”月饼产自广东……最近一系列网红直播带货翻车事件引发关注：网红主播因虚假宣传而“塌房”；某直播间因售卖的产品品牌涉嫌造假，对消费者退一赔三。上述种种事件，都折射出当下直播行业的乱象亟待解决。

而近期，拥有上亿粉丝的某网红，也陷入了虚假宣传的漩涡中。据报道，中秋节前夕，该网红及旗下主播力推的某品牌月饼自称香港品牌，销量巨大。但经多方查证，其在香港无门店，实际运营方为广州的公司。随着舆情发酵，该品牌月饼的产地、质量等诸多细节陆续遭到质疑。

一段时间以来，拥有“亿万级”“千万级”粉丝的网红频频“塌房”，引发舆论广泛关注。对此，《法治日报》专家库成员、北京市康达律师事务所高级合伙人苟博程律师认为，网红主播带货应当合规合法。

网红直播带货因涉及虚假宣传、伪劣产品等问题而翻车的事件，近年来屡见不鲜，不但侵犯了消费者的合法权益，也阻碍了直播行业的健康发展。对此，相关地方和部门也进一步加强了引导和监管。2024 年 8 月 9 日，北京市市场监督管理局发布《北京市直播带货合规指引》，对直播带货平台经营者、直播带货直播间运营者、直播带货人员和直播带货服务机构等提出具体合规要求，充分保障消费者合法权益，促进直播带货业态有序竞争创新发展。

法律人士表示，主播要诚信经营，认真筛选商品，保证所售货物为正品，积极有效地处理消费者投诉，切实维护消费者的合法权益。作为主播，应当在宣传推广某种产品之前核实拟推销的产品是否是正规厂家生产，是否取得了产品合格证书，尽到审核义务。同时，在宣传推广期间，主播也应当如实介绍产品的特性，不得进行夸大甚至虚假的宣传，否则，有可能会承担相应的法律责任。

资料来源：樊羽玮．网红直播带货接连涉假翻车，专家：直播行业应建立信用评价体系．法治网，2024-10-20.

（三）直播内容

直播内容是吸引观众的关键，包括直播的主题、形式、互动环节等。商家需要精心设计直播内容，使其既符合品牌形象，又能吸引目标观众。直播内容需要有趣、有料、有互动性，能够激发观众的共鸣和兴趣。

（四）平台

直播平台是直播营销的载体，它的用户规模、功能特点、用户黏性等因素都会影响直播的效果。商家需要选择合适的直播平台，根据平台的用户特点和功能特点来制定直播策略。同时，商家还需要了解平台的规则和政策，确保直播活动符合平台要求。

（五）观众

观众是直播营销的目标对象，他们的需求、兴趣、购买力等因素都会影响直播的转化效果。商家需要深入了解目标观众的特点和需求，制定有针对性的营销策略。通过与观众的互动和反馈，商家可以不断优化直播内容和营销策略，提高转化率和用户满意度。

（六）营销策略

营销策略是直播营销的重要组成部分，包括优惠活动、抽奖环节、限时抢购等促销手段。商家需要根据产品特点和目标观众的需求来制定合适的营销策略。通过有效的营销策略，商家可以激发观众的购买欲望，提高转化率和销售额。

二、直播营销的常见方式

直播营销具有场景真实的特点，为了吸引用户观看直播，直播运营团队需要根据实际情况选择比较有重点的直播营销方式。直播营销的常见方式如图 4－1－1 所示。

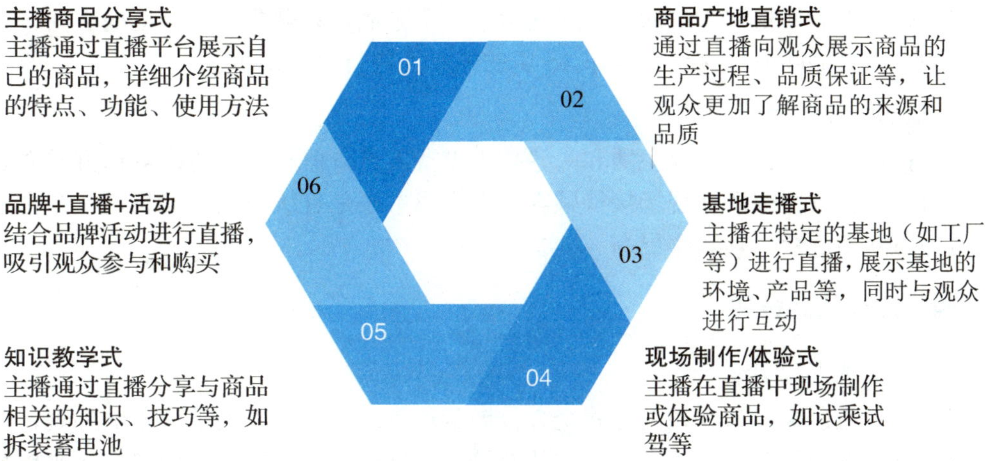

图 4－1－1　直播营销的常见方式

三、汽车直播营销的优势

汽车直播营销具有增强互动性、扩大受众范围、降低营销成本、高效信息传递等多重优势。这些优势使得汽车直播营销成为汽车行业重要的营销手段之一。

（一）增强互动性

1. 实时沟通

主播可以在直播过程中与观众进行实时互动。观众可以随时通过弹幕、评论等方式询问汽车的性能、配置、价格、优惠活动等问题。

2. 个性化体验

根据观众的提问和反馈，主播可以调整直播内容，提供个性化的展示。这种个性化的服务能够更好地满足不同消费者的需求，增加消费者对汽车品牌和产品的好感度。

（二）扩大受众范围

1. 突破地域限制

传统的汽车营销主要依赖于实体展厅，其受众范围局限于当地或周边地区的消费者。而汽车直播营销可以通过互联网平台，让世界各地的观众都能观看。

2. 吸引年轻消费者群体

直播这种形式深受年轻消费者的喜爱。年轻消费者更习惯通过网络获取信息，他们可以在闲暇时间，如午休、晚上等观看汽车直播，从而使汽车品牌能够有效地向年轻消费者群体进行推广。

（三）降低营销成本

1. 场地成本降低

相比于传统的汽车展会或大型线下促销活动，直播营销对场地的要求和成本大大降低。汽车企业不需要租赁大型的展厅或场地来展示车辆，只需要一个合适的空间，如一个小型的室内直播间或者直接在汽车 4S 店的停车场进行直播即可。

2. 人力成本减少

在直播过程中，虽然需要主播和一些技术支持人员，但相较于传统营销方式需要大量的销售人员在展厅或活动现场接待顾客，人力成本还是有所降低。而且，一个主播可以同时面对众多观众，其效率更高。

（四）高效信息传递

1. 视觉和听觉结合

直播可以通过视频和音频的方式全方位展示汽车。主播可以展示汽车的外观，观众还能听到汽车发动机的声音、车载音响的效果等。这种多感官的信息传递方式比单纯的文字或图片介绍更加生动、形象，让消费者能够更直观地了解汽车的特点和优势。

2. 产品更新及时告知

汽车企业可以在直播中第一时间向消费者介绍新车型、新配置或者新的促销活动。比如，当汽车品牌推出一款年度改款车型，增加了新的智能互联功能或者安全配置，通过直播可以迅速将这些信息传递给消费者，使消费者能够及时了解汽车产品的最新动态。

四、常见的汽车主流直播平台

随着网络直播的迅猛发展，汽车行业开始积极探索直播营销领域，主要分为专业汽车直播平台和综合性直播平台，如表 4－1－1 所示。

表 4－1－1　主流直播平台

类型	平台	平台特点
专业汽车直播平台	汽车之家直播	汽车之家旗下的汽车直播服务，拥有庞大的用户群体和丰富的汽车内容。平台以用户为中心，通过直播形式提供更加直观、生动的汽车展示和购车体验
	E 直播	由上海国际汽车城新打造的新能源汽车直播品牌，提供集汽车线上直播、线下展示、试乘试驾体验、品牌服务和汽车销售于一体的全场景服务

续表

类型	平台	平台特点
综合性直播平台	快手直播	快手是一个短视频和直播平台，涵盖内容非常广泛。在快手平台上，除了娱乐类直播，还有很多驾车方面的直播内容，如自驾游、驾驶技巧分享等
	抖音直播	抖音以短视频和直播形式为用户提供丰富的汽车内容。该平台受众以年轻用户为主，注重时尚、潮流和个性化的汽车文化，为用户带来了全新的汽车消费体验
	斗鱼直播	斗鱼是一个集游戏直播、娱乐直播等多元化内容于一体的直播平台。在斗鱼平台上，有许多驾驶游戏直播频道，如模拟赛车游戏直播，也有真实的驾车场景直播，如户外自驾游直播
	虎牙直播	虎牙也是一个非常受欢迎的游戏直播平台，涵盖了游戏直播、娱乐直播等内容。该平台拥有众多的驾驶游戏主播，观众可以通过直播观看真实的驾驶过程及相关的分享交流
	哔哩哔哩直播	哔哩哔哩是一个综合性的视频分享平台，有许多与汽车相关的直播内容。用户可以在平台上观看汽车评测、驾驶技巧分享等直播节目

任务二 汽车直播营销活动的策划

任务导入

某汽车公司有一款新的主打车型即将上市，公司希望通过一场精心策划的直播营销活动，让这款新车在市场上脱颖而出，作为销售部经理着手对直播活动的内容、商品和用户进行定位，并对直播前的引流和直播后的推广进行设计。

知识解读

一、汽车直播营销的定位

（一）内容定位

汽车直播营销的内容定位是确保直播活动成功吸引目标受众、传递品牌价值、促进销售转化的关键。以下是对汽车直播营销内容定位的详细分析。

1. 内容定位的核心要素

（1）目标受众分析。确定直播的主要观看群体，如年轻人、家庭用户、商务人士等。分析目标受众的兴趣点、购车需求和消费习惯。

（2）品牌与产品特性。明确汽车品牌的核心价值、产品特点和市场定位。突出产品的差异化优势，如技术创新、设计美学、驾驶体验等。

（3）市场竞争环境。分析竞品的市场表现、产品特点和营销策略。识别市场中的机会点和潜在威胁，制定有针对性的内容策略。

2. 内容定位的具体策略

汽车直播营销内容定位的具体策略需要综合考虑产品介绍与展示、品牌故事与文化传播、专业知识与技能分享、互动与娱乐元素、跨界合作与联合直播等多个方面，如图 4－2－1 所示。

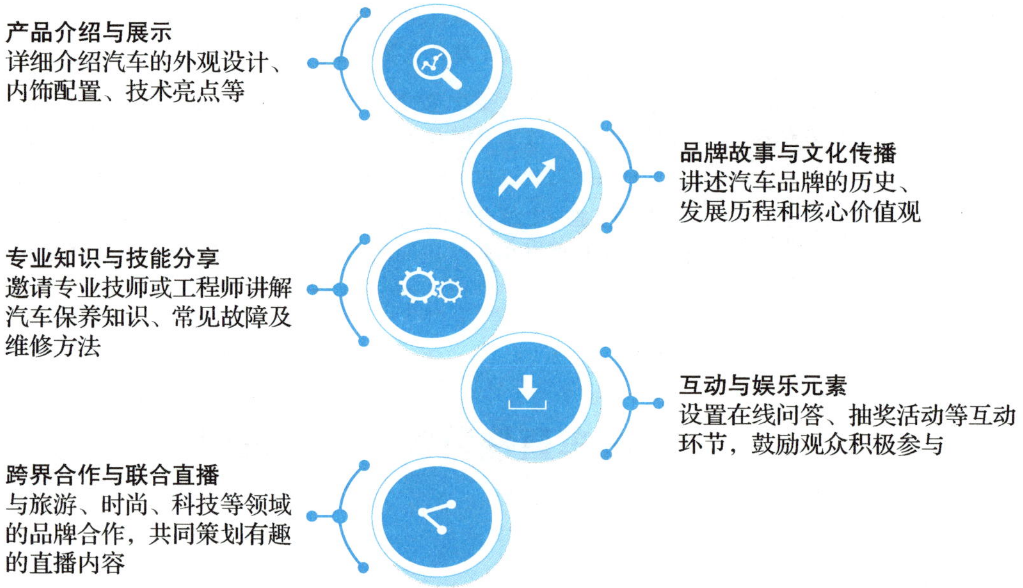

图 4－2－1　内容定位的具体策略

（二）用户定位

汽车直播营销的用户定位是确定直播活动目标受众的过程，它对于制定有效的营销策略、提升直播效果和促进销售转化至关重要。以下是对汽车直播营销用户定位的详细分析。

1. 用户定位的重要性

（1）提高营销效率。通过精准的用户定位，汽车品牌可以集中资源，针对目标受众进行营销，从而提高营销效率和效果。

（2）增强用户黏性。了解目标受众的兴趣和需求，有助于汽车品牌提供更加符合他们期望的直播内容，从而增强用户的黏性和忠诚度。

（3）促进销售转化。精准的用户定位可以帮助汽车品牌找到潜在购车者，通过直播展示产品特点和优势，激发他们的购买欲望，进而促进销售转化。

2. 用户定位的具体策略

汽车直播营销中用户定位的具体策略需要综合考虑用户年龄段、消费能力、地域、兴趣偏好、购车需求定位等多个方面，如图 4-2-2 所示。通过精准的用户定位和有效的策略执行，可以确保直播营销活动更加精准、高效，从而提升品牌影响力和销售业绩。

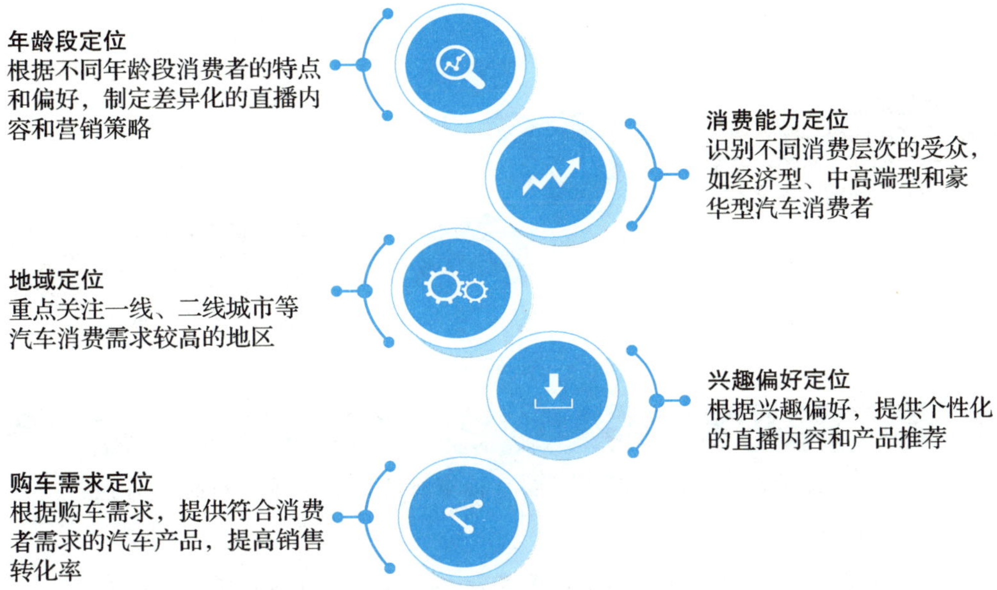

图 4-2-2 用户定位的具体策略

（三）商品定位

汽车直播营销的商品定位是确保直播活动能够精准触达目标消费者、有效传递产品价值、提升销售转化率的关键环节。以下是对汽车直播营销商品定位的详细分析。

1. 商品定位的核心要素

（1）目标市场需求。深入了解目标市场的消费需求、购车偏好及潜在客户的购车动机和关注点。这有助于确定直播中应重点展示的汽车类型和配置，以满足消费者的实际需求。

（2）产品特性与优势。明确汽车产品的核心特性、技术亮点和竞争优势。在直播中，应突出这些特性，以区别于竞品，吸引消费者的关注。

（3）品牌形象与定位。考虑汽车品牌在市场中的形象和定位，确保直播中的商品定位与品牌形象保持一致。这有助于增强品牌认知度，提升消费者对品牌的信任度和忠诚度。

2. 商品定位的具体策略

汽车直播营销中商品定位的具体策略需要综合考虑车型、价格、配置与性能、品牌故事与文化传播等多个方面，如图 4-2-3 所示。通过精准的商品定位和有效的策略执行，可以确保直播营销活动更加精准、高效，从而提升品牌影响力和销售业绩。

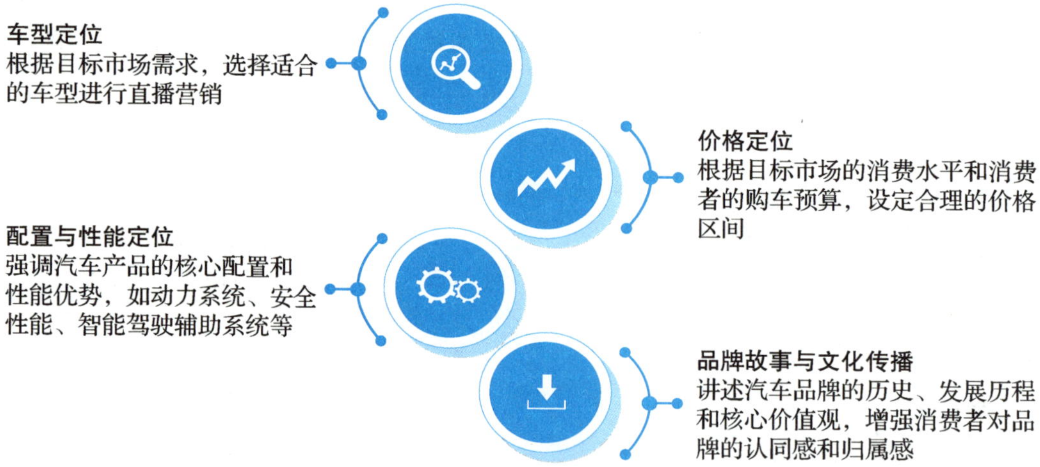

图 4-2-3　商品定位的具体策略

知识视界

以下是一个关于比亚迪汽车深入了解目标市场并开展直播营销的案例。

一、前期市场调研

比亚迪针对其新能源汽车产品线，尤其是主打家庭出行与城市通勤的车型，进行了全面的市场调研。通过线上问卷、线下访谈及对现有车主数据的分析，发现目标市场消费者的购车偏好呈现多维度的特点。

环保意识驱动：多数消费者关注新能源汽车的环保性能，希望通过购买电动汽车为减少碳排放做出贡献，同时也对车辆的电池续驶里程、充电设施便利性存在担忧。

家庭实用性需求：家庭用户注重车辆的空间布局，包括宽敞的乘坐空间、足够的储物容积，以及后排座椅的舒适性和多功能性，如方便安装儿童安全座椅等。

科技配置期望：消费者对智能驾驶辅助系统、车机互联功能表现出浓厚兴趣，期望车辆能像智能手机一样便捷智能，如语音控制导航、多媒体播放、车辆状态查询等功能。

性价比考量：在关注品牌与产品质量的同时，价格仍然是重要的购车决策因素。消费者期望在预算范围内获得更高的配置水平和更好的售后服务。

基于以上调研结果，比亚迪确定了以一款新推出的紧凑型纯电 SUV 为核心产品，开展直播营销活动，重点展示该车型如何满足目标市场的需求与偏好。

二、直播内容策划与执行

直播主题：比亚迪新能源 SUV 家庭智慧出行新选择——深度品鉴会。

三、营销效果

观看数据：直播持续了约 1.5h，累计观看人数达到 80 万人次，点赞数超过 200 万次，评论和分享量也相当可观，直播期间始终保持较高的热度与观众参与度。

品牌形象提升：通过深入展示产品对目标市场需求的精准满足，以及与观众的积极互动，比亚迪进一步强化了其在新能源汽车领域的技术领先、关注家庭用户需求、注重产品品质与服务的品牌形象。直播活动在社交媒体上引发了广泛的讨论与传播，吸引了更多潜在消费者的关注，为品牌在市场竞争中赢得了更有利的地位，同时也收集到了大量潜在客户的信息，为后续的市场推广与客户关系管理奠定了良好的基础。

二、直播引流推广

微课视频

如何做好直播引流推广

直播前的引流对于提升直播的观众数量、曝光率、销售转化率及建立品牌忠诚度等方面都具有重要意义。因此，主播和运营团队应重视引流工作，制定有效的引流策略，以确保直播的成功。

（一）直播前的引流

汽车直播营销前的引流方式多种多样，如表 4－2－1 所示。企业可以根据自身情况和目标客户群体的特点选择适合的方式进行引流。同时，要注意与直播内容、主题和风格相匹配，确保引流效果最大化。

表 4－2－1　汽车直播营销前的引流方式

方式	具体平台	具体方法
社交媒体平台引流	微博平台	提前发布直播预告信息，包括直播的时间、主题、亮点车型等。可以制作精美的海报，海报上要有吸引人的元素
	微信平台	在品牌官方公众号上发布直播预告文章，文章内容要详细且有吸引力。可以包括对直播车型的深度解读、主播介绍、直播中的互动环节和优惠活动等
	抖音平台	网红可以根据自己的风格对直播内容进行推荐，如幽默地介绍直播中的优惠活动或分享自己对直播车型的期待，借助网红的粉丝效应吸引更多用户关注直播
	汽车垂直网站和论坛	在某知名汽车垂直网站上发布直播信息，在帖子中插入直播链接，并与论坛用户积极互动，回答他们关于直播的疑问
线下渠道引流	4S 店	在汽车 4S 店的展厅内放置直播预告的宣传海报、展架等。销售人员可以向到店客户介绍直播活动，为客户提供直播专属的优惠券或小礼品
	车展	在车展现场设置直播宣传区域，展示直播中将要出现的热门车型。可以安排工作人员向观众介绍直播活动，邀请他们扫描二维码关注直播账号
电子邮件和短信营销引流	电子邮件营销	收集汽车品牌的潜在客户和老客户的电子邮件地址，建立邮件列表。在邮件中详细介绍直播的时间、内容、优惠活动等信息，插入吸引人的汽车图片和直播预约按钮
	短信营销	针对已经关注品牌或留下联系方式的潜在客户，发送直播预告短信。短信要简洁明了，如“尊敬的客户，［品牌名］汽车直播将于［具体时间］开启，届时有惊喜优惠和精彩车型展示，回复 TD 退订，点击［链接］预约直播”

（二）汽车直播营销账号名称的选取

汽车直播营销账号的名称选取对于品牌形象塑造、用户吸引及营销效果具有重要影响。以下是一些建议，旨在帮助汽车品牌或经销商选择一个合适的直播营销账号名称。

1. 考虑品牌与产品特点

（1）直接体现品牌。账号名称中可以直接包含汽车品牌名称或简称，如“[品牌名]官方直播间”“[品牌名]汽车直播”等，这种方式有助于增强品牌识别度和权威性，如图 4－2－4 所示。

（2）突出产品特性。如果品牌有特定的产品特性或卖点，可以在账号名称中予以体现，如“[品牌名]节能汽车直播间”“[品牌名]智能驾控体验”等，以吸引对特定功能感兴趣的消费者。

2. 结合直播内容与形式

（1）强调直播类型。根据直播内容的类型选择账号名称，如“[品牌名]新车发布会直播”“[品牌名]试驾品鉴会”等，这有助于观众快速了解直播的主要内容，如图 4－2－5 所示。

图 4－2－4　直接体现品牌账号名称

图 4－2－5　强调直播类型账号名称

（2）结合互动元素。在账号名称中加入互动元素，如“[品牌名]汽车直播互动”“[品牌名]汽车直播问答”等，可以激发观众的参与热情，提升直播互动性。

3. 注重易记与易发音

（1）简洁明了。账号名称应简洁明了，避免使用过长或复杂的词汇组合，以便于观众记忆和分享。

（2）易于发音。选择易于发音的词汇，避免使用生僻字或拗口的组合，以确保观众能够轻松准确地读出账号名称。

4. 体现专业与信任

（1）使用专业术语。在账号名称中适当使用与汽车相关的专业术语，如“[品牌名]汽车技术解析”“[品牌名]汽车安全测试”等，以展现品牌的专业性和技术实力。

（2）强调官方认证。如果账号经过官方认证或授权，可以在名称中予以体现，如“[品牌名]官方认证直播间”“[品牌名]授权经销商直播”等，以增强消费者的信任感，如图 4-2-6 所示。

5. 创意与独特性

（1）运用创意词汇。结合品牌特点和直播内容，运用创意词汇或短语来命名账号，如“[品牌名]汽车梦想家”“[品牌名]汽车探索之旅”等，以吸引观众的注意力，如图 4-2-7 所示。

图 4-2-6　官方认证账号名称

图 4-2-7　创意词汇账号名称

（2）避免雷同。在选取账号名称时，要注意避免与已有账号名称雷同或过于相似，以保持独特性和辨识度。

（三）汽车直播营销账号头像的设置

1. 品牌标志为主的头像

（1）标准品牌标志。直接使用汽车品牌的官方标志作为账号头像，这是最常见且最直观的方式。品牌标志本身就具有很高的辨识度，能够让消费者一眼就识别出品牌，如图 4-2-8 所示。

（2）品牌标志与车型结合。如果直播主要聚焦于某一特定车型，可以将品牌标志与

图 4-2-8 品牌标志账号头像

该车型的剪影或特色元素相结合。这样既能体现品牌，又能突出重点车型，使观众对直播内容的范围有一个初步的了解。

2. 汽车实物照片为头像

（1）整车外观照片。选择一张具有代表性的汽车外观照片作为头像。照片要清晰、光线充足，能够展现汽车的独特外观设计，如图 4-2-9 所示。

图 4-2-9 整车外观账号头像

（2）细节特写照片。聚焦于汽车的某个细节部分，如汽车的大灯、轮毂、进气格栅等，用这些细节特写作为头像。这样的头像能够传达汽车的精致工艺和独特设计元素。

3. 个性化创意头像

（1）卡通形象。设计一个与汽车品牌或车型相关的卡通形象作为头像。例如，为一款可爱风格的小型汽车设计一个卡通版的汽车形象，配上夸张的大眼睛和微笑的嘴巴，让头像充满趣味性，如图 4-2-10 所示。

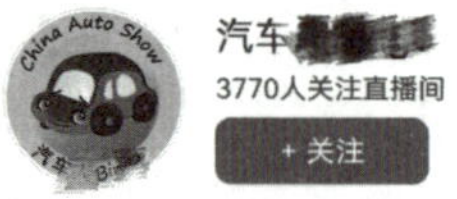

图 4-2-10 卡通形象账号头像

（2）概念化设计。采用一些具有概念化的设计元素来制作头像。比如，将汽车品牌的标志与抽象的速度线条、科技感的光线等元素融合在一起，营造出一种未来感和科技感十足的氛围。

4. 主播形象与汽车结合的头像

（1）主播与汽车合影。如果直播有固定的主播，可以选择一张主播站在汽车旁边或者坐在驾驶座的合影作为头像。这样的头像能够让观众对主播有一个初步的印象，同时也将主播和汽车紧密联系在一起。

（2）主播卡通形象与汽车结合。制作一个主播的卡通形象，并将其与汽车形象融合在一起，如图 4－2－11 所示。这种头像兼具个性和趣味性，如将主播卡通形象驾驶汽车的画面作为头像，能够突出直播的主体——主播和汽车，同时也使头像更加具有创意和吸引力。

图 4－2－11　主播卡通形象与汽车结合账号头像

（四）汽车直播营销账号封面的设置

1. 汽车全景展示

选择一款具有代表性的汽车，在一个美观的场景中进行全景拍摄。确保汽车的全貌清晰可见，光线充足，色彩鲜艳。将这张照片作为账号封面，能够直接展示汽车的外观设计和整体风格，吸引观众的注意力。

2. 主播与汽车互动

拍摄主播与汽车互动的照片作为封面。主播可以站在汽车旁边，做出自信的姿势，或者坐在驾驶座上，展示汽车的内饰和操控界面。主播的表情和动作要自然、热情，传达出对汽车的喜爱和专业。

3. 汽车细节特写

聚焦于汽车的某个独特细节，如汽车的轮毂、大灯、内饰的中控面板等，进行特写拍摄。这些细节往往能够体现汽车的品质和设计感。可以使用不同的拍摄角度和光线效果，突出细节的立体感和质感。

4. 创意设计封面

采用创意设计的方式来制作账号封面，以吸引观众的好奇心。例如，可以将汽车的轮廓用线条勾勒出来，然后在内部填充一些与汽车相关的元素，如汽车的零部件、道路标志、速度线条等，形成一个独特的图案。

5. 活动主题封面

如果有特定的直播活动或主题，可以根据活动内容设计相应的封面。比如，如果是一场汽车试驾直播，可以选择一张主播在试驾过程中的动态照片。这样的封面能够直接传达直播的主题和重要信息，吸引对特定活动感兴趣的观众。

（五）直播后的推广

汽车营销直播后的推广是巩固直播效果、扩大品牌影响力并促进销售转化的关键环节。一些关于汽车营销直播后的推广方式如表 4－2－2 所示。

表 4－2－2　汽车营销直播后的推广方式

方式	方法	作用
内容二次利用与分发	短视频剪辑	将直播中的精彩片段剪辑成短视频，发布在抖音、快手、视频号等短视频平台上。短视频具有传播速度快、易于分享的特点，能够迅速扩大品牌曝光度
	图文回顾	制作直播图文回顾，总结直播中的亮点和重点信息，通过微信公众号、微博等社交媒体平台进行分发。图文回顾有助于观众回顾直播内容，同时加深品牌印象
社交媒体推广	互动与引流	在社交媒体平台上与观众进行互动，回答他们的问题，消除他们的疑虑，引导他们关注品牌账号，参与后续活动。通过互动增强用户黏性，提高品牌忠诚度
	合作推广	与其他行业或品牌的 KOL、网红合作，邀请他们分享直播内容或品牌信息，借助其影响力和粉丝基础扩大品牌传播范围
搜索引擎优化（SEO）	关键词优化	在直播后的推广文案中合理使用关键词，如车型名称、品牌特色等，提高品牌在搜索引擎中的排名
	网站更新	在品牌官方网站上发布直播回放、图文回顾等内容，增加网站的更新频率和原创性，提升搜索引擎的收录和排名
邮件营销与短信推送	邮件营销	收集直播观众的邮箱地址，向他们发送直播回放链接、优惠信息等内容，保持与他们的持续沟通
	短信推送	针对已注册用户或潜在客户，通过短信推送直播亮点、优惠活动等信息，提高用户的参与度和转化率
线下活动与联动	线下体验	邀请直播中的潜在客户参加线下试驾活动、车展等，让他们亲身体验产品的优势和特点
	门店联动	在品牌门店中设置直播回放展示区，引导到店客户观看直播内容，增强品牌印象和信任度
数据分析与优化	直播数据分析	对直播数据进行深入分析，了解观众的喜好、行为模式等，为后续推广提供数据支持
	推广效果评估	对推广效果进行评估，根据数据反馈调整推广策略，优化推广效果

任务三 汽车直播营销活动的实施

任务导入

某4S店的销售经理准备通过一场成功的直播营销活动，让更多的消费者了解公司某款新车并购买。他开始组建直播团队，搭建汽车直播室内环境，了解汽车直播流程，并分配人员撰写汽车直播脚本，以便顺利开展汽车直播活动。

微课视频

直播场景的搭建

知识解读

一、直播场景搭建

（一）室内展厅场景

1. 整体布局

选择一个宽敞明亮的室内空间作为展厅，确保有足够的空间展示汽车和容纳直播设备及人员活动。在展厅的四周设置展示架，用于展示汽车的零部件、模型、宣传资料等。在展厅的正中央或显眼位置搭建一个主舞台，用于放置直播要重点展示的汽车，如图4-3-1所示。

图4-3-1 室内展厅场景

2. 灯光布置

采用多组专业的摄影灯光照亮汽车和直播区域。在汽车的上方设置顶光，突出汽车的整体轮廓和线条；在汽车的两侧设置侧光，增强汽车的立体感和质感；在汽车的前方设置面光，使汽车的前脸和标志更加清晰明亮。

3. 音效设备

安装一套高质量的音响系统，用于播放背景音乐、汽车音效（如发动机轰鸣声、关门声等）和主播的声音。在汽车展示区域设置环绕音响，使观众在观看直播时能够感受到身临其境的音效效果。同时，为主播配备专业的麦克风，确保声音清晰、稳定，避免出现杂音或回声。

（二）室外试驾场景

1. 场地选择

挑选一个合适的室外场地作为试驾区域，如封闭的赛车场、空旷的停车场或风景优美的郊区道路。场地要确保安全，没有其他无关车辆和行人干扰，同时要有足够的空间让汽车进行各种试驾操作，如加速、刹车、转弯等。

2. 拍摄设备设置

在试驾路线上设置多个拍摄点，安装高清摄像机和稳定器，以不同的角度拍摄汽车的试驾过程。可以在汽车的前方、后方、侧面及驾驶室内设置摄像头，全方位展示汽车的行驶姿态、操控性能和车内驾驶人的操作情况。

3. 安全保障措施

在试驾场地周围设置明显的安全警示标志，如“试驾区域，请勿进入”等。安排专业的安全人员在场地周围进行巡逻和指挥，确保场地的安全秩序。为试驾车辆配备必要的安全设备，如安全带、安全气囊等，并确保车辆在试驾前经过全面的检查和保养，处于良好的运行状态，如图 4-3-2 所示。

图 4-3-2　室外试驾场景

（三）虚拟场景

1. 技术平台选择

利用虚拟现实（VR）或增强现实（AR）技术搭建虚拟场景，如图 4－3－3 所示。在虚拟场景中，创建一个与汽车相关的主题环境，如未来城市街道、科幻赛车场、山地越野赛道等。根据直播的主题和要展示的汽车特点，选择合适的虚拟场景，以增强直播的趣味性和吸引力。

图 4－3－3　虚拟场景

2. 场景设计与交互元素添加

在虚拟场景中设计汽车的展示区域和互动环节。例如，在未来城市街道的虚拟场景中，可以设置一个虚拟的汽车展厅，观众可以通过鼠标或手柄操作在展厅中自由浏览汽车的外观和内饰。

为虚拟场景添加一些交互元素，如点击汽车的不同部位可以弹出相关的信息介绍、虚拟的试驾体验按钮、观众互动留言区等。

3. 设备兼容性与观众体验优化

确保虚拟场景直播在不同设备上的兼容性，包括计算机、手机、平板等。对虚拟场景进行优化，降低对设备性能的要求，保证直播的流畅性和稳定性。

在直播过程中，注意观众的反馈和意见，及时调整虚拟场景的设计和交互方式，优化观众的体验。

二、直播团队组建

汽车直播营销团队的组建需要综合考虑团队结构、岗位职责、人员选拔及团队协作与沟通等多个方面。通过科学的组建和管理，可以打造一支高效、专业的汽车直播营销团队，为汽车品牌的推广和销售提供有力的支持，如表 4－3－1 所示。

表 4-3-1　汽车直播营销团队的组建

结构	人员	岗位职责
主播团队	产品专家型主播	对汽车的各个方面有深入的了解，包括汽车的机械原理、性能参数、配置细节等
	形象气质型主播	形象气质佳的主播能够吸引观众的目光，提升直播的观赏性
	体验分享型主播	这类主播通常是汽车爱好者或者真实车主，他们能够分享自己真实的汽车使用体验
技术团队	摄像师	在室内展厅直播时，要能够熟练运用不同的拍摄角度和光线条件，展现汽车的外观和内饰的最佳效果；在室外试驾直播中，需要跟拍汽车的行驶过程，保证画面的稳定性和流畅性
	灯光师	在室内场景中，要通过灯光突出汽车的质感和细节，保证主播和汽车在不同时间段和天气条件下都有良好的视觉效果
	音频工程师	在汽车试驾直播中将这些声音与主播的讲解声、背景音乐等进行合理的混音处理，让观众获得身临其境的听觉感受
	导播	负责切换不同的镜头画面，协调各个技术岗位的工作，确保直播的画面和声音能够按照预定的脚本和节奏进行播放
运营团队	直播策划人员	负责策划直播的主题、内容和流程。他们要根据汽车品牌的推广目标、车型特点及目标受众的需求，制订详细的直播计划
	数据分析师	收集和分析直播过程中的各种数据，如观看人数、观看时长、观众地域分布、互动率（点赞、评论、分享）等。通过数据分析来评估直播的效果，为后续直播的优化提供依据
	互动运营人员	负责与观众进行互动，提高观众的参与度。他们要在直播过程中关注观众的弹幕评论，及时回复观众的问题和建议
	客服人员	在直播过程中，客服人员要及时处理观众关于汽车产品的咨询，如车型配置、价格优惠、售后服务等方面的问题

三、实施直播

精心策划一场直播，意味着在整个直播过程中都保持高度的专业性和前瞻性，以客户需求为导向，以品牌价值为核心，通过创新的内容和有效的互动策略，在实现营销目标的同时，提升品牌的知名度和美誉度。

（一）直播流程

1. 开场环节

主播热情欢迎观众进入直播间，简单介绍直播的主题和流程安排。可以通过一些有趣的方式开场，如播放一段汽车的炫酷短视频，或者分享一个与汽车相关的小故事，吸引观众的注意力，营造良好的直播氛围，如图 4-3-4 所示。

2. 产品介绍环节

（1）外观展示。主播走到汽车旁边，按照预定的顺序介绍汽车的外观，从车头、车身侧面、车尾等角度进行展示，一边展示一边讲解汽车的设计亮点。主播可以使用手势和生动的语言，让观众更好地了解汽车的外观特点，如图 4-3-5 所示。

图 4-3-4 开场环节

图 4-3-5 外观展示

（2）内饰介绍。打开车门，进入车内，主播开始介绍汽车的内饰，展示座椅的材质和舒适性，操作中控台的各种按键和设备，介绍车内的科技配置，如智能互联系统、仪表盘的显示功能等，如图 4-3-6 所示。

（3）配置和性能介绍。主播详细讲解汽车的配置，包括安全配置（如安全气囊、防撞系统等）、舒适性配置（如座椅加热/通风、自动空调等）和科技配置（如自动驾驶辅助功能等）。在性能介绍方面，主播可以结合一些数据，如发动机的功率、扭矩，汽车的加速时间、最高时速等，让观众对汽车的性能有一个直观的认识。

3. 试驾环节（如果有）

主播进入驾驶座，系好安全带，在起动汽车前简单介绍一下试驾路线和重点展示的性能，如图 4-3-7 所示。在试驾过程中，主播实时讲解汽车的驾驶感受，如动力输出的平顺性、转向的精准性、刹车的灵敏性等。同时，通过车载摄像头和外部拍摄设备，向观众展示汽车在行驶过程中的姿态和周围的环境。如果是越野试驾，还可以展示汽车通过复杂路况的能力。

图 4-3-6　内饰介绍

图 4-3-7　试驾展示

4. 互动环节

（1）问答环节。主播留出时间回答观众在弹幕中提出的问题，问题可能涉及汽车的价格、配置、保养、售后等各个方面。主播要及时、准确地回答观众的问题，对于一些比较复杂的问题，可以邀请技术人员或品牌代表进行解答，如图 4-3-8 所示。

图 4-3-8　问答环节

（2）投票和调查。开展投票或调查活动，如“你最喜欢这款汽车的哪个配置?”“你认为这款汽车的合理价格区间是多少?”等。根据投票和调查结果，与观众进行互动，了解观众的喜好和期望。

（3）抽奖活动。按照预定的时间和规则进行抽奖活动，奖品可以是汽车周边产品、购车优惠券、免费保养服务等。主播在抽奖过程中要营造出紧张、兴奋的氛围，吸引观众参与。

5. 结尾环节

主播总结本次直播的主要内容，再次强调汽车的亮点和优势。感谢观众的观看和参与，提醒观众关注品牌官方账号，以便获取更多汽车资讯和优惠信息。同时，可以预告下一次直播的主题和时间，引导观众持续关注。

（二）话术设计

汽车直播营销中话术设计的意义在于提升直播互动性、强化产品展示效果、建立品牌形象与信任、促进销售转化及提升客户体验与满意度。因此，主播在直播前应充分了解目标受众的需求和兴趣，结合产品特点和营销策略，精心设计话术，以确保直播的顺利进行和营销目标的实现。话术设计表如表 4-3-2 所示。

表 4-3-2　话术设计表

<table>
<tr><th>直播流程</th><th colspan="2">话术设计</th></tr>
<tr><td>外观展示环节</td><td colspan="2">“首先，大家可以看到，这款 SUV 的外观设计非常动感，采用了［品牌名］最新的家族式设计语言。前脸的大灯组造型犀利，搭配夸张的进气格栅，给人一种不怒自威的感觉。车身侧面线条流畅，配合悬浮式车顶设计，运动感十足。车尾部分，LED 尾灯组与前脸相呼应，辨识度极高。”</td></tr>
<tr><td rowspan="2">产品介绍环节</td><td>内饰介绍</td><td>“接下来，我们进入车内看看。一打开车门，就能感受到［品牌名］对品质的坚持。内饰采用了高级材质，触感细腻。中控台上，一块超大的悬浮式触控屏非常抢眼，集成了导航、娱乐、车辆设置等多种功能，操作流畅。座椅采用了人体工学设计，支持多向电动调节，长途驾驶也能保持舒适。后排空间宽敞，腿部和头部空间都很充裕，即使是三个成年人坐后排也不会觉得拥挤。”</td></tr>
<tr><td>配置和性能介绍</td><td>“在动力方面，这款 SUV 搭载了［发动机型号］，最大功率［××马力］，峰值扭矩［××牛·米］，匹配［变速箱类型］，无论是城市通勤还是郊外探险，都能轻松应对。此外，它还配备了智能四驱系统、多种驾驶模式选择、全景天窗、自动泊车辅助、360°全景影像等高科技配置，让驾驶更加便捷、安全。”</td></tr>
<tr><td>试驾环节</td><td colspan="2">“现在，我将带大家一起去试驾场地，亲身感受一下［车型名］的驾驶性能。大家可以看到，我现在踩下油门，车辆的加速非常迅猛，动力源源不断地输出，推背感十足。在加速过程中，发动机的声音也非常悦耳，没有那种嘈杂的噪声。另外，变速器的换挡非常平顺，几乎感觉不到顿挫，这让整个驾驶过程非常舒适。”</td></tr>
</table>

续表

直播流程	话术设计
互动环节	“看了这么多，大家是不是已经迫不及待想要了解更多细节了呢？现在，就是你们的提问时间！请在评论区留下你们最关心的问题，我会挑选几个来详细解答。同时，告诉大家一个好消息，直播期间，我们将抽取几位幸运观众，送出精美礼品一份，记得参与哦！”
结尾环节	“好了，今天的直播就到这里啦！感谢大家的陪伴和支持。告诉大家一个好消息，为了庆祝新车上市，我们特别推出了限时优惠活动，现在下单购买，可以享受［具体优惠内容］。机会难得，千万不要错过哦！想要了解更多详情或下单购买的朋友，请点击屏幕下方的链接，我们的客服团队将为您提供一对一的专业服务。我们下次直播再见！”

1. 提升直播互动性

精心设计的话术能够激发观众的兴趣，引导他们积极参与直播互动。这种互动性不仅增加了直播的趣味性，还有助于建立主播与观众之间的信任关系。

2. 强化产品展示效果

在汽车直播中，产品展示是核心环节之一。通过巧妙的话术设计，主播可以更加生动、形象地介绍汽车产品的性能、特点、配置等，使观众对产品有更直观、深入的了解。

3. 建立品牌形象与信任

话术不仅是传递信息的工具，更是塑造品牌形象和建立信任的重要手段。主播在直播中运用专业、准确、有说服力的话术，可以展现品牌的专业性和实力，增强观众对品牌的信任感。

4. 促进销售转化

汽车直播营销的目的是促进销售转化。通过精心设计的话术，主播可以引导观众关注购车政策、优惠政策等，激发他们的购买意愿。

5. 提升客户体验与满意度

在直播过程中，主播通过话术与观众进行互动，解答他们的疑问，提供个性化的购车建议，这有助于提升客户的购车体验和满意度。

素养园地

低俗卖车，营销“翻车”

备受瞩目的某车企经销商“直播间低俗营销事件”终于迎来了严厉的处理结果。直播平台在经过深入调查后，决定对涉事账号实施无限期封禁的严厉处罚，以儆效尤。

事件的起源是一段令人震惊的汽车销售直播间录屏，该视频在社交媒体上广泛传播，引发了公众的强烈关注和谴责。在这段视频中，一位女主播在介绍某品牌汽车时，穿着过于暴露，并故意做出一些不雅动作，严重违背了社会公德和职业道德。

对于那些刚开始涉足直播的车商来说，他们往往面临直播间人数过少的困境。如果将汽车直播比作一个漏斗，那么吸引用户进入直播间是第一步，也是后续互动、停留、留资乃至转化的基础。由于缺乏直播经验，一些车商可能会选择低俗和擦边的方式来吸引用户，因为这种方式能够在短期内快速增加直播间人数，提高账号知名度。然而，这种做法并非长久之计，真正的成功在于通过专业的服务和真诚的态度赢得用户的信任和认可。

另一方面，打击数据造假行为也是直播平台应承担的责任。既要事先通过技术手段，拦截“刷量刷粉”行为，也要在发现直播数据造假现象时，及时依规对作弊账号作出删除数据、限制购物车功能、封禁等处罚。

其实，直播间的“注水”数据欺骗消费者，从长远看，商家是在自毁招牌。直播带货的健康、有序运行，需要监管部门、直播平台和商家相互配合。因此，对于汽车行业来说，应该重新审视自己的营销策略，注重提升直播间的产品价值、福利价值和情绪价值，从而吸引更多真正的购车者，而不是仅仅追求表面的流量和热度。

资料来源：郝文丽. 低俗卖车，营销“翻车”. 中国汽车报，2024-06-27.

项目小结

本项目主要对汽车直播营销的知识进行了阐述，通过任务一的学习了解直播营销的基础知识，学习直播营销的常见方式及优势；通过任务二的学习理解汽车直播营销活动的策划内容，主要包括直播内容的定位、面对用户的定位，以及直播的商品定位，并对直播前和直播后的引流进行策划，还对直播的账号名称、头像、封面进行周密的设计；通过任务三学习汽车直播营销活动的实施，首先对直播场景进行搭建，其次组织好直播团队的协作，并能实施直播。

同步练习

一、选择题

1. 在汽车直播营销中，以下哪项是吸引观众关注的首要因素？（　　）

A. 汽车价格　　B. 主播的知名度

C. 直播内容的吸引力　　D. 直播平台的流量

2. 汽车直播中，哪种方式最能体现汽车的性能特点？（　　）

A. 主播口头描述　　B. 展示汽车外观

C. 直播试驾体验　　D. 播放汽车广告视频

3. 哪类主播在汽车直播中更容易获得观众的信任？（　　）

A. 知名网红　　B. 汽车行业专家

C. 娱乐明星　　D. 随便挑选的普通人

4. 汽车直播营销中，哪种互动方式最能提高观众的参与度？（　　）

A. 在线问答　　B. 弹幕聊天

C. 抽奖活动　　D. 实时投票

5. 在汽车直播中，以下哪项是提升销售转化率的关键？（　　）

A. 汽车价格优惠　　B. 主播的推销技巧

C. 直播内容的丰富性　　D. 观众的购买需求与产品匹配度

6. 汽车品牌在选择直播平台时，最应考虑的因素是（　　）。

A. 平台的知名度和流量　　B. 平台的技术稳定性

C. 平台的用户群体特征　　D. 平台的广告费用

7. 汽车直播营销中，哪种策略有助于建立品牌信任？（　　）

A. 频繁推出限时折扣　　B. 展示汽车制造过程

C. 邀请明星代言　　D. 发布大量广告

8. 以下哪项不是汽车直播营销中常见的互动环节？（　　）

A. 在线购车咨询　　B. 观众提问与主播回答

C. 直播间的游戏娱乐　　D. 汽车性能参数讲解（无互动）

9. 在汽车直播中，如何有效收集潜在客户的线索？（　　）

A. 提供在线留资入口　　B. 强制观众填写问卷

C. 要求观众关注公众号　　D. 发送大量营销邮件

10. 汽车直播营销中，以下哪项是评估直播效果的重要指标？（　　）

A. 直播观看人数　　B. 直播间的弹幕数量

C. 直播后的销售转化率　　D. 主播的粉丝数量

二、判断题

1. 汽车直播营销主要是通过直播展示汽车外观来吸引观众。（　　）

2. 汽车直播中，主播的知名度越高，销售转化率就一定越高。（　　）

3. 汽车直播营销中，价格优惠是吸引观众购买的主要因素。（　　）

4. 汽车直播只能在专业的汽车平台上进行。（　　）

5. 汽车直播营销中，互动环节越多越好。（　　）

6. 汽车直播营销的效果只能通过销售转化率来衡量。（　　）

7. 汽车直播中，主播需要详细讲解汽车的每一个细节。（　　）

8. 汽车直播营销中，使用专业术语和复杂数据能够提升直播的专业度。（　　）

9. 汽车直播营销中，可以邀请汽车行业专家或关键意见领袖进行直播。（　　）

10. 汽车直播营销中，直播结束后就不需要再进行任何后续跟进。（　　）

三、简答题

1. 简述汽车直播营销的主要优势。

2. 汽车直播营销中，如何确保直播内容的吸引力？

3. 在进行汽车直播营销时，如何选择合适的直播平台？

4. 汽车直播营销中，如何有效收集潜在客户线索？

项目五

汽车微信营销

学习目标

知识目标

1. 了解汽车微信公众号的含义、优势和类型。
2. 掌握公众号菜单栏的设计，了解公众号的推广方法。

能力目标

1. 具备对汽车微信公众号进行定位的能力。
2. 具备设计微信公众号名称、头像及软文写作等的能力。

素养目标

1. 养成独立思考的习惯，具备良好的沟通和表达能力。
2. 树立诚实守信、创新共享的微商理念，培育正确的营销价值观。

思维导图

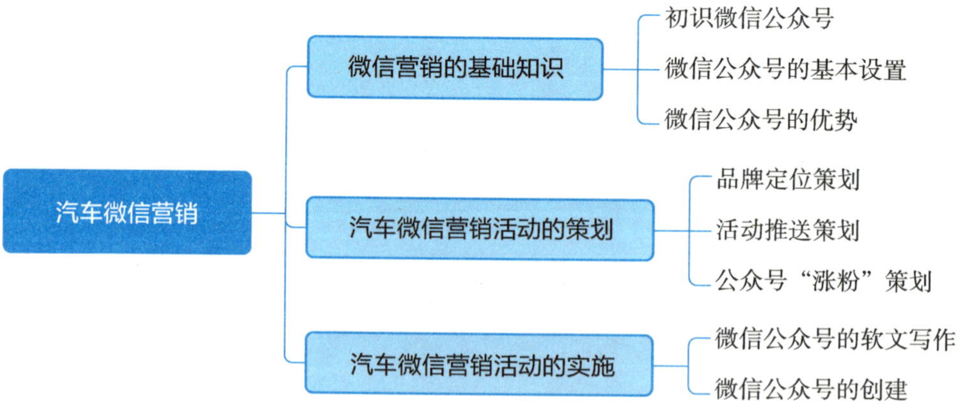

任务一 微信营销的基础知识

任务导入

在微信广泛普及的互联网时代，微信营销已然成为汽车企业移动互联网营销的重要组成部分，其重要性不言而喻。什么是微信公众号营销？它的优势有哪些呢？

知识解读

一、初识微信公众号

微信公众号是腾讯公司在微信的基础上增设的功能模块，通过这一平台，个人、企业、组织等都可以打造一个微信公众号，并实现和特定群体的文字、图片、语音、视频的全方位沟通、互动。微信公众号是一个自媒体平台，也是微信的主要服务之一。微信公众号分为服务号、订阅号、小程序和企业微信，它们各自具有不同的功能。

（一）服务号

服务号（见图 5－1－1）主要面向企业和组织，提供强大的业务服务与用户管理能力，帮助企业快速完成全新的公众号服务平台建设。服务号一个月（自然月）内仅可以发送 4 条群发消息。

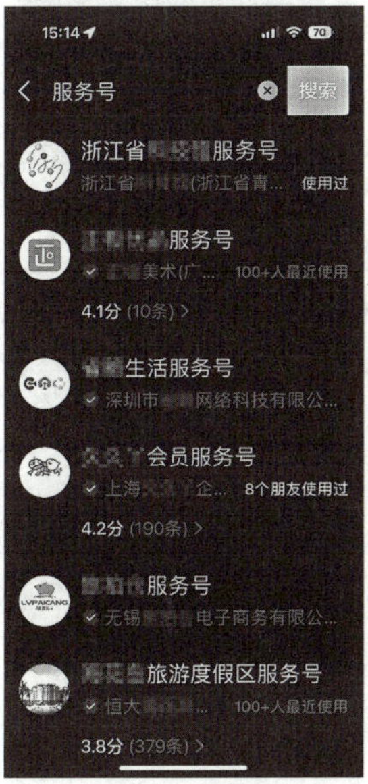

图 5－1－1　服务号

（二）订阅号

订阅号（见图 5-1-2）主要面向媒体和个人，提供一种新的信息传播方式，构建与读者之间更好的沟通与管理模式。订阅号每天（24h 内）可以发送 1 条群发消息。

（三）小程序

小程序（见图 5-1-3）是一种不需要下载安装即可使用的应用，它的特点是小而快。小程序更适合小工具和小游戏。

（四）企业微信

企业微信（见图 5-1-4）是企业通信与办公工具，与钉钉功能类似，需要单独下载 App 使用。选择公众号类型的时候，要结合自己的实际需求，如果是企业内部通信管理就应该选择企业号。

图 5-1-2　订阅号

图 5-1-3　小程序

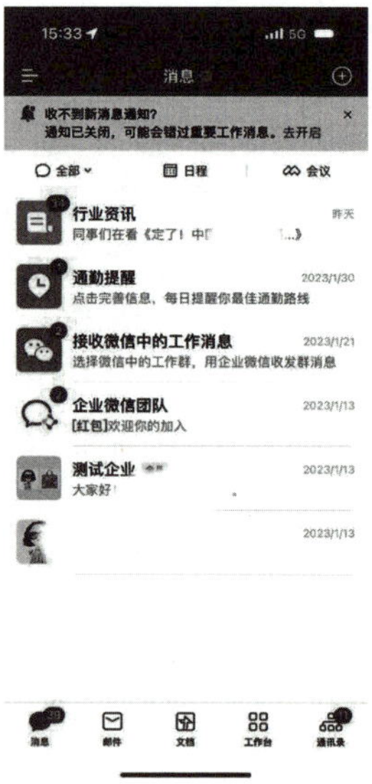

图 5-1-4　企业微信

对于订阅号和服务号，企业和个人需要根据自己的目标需求进行选择。如果想要开店或者涉及支付等方面的内容时，就不能选择订阅号，必须选择服务号。

二、微信公众号的基本设置

在启动微信公众号正式运营之前，对其基础配置进行一番细致入微的雕琢，是吸引并留住用户目光的关键步骤。这一过程涉及公众号名称的选择、头像的设计、欢迎语的拟定，每一项都是构建公众号吸引力的重要基石。

（一）名称

在微信生态系统中，一个匠心独运的微信公众号名称如同磁石，能够精准捕捉用户的注意力，成为企业吸引并锁定目标用户群体的首要利器。一个出色的公众号名称，即便不直接点明目标受众，也应微妙地透露出其适合的受众群体，从而在用户心中树立起独特的品牌形象。

汽车微信公众号的取名方式多种多样，旨在体现公众号的定位、内容特色及目标受众。一些常见的汽车微信公众号取名方法如表 5-1-1 所示。

表 5-1-1 常见的汽车微信公众号取名方法

取名方法	具体呈现	说明
直接命名法	品牌命名	直接使用汽车品牌名称作为公众号名称，如“××牌官方公众号”“××牌资讯速递”等。这种方式适合官方公众号，能够直接传达品牌信息
	车型命名	以热门或经典车型名称命名，如“××牌车主之家”“××牌车主俱乐部”等。这种方式适合针对特定车型的用户群体
功能描述法	资讯类	强调提供汽车资讯、行业动态等功能，如“汽车头条”“汽车资讯大全”等
	导购类	专注于汽车购买指导和推荐，如“买车宝典”“汽车导购指南”等
	服务类	提供汽车维修、保养、保险等服务，如“汽车保养秘籍”“车险知识问答”等
地域特色法	地区命名	结合地域特色，如“北京汽车生活”“上海汽车资讯”等，适合地方性公众号，能够吸引当地用户关注
	文化融合	将汽车与地域文化相结合，如“川渝汽车文化” “江南汽车风情”等
创意命名法	谐音命名	利用谐音或双关语，如“车行天下”“驾享人生”等，寓意深远且易于记忆
	组合命名	将多个词汇或元素组合在一起，形成独特的名称，如“车界风云”“速度与激情”等
	抽象命名	采用抽象、寓意深刻的词汇或短语，如“车梦启航”“轮上生活”等，表达一种生活态度或追求
人物或团队命名法	专家命名	以汽车行业内的知名专家或关键意见领袖命名，如“××汽车评论员”“××车评团”等，借助其影响力吸引用户
	团队命名	以团队或组织名称命名，如“××汽车媒体团”“××汽车俱乐部”等，强调团队合作和集体智慧

（二）头像

微信公众号的头像，作为账号的视觉名片，扮演着展现账号主体特色、功能定位及品牌形象的关键角色。它不仅是微信公众号个性与风格的直观体现，更是用户快速识别、记忆该账号的重要标识。一个设计精良、引人注目的头像，能够产生强烈的视觉冲击力，超越文字描述的局限，给用户留下深刻的第一印象。微信公众号的头像主要有如图 5－1－5 所示的几种。

企业直称型

- 最直接的方式就是将企业的全称或简称作为头像，便于用户快速识别并记住企业的品牌

品牌标识型

- 汽车品牌标志作为头像是一个常见的选择。这样的设计能够直观展现公众号的品牌属性，增强用户的品牌认同感

汽车元素简约型

- 利用简洁的汽车元素，如车辆的轮廓线条来设计头像，能够让人一眼看出与汽车行业相关

抽象艺术型

- 利用简单的线条、几何形状等组合，传达出现代感和科技感。这样的头像设计往往更加新颖独特

创意融合型

- 将汽车元素与其他元素进行创意结合，如将轮胎与地球融合，寓意环保出行；能传达出特定的品牌理念或价值观

图 5－1－5　微信公众号的头像种类

（三）欢迎语

在微信公众号平台中，欢迎语是当用户初次订阅某个微信公众号时，系统会自动推送的一段个性化回复信息。欢迎语作为用户与公众号初次接触时的“第一印象”，其重要性不言而喻。

汽车微信公众号的欢迎语设计方式多种多样，旨在吸引用户、传达品牌信息及提升用户体验。以下是一些常见的汽车微信公众号欢迎语的设计方式。

1. 直接欢迎与感谢

（1）简洁明了。使用简短的语言表达对新用户的欢迎和感谢，如“欢迎关注我们的公众号！”或“感谢您的关注，我们将为您提供最新汽车资讯！”。

（2）个性化。在欢迎语中加入个性化的元素，如“亲爱的车友，欢迎加入我们的大

家庭！”或“欢迎来到××汽车的世界，让我们一起探索汽车的魅力！”。

2. 品牌与产品介绍

（1）品牌宣传。在欢迎语中突出品牌特色和价值观，如“欢迎关注××汽车，我们致力于为您打造高品质的汽车生活！”。

（2）产品推荐。介绍公众号的主打产品或服务，如“欢迎来到××汽车选购平台，最新车型、优惠活动一网打尽！”。

3. 互动与引导

（1）提问互动。通过提问的方式引导用户参与互动，如“您最感兴趣的汽车话题是什么？欢迎留言告诉我们！”。

（2）引导关注。在欢迎语中明确提示用户关注公众号的其他功能或内容，如“别忘了点击菜单栏查看更多精彩内容哦！”。

4. 情感共鸣与场景描绘

（1）情感表达。运用富有感染力的语言，表达对用户的关怀和期待，如“在这里，您将找到一群热爱汽车、追求品质生活的伙伴！”。

（2）场景描绘。通过描绘一个与汽车相关的场景，让用户产生身临其境的感觉，如“想象一下，驾驶着心仪的座驾，在风景如画的道路上驰骋，欢迎来到我们的汽车世界！”。

5. 创新与创意

（1）创意表达。采用新颖独特的表达方式，如结合汽车元素设计有趣的欢迎语，或运用比喻、拟人等修辞手法增加趣味性。

（2）结合热点。结合当前汽车行业的热点话题或事件，设计具有时效性的欢迎语，如“欢迎关注，一起探讨新能源汽车的未来趋势！”。

6. 引导后续行动

（1）邀请参与。邀请用户参与公众号的后续活动或内容创作，如“期待您的参与，一起分享您的汽车故事！”。

（2）提供价值。在欢迎语中明确告知用户将获得的价值或好处，如“关注我们，获取最新汽车资讯、购车优惠及专业评测！”。

三、微信公众号的优势

汽车微信公众号的优势主要体现在以下几个方面。

（一）精准定位与目标受众匹配

对于汽车行业而言，微信公众号可以针对潜在购车者、车主或汽车爱好者等不同群体，推送定制化的内容和服务。

微课视频

微信公众号营销的优势

（二）互动性强，提升用户参与度

微信公众号平台具有强大的互动性，用户可以通过点赞、评论、分享等方式参与到广告内容中。

（三）内容营销的理想平台

微信公众号是内容营销的理想平台，汽车品牌可以通过发布行业资讯、车型评测、用车知识等内容，建立品牌权威性。

（四）多种创意形式，吸引用户注意力

微信公众号支持多种创意形式的广告投放，如图文、视频、H5 等。汽车品牌可以根据不同的车型特点和营销目标，设计吸引用户注意的广告形式。

（五）数据分析工具，优化投放效果

微信公众号平台提供了强大的数据分析工具，汽车品牌可以实时监控广告的曝光量、点击率、转化率等关键指标。

（六）突破时空限制，提供随身服务

微信公众号可以随时随地为用户提供车型资讯、保养维修服务资讯等，突破了时间和空间的限制。

（七）维护现有客户稳定性，提高到店率

微信公众号可以作为汽车品牌与客户之间沟通的桥梁，通过定期推送新车到店通知、优惠活动等信息，吸引用户到店消费。

素养园地

整治标题夸大营销

2024 年 2 月 28 日，微信公众平台运营中心发布《关于规范公众号标题夸大营销的公告》。公告表示：近期，平台发现部分创作者为了提高阅读量，故意将文章标题的描述混淆为官方通知，用震惊、严肃的词语来夸大紧急程度和影响面，吸引用户点击进入，实际正文为与标题不相关的营销广告内容，并不是标题所说的通知或新闻。这种行为容易对用户产生误导，损害了用户的阅读体验，对平台内容生态造成不良影响。

由此我们可以看出，公众号运营者为追求流量采用标题党手段，违背了诚信原则。这种行为未能对受众负责，没有如实传达信息，不利于在社会上营造诚信的氛围。社会主义核心价值观强调诚信，要求人们在社会交往和职业活动中秉持诚实、守信的态度。公众号运营者应树立正确的价值观，以诚信为本，对自己发布的内容负责，为社会传递真实、有价值的信息。公众号作为信息传播的重要平台，具有引导社会舆论的作用。标题党文章往往会制造虚假热点，误导公众舆论，影响社会稳定和和谐。运营者应承担起社会责任，坚持正确的舆论导向，传播真实、客观、全面的信息，为社会发展营造良好的舆论氛围。

在信息传播中，公众号有责任传承和弘扬优秀传统文化、社会主义先进文化。而标题党现象往往只注重吸引眼球，忽视了文化内涵的传递。要引导公众号运营者认识到自身在文化传承与创新方面的责任，通过优质的内容创作，推动文化的传承和发展，丰富人民群众的精神文化生活。

微信官方表示，文章标题是用户识别文章内容的首要依据，选择恰当的标题能给用户提供良好的阅读体验。平台建议运营者在创作内容时，使用准确、清晰、能体现文章内容主旨的标题。对于利用煽动夸大、仿冒官方等方式吸引用户点击的文章和账号，平台将根据违规程度做出相应的处理。

资料来源：秦红．整治标题夸大营销！微信公告．上观新闻，2024－02－28.

任务二 汽车微信营销活动的策划

任务导入

某4S店的销售总经理想通过微信公众号的营销来扩大品牌影响力、提升知名度，并激发粉丝的活跃度，以此增加活动的热度和影响力。为此，他应该如何为品牌做定位策划呢？应该如何做出相应的营销策划呢？

知识解读

一、品牌定位策划

在制定微信公众号定位策划时，我们需要综合考虑用户定位、内容定位和服务定位，通过精准的定位和差异化的服务，可以为用户打造一个独特而富有吸引力的汽车微信公众号。

（一）用户定位

汽车微信公众号在进行用户定位时，核心在于精准把握目标受众的多维度特征，以便精准推送内容与服务，提升用户体验与黏性。具体而言，用户定位可以从以下几个方面进行深入分析。

1. 用户基本特征

（1）年龄层与性别倾向。明确目标用户主要集中在哪个年龄段，以及性别分布是否以男性为主导，还是包含一定比例的女性用户。这有助于我们理解用户的兴趣偏好和消费习惯。

（2）地域分布。分析用户主要居住或活动在哪些地区，不同地域的用户可能对汽车内容有不同的关注点。例如，城市居民可能更关注城市驾驶技巧、停车难等问题，而乡村或山区用户可能更看重车辆的越野性能与实用性。

（3）职业背景与收入水平。了解用户的职业类别和大致的收入范围，有助于我们提供符合其经济能力和职业需求的购车建议、汽车保养知识等内容。

2. 用户行为

（1）在阅读偏好方面。我们需要洞悉目标用户更倾向于哪种形式的内容消费，是偏好沉浸于长篇深度文章中，获取详尽的信息与见解；还是更喜欢图文并茂的内容，通过直观的图片辅助理解文字信息，享受轻松愉快的阅读体验。

（2）关于互动习惯。我们需要细致研究目标用户在公众号平台上的行为模式。他们是否乐于在文章下方留言，表达个人见解或提问；是否愿意点赞以示支持，或积极分享内容至社交圈，扩大信息的传播范围。

（3）在购车意向层面。我们需要准确把握目标用户对于购车的态度及其潜在需求。他们是否正处于寻找新车的阶段，对市场上的新车动态保持高度关注；是否对特定汽车品牌或车型情有独钟，展现出明确的购买偏好。这些信息对于我们定制化推送相关内容，提升受众的参与度和满意度至关重要。

3. 用户需求特征

（1）对于汽车知识方面的需求。我们要明确目标用户在汽车技术、维护保养等领域的求知渴望，并有针对性地提供丰富的知识分享，以满足他们的学习需求。

（2）针对有购车计划的目标用户。他们往往期待获得全面的购车指导，包括详细的购车指南、不同品牌之间的对比分析及个性化的选车建议等，帮助他们做出明智的购车决策。

（3）对于热爱驾驶的汽车爱好者来说，他们更关注驾驶过程中的体验和技巧，渴望分享和了解他人的驾驶心得，因此我们需要提供关于驾驶体验、驾驶技巧分享及相关的驾驶文化等内容，以满足他们的兴趣和需求。

4. 用户类型和偏好

（1）汽车爱好者群体。这是一群对汽车充满热情的人，他们热衷于探索汽车的先进技术、了解不同品牌的特色及分享驾驶带来的独特体验。

（2）车主群体。他们已经拥有了属于自己的汽车，因此更加关注汽车的日常维护、保养技巧及与其他车主的用车经验交流。

（3）潜在购车者。这部分人群正处于选择购买汽车的阶段，他们渴望获取汽车评测报告、选车指南及购车过程中的实用攻略，以帮助自己做出明智的购车决策。

（4）行业专家视角。作为汽车领域的专业人士，他们密切关注汽车技术的最新进展、市场趋势的深刻变化及行业内的深度分析，以专业的视角为行业内外提供有价值的见解。

（二）内容定位

在汽车微信公众号的内容规划上，汽车企业需紧密结合自身的品牌特色，提炼出独特的品牌调性，并兼顾内容的相关度、新颖性、趣味性、实用性及用户互动性来精选内容主题。具体而言，内容定位可以围绕如图 5－2－1 所示的几个维度展开。

深度汽车评测

- 对不同品牌和型号的汽车进行全面剖析，包括外观设计、动力性能、操控体验等方面的细致评价

行业动态追踪

- 紧跟汽车产业的前沿动态，分析技术革新、市场趋势及政策变化，帮助用户把握汽车市场的脉搏

真实驾驶分享

- 搭建车主交流平台，鼓励车主分享个人的驾驶经历、趣事与心得，增强内容的真实性和互动性

汽车维护宝典

- 提供全面的汽车维护、保养指南及故障排查技巧，帮助用户延长车辆使用寿命，提升驾驶安全性

购车决策支持

- 针对潜在购车群体，提供详尽的选车建议、购车流程解析及购车注意事项，助力用户做出明智的购车决策

绿色出行倡导

- 积极宣传环保驾驶理念，分享新能源汽车发展动态及可持续出行方案，引导用户向更加环保的出行方式转变

图 5－2－1　内容定位的 6 个维度

（三）服务定位

为了塑造一个别具一格的汽车微信公众号，我们不仅需要注重内容的品质，更要通过提供与众不同的服务和策划独特的活动来吸引并保持用户的关注。服务定位的核心在于，在提供有价值内容的同时，为用户带来差异化的服务体验和独特的活动参与感。以下是一些关键的服务内容。

1. 个性化解答

设立专门的答疑板块，旨在解决用户在汽车领域遇到的各种疑问，确保每位用户都能获得个性化的解答和帮助。

2. 互动与活动

通过策划线上知识竞赛、线下车友聚会等多样化的活动，旨在搭建一个汽车爱好者之间的交流平台，增强用户的参与感和归属感。

知识视界

蔚来汽车作为国内具有较高知名度的新能源汽车品牌，定位中高端市场，受众主要是对科技感、智能化及品质生活有追求，同时也关注企业社会责任和社会发展的群

体。其微信公众号除常规的产品推广、用户服务等功能外，也巧妙融入素养元素，传递积极的价值观。

内容策划与实施

“科技引领，蔚来助力中国智造”主题系列

《蔚来汽车：智能科技，打造出行新生态》：该文章首先介绍全球汽车行业正面临智能化变革的大趋势，指出我国在鼓励科技创新、推动制造业向智能化转型方面出台了诸多有力政策，为汽车企业创造了良好的发展环境。随后着重讲述蔚来汽车在智能驾驶、智能座舱等关键技术领域的创新成果。例如，蔚来的智能驾驶辅助系统（NIO Pilot）经过团队多年研发打磨，不断迭代升级，如今已能实现高速、城区等多场景下的辅助驾驶功能，在提升行车安全性的同时，也极大地改善了用户的驾驶体验。并且，其智能座舱具备高度的人机交互性，车内的超大中控屏集成了丰富的智能应用，从导航、娱乐到车辆控制等一应俱全，让汽车不再仅仅是交通工具，更是移动的智能空间。文章强调蔚来通过自主研发这些前沿科技，在全球新能源汽车智能化竞争中展现出“中国智造”的实力，激发用户对我国汽车科技发展的信心及民族自豪感，引导读者关注国家对科技创新驱动发展战略的推动作用。结尾还设置了互动话题，邀请用户畅想未来汽车智能化还能为生活带来哪些改变，吸引众多用户留言分享想法，品牌对优质留言者给予蔚来汽车的周边产品，如定制的车载香薰、精美车模等作为奖励，提升用户参与度。

《蔚来携手产学研，共筑创新人才高地》：深入介绍蔚来汽车与高校、科研机构开展合作的模式与成果。比如，蔚来和多所知名理工科高校建立联合实验室，共同开展新能源汽车电池技术、自动驾驶算法等前沿课题的研究。通过这种合作，高校为蔚来输送了大量优秀的专业人才，同时蔚来也为高校学生提供实践平台及科研项目资源，助力培养适应产业发展需求的创新型人才。文中还举例讲述了一些合作项目，学生在导师和蔚来技术专家的指导下，取得科研成果并成功应用到蔚来汽车产品中的故事，体现了企业在推动产学研融合、促进科技成果转化及为国家培养专业科技人才方面的积极贡献，契合国家重视创新人才培养、鼓励产业协同创新的理念，增强用户对蔚来品牌社会责任担当的认可。

3. 品牌合作与优惠

积极与汽车品牌方、经销商等建立合作关系，为用户提供专属的优惠和服务，让用户感受到实实在在的福利。

4. 专家咨询

邀请汽车行业的专家进行定期的问答环节，为用户提供权威、专业的建议和指导，提升公众号的权威性和可信度。

5. 会员专属福利

为会员提供特别的权益，如独家内容、折扣优惠等，旨在通过增加用户黏性，培养忠实粉丝。

6. 实用工具开发

致力于开发一系列实用的汽车工具，如汽车计算器、驾驶记录本等，为用户提供便捷、高效的汽车服务体验。

二、活动推送策划

汽车微信公众号营销活动对于4S店来说具有多重好处，包括提升品牌影响力、吸引潜在客户、促进销售转化、提高客户满意度和忠诚度、降低营销成本及增强客户黏性等。因此，4S店应充分利用微信公众号这一营销平台，积极策划和执行各类营销活动，以实现更好的营销效果。汽车微信公众号营销活动的策划主要包括以下几个方面。

微课视频

汽车微信营销活动策划的流程

（一）明确营销目标

通过微信公众号平台传播汽车品牌、产品、4S店等信息，增强品牌知名度，吸引更多潜在客户关注公众号，扩大客户基础，通过公众号营销活动促进汽车的销售，提高转化率、促进汽车销售、增强用户互动等。这些目标将指导整个活动的策划和执行。

（二）活动策划内容

1. 内容规划

根据营销目标，规划公众号的内容，如车型介绍、优惠活动、预约试驾、附近4S店、一键导航、一键拨号等全方位展示功能，为消费者提供有价值的资讯。同时，内容应贴近客户需求，有趣、有用、有转载率，以吸引客户关注。

2. 微活动设计

设计刮刮卡、大转盘等新奇好玩的微活动形式，吸引新客户关注并参与，同时定期举行活动增进消费者对4S店的好感度。

（1）留言抽奖。运营者可以让用户在微信公众号下方的留言区，围绕汽车主题（如汽车知识、驾驶体验、购车心得等）发表留言，采用随机抽奖的方式，从符合条件的留言中抽取获奖者，如图5－2－2所示。实施起来既简便又高效，同时具有较强的可操作性。只要所选的互动话题足够吸引人，就能够激发用户的兴趣和讨论欲望。

（2）邀请好友关注。运营者鼓励用户邀请一定数量的好友关注微信公众号，以此来获取奖品，如图5－2－3所示。通过活动吸引新用户关注公众号，同时促进老用户的活跃度和忠诚度，增加用户黏性，提高品牌曝光度和用户互动率。

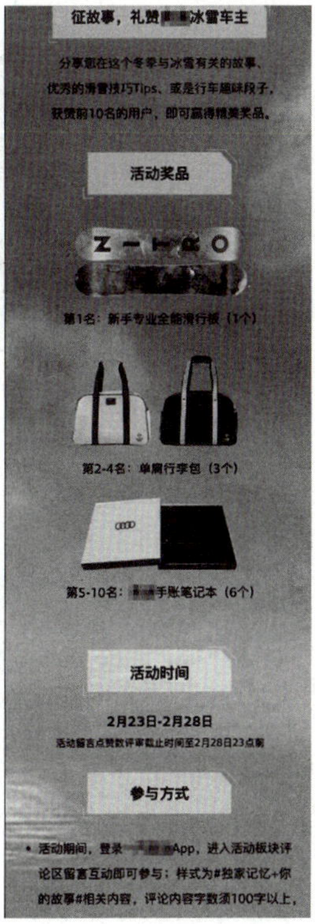

图5－2－2 留言抽奖

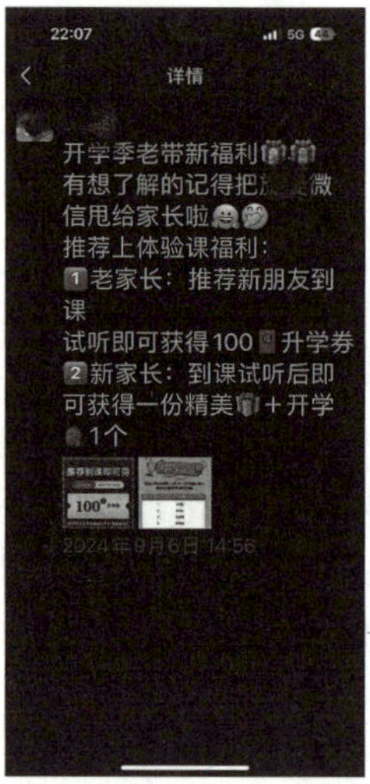

图 5-2-3　邀请好友关注

（3）红包抽奖。运营者可设置关注抽奖或线下扫码抽奖，用户有机会获得现金红包或礼品，通过红包抽奖活动，吸引新用户关注公众号，同时提高老用户的活跃度和参与度，进而提升品牌知名度和用户满意度，如图 5-2-4 所示。

（4）答题猜谜。运营者通过设置一些关于汽车相关主题的问题，用户将答案发送在微信公众号后台参与互动，答对者即可获得相应礼品，从而增加新老用户的互动性和参与度，传播本品牌汽车相关的知识，激发用户购买兴趣，如图 5-2-5 所示。

图 5-2-4　红包抽奖

图 5-2-5　答题猜谜

（5）征文征稿。运营者设定文章的主题，让用户分享自己与汽车之间的难忘经历、情感纽带或成长故事，可以是购车经历、用车体验、自驾游体验。筛选出的内容在微信公众号上发布和推广，并给予作者一定的奖励，增强用户黏性，并提升本品牌汽车的用户满意度，从而提升本品牌汽车的知名度。

（三）活动执行与推广

1. 多渠道推广

通过展厅、售后服务展示二维码，销售顾问、服务顾问引导客户关注公众号。同时，利用微博、短视频等第三方工具进行多渠道推广，提高公众号的曝光率。

2. 互动与沟通

积极与粉丝进行互动，回复留言，增强粉丝的黏性和忠诚度。同时，定期举办专业知识有奖竞答、热门话题讨论等互动活动，提高粉丝的参与度。

3. 数据分析与优化

利用微信公众号后台的数据分析工具，对活动效果进行监测和分析。根据数据反馈，及时调整活动策划和内容，以增强活动效果。

（四）活动效果评估与总结

通过销售额、粉丝数量、互动率等指标对活动效果进行评估。总结活动中的成功经验和不足之处，为未来的营销活动提供参考和借鉴，如表 5－2－1 所示。

表 5－2－1 效果评估内容

预估	具体说明	对策
成本效益预估	活动策划需要投入一定的成本，包括宣传费用、奖品费用等	需要对成本进行效益分析，确保活动的投入产出比合理
风险预估	活动效果不如预期： 可能由于活动宣传不力、内容质量不高或用户参与度低等原因导致活动效果不如预期	需要提前制定应对措施，如加大宣传力度、优化内容质量等
	负面舆情： 可能由于活动组织不当或用户反馈不佳等原因引发负面舆情	需要建立舆情监测机制，及时发现并处理负面舆情

（五）发布时间选择

1. 目标用户活跃时段

根据目标用户的生活习惯和阅读习惯，选择其活跃时段进行发布。例如，年轻消费者可能在晚上或周末更为活跃，而家庭用户则可能在工作日的午休或晚上时段更为关注汽车信息。

2. 热点事件关联

结合汽车行业或相关领域的热点事件，选择适当的时机进行发布，以借助热点事件的关注度提升文章的曝光率。

三、公众号“涨粉”策划

汽车微信公众号在推广（即增粉）过程中，确实需要采取多元化的策划方案，涵盖朋友圈、其他新媒体平台、微信个人号、活动及合作方等多个方面。

（一）朋友圈圈粉策划

1. 创作优质内容

撰写有趣、引人入胜的软文，结合图片、短视频等多媒体元素，提升内容的吸引力。

2. 鼓励转发

在朋友圈分享时，可以附带一些激励性的语言或福利（如抽奖机会），鼓励现有粉丝转发，形成裂变传播。

3. 引导分享

通过设计一些互动环节，如“点赞＋转发”有机会获得奖品，进一步引导粉丝在朋友圈分享公众号内容。

（二）其他新媒体平台圈粉策划

1. 跨平台分享

在微博、抖音等社交媒体平台分享微信公众号的内容，利用不同平台的用户基础，扩大影响力。

2. 内容定制

根据不同平台的特点和用户偏好，适当调整内容形式，如抖音适合短视频、微博适合图文结合等。

3. 互动引流

在其他平台积极互动，如回复评论、参与话题讨论，引导用户关注微信公众号。

（三）微信个人号圈粉策划

1. 个人影响力

利用微信个人号的好友关系，分享公众号内容，通过个人影响力吸引粉丝关注。

2. 朋友圈互动

在个人号朋友圈发布与公众号相关的内容，并鼓励好友点赞、评论和转发。

3. 一对一推荐

对于关系较好的好友，可以一对一推荐公众号，并解释关注的好处。

（四）活动圈粉策划

1. 举办活动

定期举办线上或线下的汽车主题活动，如抽奖、有奖征集、讲座等，吸引用户参与。

2. 活动宣传

通过多渠道宣传活动，确保活动信息覆盖到目标用户。

3. 关注引导

在活动过程中，明确告知参与者关注公众号的好处，如获取更多活动信息、参与抽奖等。

（五）合作方圈粉策划

1. 跨界合作

与其他行业企业、经销商等跨界合作，共同开展推广活动，实现资源共享和粉丝互通。

2. 联合营销

设计联合营销活动，如双方共同举办讲座、抽奖等，吸引双方粉丝关注。

3. 内容共创

合作方可以共同创作内容，如联合撰写文章、拍摄视频等，提升内容的丰富性和吸引力。

任务三 汽车微信营销活动的实施

任务导入

假如你是某4S店的销售人员，销售经理分配给你一项新任务，创建本店自己的微信公众号，负责展开微信营销，请问你会注册微信公众号吗？

知识解读

一、微信公众号的软文写作

汽车微信公众号软文作为新媒体营销的重要手段，是连接汽车品牌与消费者的重要桥梁。新媒体营销者在构思这类软文时，需细致考量多个关键环节，以确保内容的吸引力、传播力和用户黏性。具体来说，这一过程涉及以下几个核心要素。

（一）确定选题

选题是软文创作的基石，需紧密围绕目标用户的兴趣点、行业热点及品牌特色进行精心策划。通过深入调研目标用户需求，紧跟汽车行业动态，结合品牌自身的独特优势，新媒体营销者能够挖掘出既符合市场趋势又贴近用户心理的选题，从而激发读者的阅读兴趣和参与度。选题目标及具体方向如表 5－3－1 所示。

表 5-3-1　选题目标及具体方向

选题目标	具体方向	说明
了解目标受众	研究受众需求	深入了解目标用户（如潜在购车者、汽车爱好者、车主等）的需求、兴趣和痛点
	分析受众行为	通过数据分析了解目标用户在微信上的阅读习惯、偏好和互动行为
紧跟行业趋势	关注行业动态	定期浏览汽车行业新闻、报告和数据分析，了解最新的市场趋势、技术革新和政策变化
	追踪热点事件	及时捕捉与汽车行业相关的热点事件、新品发布、召回信息等，这些往往能成为吸引眼球的选题
结合品牌特色	突出品牌优势	选择能够突出汽车品牌或 4S 店特色的选题，如独特的技术、设计理念、售后服务等
	展示产品亮点	根据汽车产品的特点和优势，选择能够充分展示其亮点的选题，如性能评测、安全测试、智能配置等
考虑季节性和节日性	季节性选题	根据季节变化选择相关的选题，如冬季行车安全、夏季汽车保养等
	节日性选题	结合节日氛围，选择具有节日特色的选题，如春节自驾游攻略、五一购车优惠活动等
创新选题角度	独特视角	尝试从不同的角度看待问题，如从车主的角度出发，分享购车经验、用车心得等
	跨界融合	将汽车行业与其他领域相结合，如汽车与时尚、科技、旅行等，创造新的选题方向
借鉴成功案例	分析竞争对手	研究竞争对手的微信公众号软文选题，了解他们的成功之处和不足之处
	学习行业标杆	关注行业内优秀的微信公众号，学习他们的选题策划和内容创新
进行受众调研	问卷调查	通过问卷调查了解受众对哪些选题感兴趣，以及他们希望看到哪些类型的内容
	社交互动	在微信公众号上发起投票、留言等活动，收集目标用户的反馈和建议

（二）标题设计

标题是软文吸引读者注意力的第一道门槛。一个富有创意、引人入胜的标题能够瞬间抓住读者的眼球，引导他们点击阅读。因此，在设计标题时，不仅要确保简洁明了、信息准确，还要善于运用悬念、数字、情感等手法，提升标题的吸引力和点击率。

1. 精准定位，直击目标受众

（1）明确受众需求。了解目标受众的兴趣点、购车偏好及关注点，设计与之匹配的标题。例如，针对年轻消费者，可采用“潮流”“智能”等词汇，如“智能新选择，

××车型引领年轻风尚”。

（2）突出品牌特色。结合汽车品牌或车型的独特卖点，设计具有辨识度的标题，如“豪华再升级，××品牌新车诠释尊贵新高度”。

2. 制造悬念，激发阅读兴趣

（1）提问式引导。通过提问的方式，激发读者的好奇心和求知欲，如“你真的了解××车型的驾驶乐趣吗？一篇文章带你深入了解”。

（2）悬念式预告。设置悬念，让读者想要一探究竟，如“揭秘××车型背后的神秘技术，让你大开眼界”。

3. 情感共鸣，拉近读者距离

（1）情感化表达。利用情感词汇，与读者建立情感联系，如“××车型，陪伴你走过每一个重要时刻的忠实伙伴”。

（2）故事化呈现。以故事的形式呈现标题，让读者产生代入感，如“从平凡到非凡，××车型见证我的成长之路”。

4. 紧跟热点，提升时效性

（1）结合时事热点。将文章内容与当前热点事件相结合，如“新能源政策下，××车型如何脱颖而出？”。

（2）融入流行元素。巧妙融入流行语或网络热词，增加标题的时尚感和趣味性，如“××车型，让你秒变‘马路杀手’？不，是智能驾驶高手！”。

5. 强调价值，突出亮点

（1）价值导向。明确指出文章能带给读者的价值，如“××车型，让你轻松享受智能驾驶的乐趣，提升生活品质”。

（2）亮点突出。突出文章中的亮点或独特之处，如“独家揭秘××车型的智能互联科技，让你体验前所未有的便捷”。

6. 创新独特，与众不同

（1）新颖角度。从独特的视角出发，给读者带来新鲜感，如“××车型，不仅是交通工具，更是生活方式的改变”。

（2）创意词汇。运用创意词汇或比喻，让标题更加生动有趣，如“××车型，如猎豹般迅猛，让你驰骋无界”。

（3）品牌形象。标题应与汽车品牌的形象和调性保持一致，传递出品牌的独特价值。

（三）封面图选

微课视频

微信公众号营销的封面图选

封面图是软文视觉呈现的重要组成部分，能够直接影响读者的阅读欲望。选择一张高质量、与文章主题紧密相关的封面图，不仅能够美化文章页面，还能有效传达文章的核心信息和情感色彩，增强读者的阅读体验。设计精美的封面图需要综合考虑主题、色彩、创意、画质及目标用户等多个因素。

以下是一些设计精美封面图的实用技巧，适用于汽车微信公众号软文写作场景。

1. 明确主题，突出亮点

（1）与文章标题呼应。封面图应与文章标题紧密相关，通过图像直观地传达文章的主题和亮点。例如，如果文章是关于某款新车型的评测，封面图可以展示该车型的高清外观或内饰图片。

（2）突出核心信息。在封面图中加入关键信息，如车型名称、亮点配置或优惠活动等，让读者一目了然地了解文章的核心内容。如图 5-3-1 所示，某品牌汽车在微信公众号封面图展示了最新车型的外观，同时在显著位置标注了车型名称。

图 5-3-1　突出核心亮点的封面图

2. 注重色彩搭配与风格统一

（1）色彩选择。根据汽车品牌的色彩调性，选择与之相符的色彩搭配，营造统一的品牌形象。同时，注意色彩对比和层次感，使封面图更加醒目和吸引人。如图 5-3-2 所示，从官方发布的图片来看，某品牌汽车在外观设计上增加了一些新的元素，使其更具个性和辨识度。

（2）风格定位。根据文章内容和目标用户的喜好，确定封面图的风格定位，如科技感、豪华感、运动感等，确保封面图与文章内容和品牌形象保持一致。

3. 运用创意元素提升吸引力

（1）创意构图。采用独特的构图方式，使封面图更加生动和有趣。同时，注意画面平衡和视觉焦点，引导读者的视线看向文章标题和核心内容。如图 5-3-3 所示，某品牌汽车在微信公众号上发布的封面图采用独特的构图方式，如将车型置于对角线位置，形成动态的视觉效果，或者利用三角形构图来强调车型的精致和优雅。

图 5-3-2　色彩风格统一的封面图

图 5-3-3　利用对角线构图的封面图

（2）创意元素。加入创意元素，如动态模糊、光影效果、文字排版等，提升封面图的视觉冲击力和艺术感。但需注意保持简洁明了，避免过于复杂导致读者产生视觉疲劳。

4. 高清画质与细节处理

（1）高清画质。确保封面图的画质清晰、细节丰富，避免模糊或失真而影响阅读体验。使用高分辨率的图片素材，确保在各种屏幕尺寸和分辨率下都能保持良好的显示效果。

（2）细节处理。对封面图进行细节处理，如去除瑕疵、调整亮度对比度等，使画面更加精致和美观。同时，注意文字排版和字体选择，确保文字清晰可读且与整体风格协调。

5. 考虑目标用户的喜好与需求

（1）了解目标用户。深入了解目标用户的喜好、购车偏好及关注点，设计符合其审美和需求的封面图。

（2）测试反馈。在设计完成后，可以通过小范围测试或 A/B 测试等方式收集目标用户的反馈意见，根据反馈进行调整和优化，确保封面图更加符合目标用户的喜好和需求。

（四）内容创作

内容是软文的核心价值所在。在创作过程中，新媒体营销者需注重内容的原创性、可读性和价值性。通过讲述引人入胜的故事、分享实用的购车用车经验、展示汽车产品的独特魅力等方式，为读者提供有价值的信息和情感体验，从而增强品牌的认知度和美誉度。

以下是一些进行内容创作的实用技巧。

1. 明确目标，精准定位

（1）确定目标用户。深入了解目标用户的购车偏好、关注点及阅读习惯，确保正文内容能够精准触达其需求。

（2）设定文章目的。明确文章的目的，是介绍新车型、分享购车经验、解读行业政策还是推广优惠活动，确保正文内容紧扣主题。

2. 引人入胜的开头

（1）设置悬念。通过提问、讲故事或引用数据等方式，设置悬念，激发读者的好奇心和阅读兴趣。

（2）突出亮点。在开头部分简要介绍文章的核心亮点或车型的独特卖点，吸引读者继续阅读。

3. 翔实丰富的主体内容

（1）结构清晰。将正文内容划分为多个段落或小节，每个部分围绕一个中心思想展开，确保结构清晰、条理分明。

（2）信息准确。确保所提及的车型配置、性能参数、价格等信息准确无误，避免误导读者。

（3）图文并茂。结合高清图片、图表或视频等多媒体元素，丰富文章内容，提升阅读体验。

（4）深度解读。对车型的技术特点、设计理念或市场定位进行深度解读，展现专业性和权威性。

（5）案例分享。通过真实案例或用户评价，展示车型在实际使用中的表现和优势，增强说服力。

4. 情感共鸣与互动

（1）情感化表达。运用情感化的语言和故事，与读者建立情感联系，提升文章的感染力和共鸣度。

（2）鼓励互动。在文章末尾设置互动环节，如提问、投票或留言等，鼓励读者参与讨论，增强文章的互动性和传播力。

5. 精练有力的结尾

（1）总结要点。对文章的主要内容进行简要总结，强调车型的核心优势和购买价值。

（2）引导行动。在结尾部分设置明确的行动号召（CTA），如“立即预约试驾”“了解更多优惠信息”等，引导读者采取下一步行动。

（3）留下悬念。如果文章是系列报道的一部分，可以在结尾处留下悬念，为下一篇文章做铺垫。

二、微信公众号的创建

（一）注册账号

步骤1：登录“微信公众平台”官网，单击右上角的“立即注册”按钮，如图5－3－4所示。

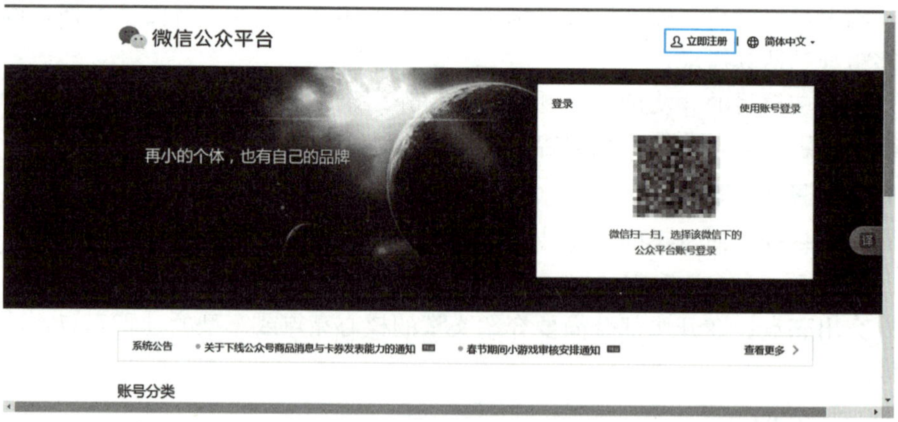

图5－3－4　微信公众号官网界面

步骤2：进入注册界面，选择注册的账号类型，提供了4个选项，分别是订阅号、服务号、小程序、企业微信，如图5－3－5所示。这里选择“订阅号”，适合个人及媒体注册。

步骤3：进入订阅号界面后，填写基本信息，包括邮箱和密码的设置，单击“注册”按钮，如图5－3－6所示。

图 5-3-5 选择账号类型

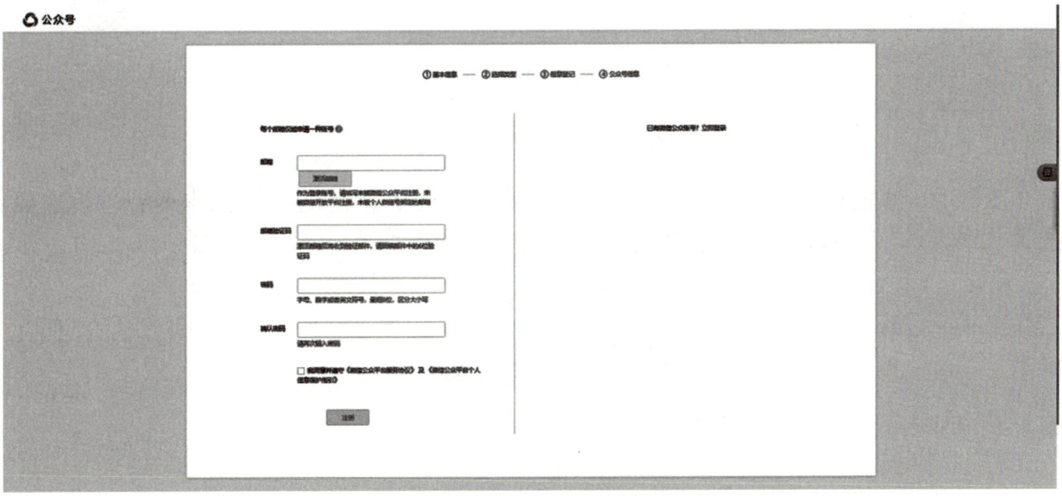

图 5-3-6 填写基本信息

步骤 4：选择个人/组织注册地的类型，如图 5-3-7 所示。

图 5-3-7 选择个人/组织注册地的类型

步骤 5：单击“确定”按钮，跳出选择账号类型界面，一旦成功建立账号，类型将不可更改，每个类型里显示了群发消息的数量限制数，消息显示位置，是否有基础/高级接口，以及是否有支付功能，如图 5-3-8 所示。

图 5-3-8　账号类型说明

步骤 6：这里选择“订阅号”，进入下一步，进行信息登记，对主体类型进行选择，选择“个人”，然后进行主体信息登记，如图 5-3-9 所示。

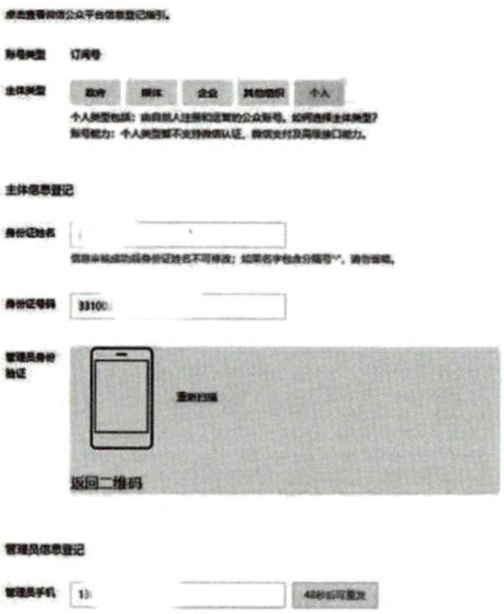

图 5-3-9　信息登记

步骤 7：对公众号信息进行填写，包括账号名称、功能介绍和运营地区，单击“完成”按钮，如图 5-3-10 所示。

步骤 8：进入公众号管理界面。通过左侧的工具栏，可以对公众号进行内容管理、互动管理、数据分析等操作，如图 5-3-11 所示。

（二）内容管理

1. 草稿箱

步骤 1：对公众号的软文进行编辑和排版，需要在草稿箱内先进行编辑后再发布，如图 5-3-12 所示。

图 5-3-10　公众号信息填写

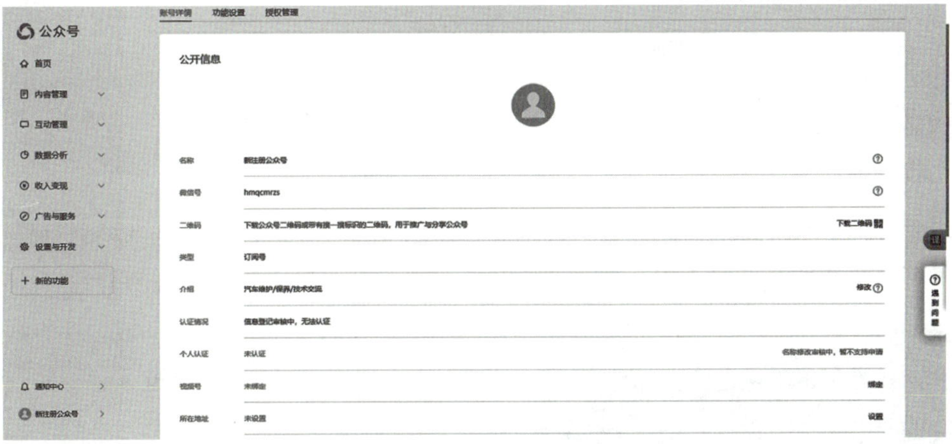

图 5-3-11　公众号管理界面

图 5-3-12　草稿箱编辑界面

步骤 2：单击“新的创作”按钮，直接在空白处进行图文编辑，如图 5－3－13 所示。

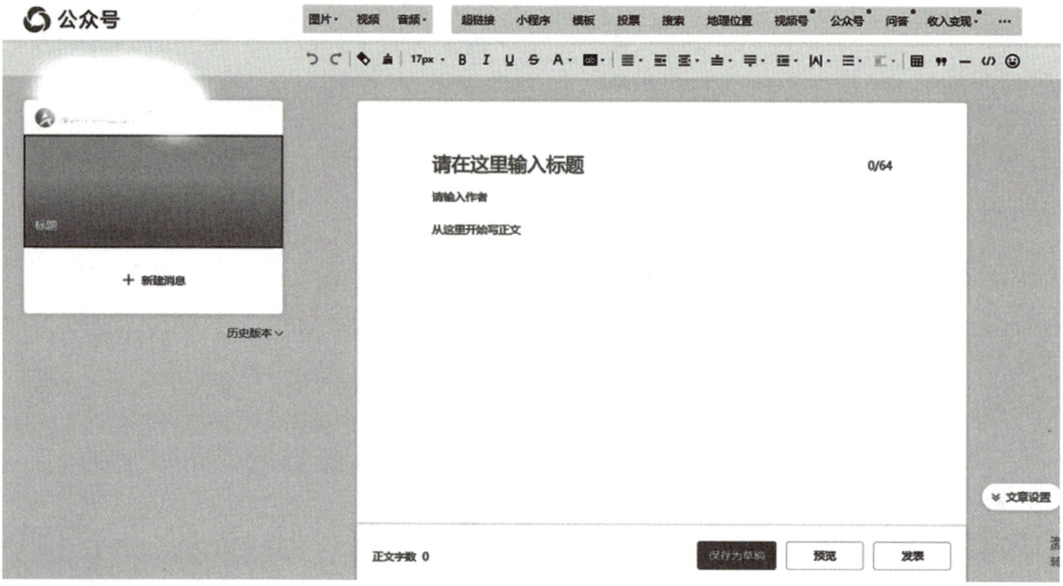

图 5－3－13　编辑新的创作

步骤 3：可以借助第三方工具进行图文排版，如图 5－3－14 所示，编辑好后同步到公众号的草稿箱进行预览，并设置封面图。

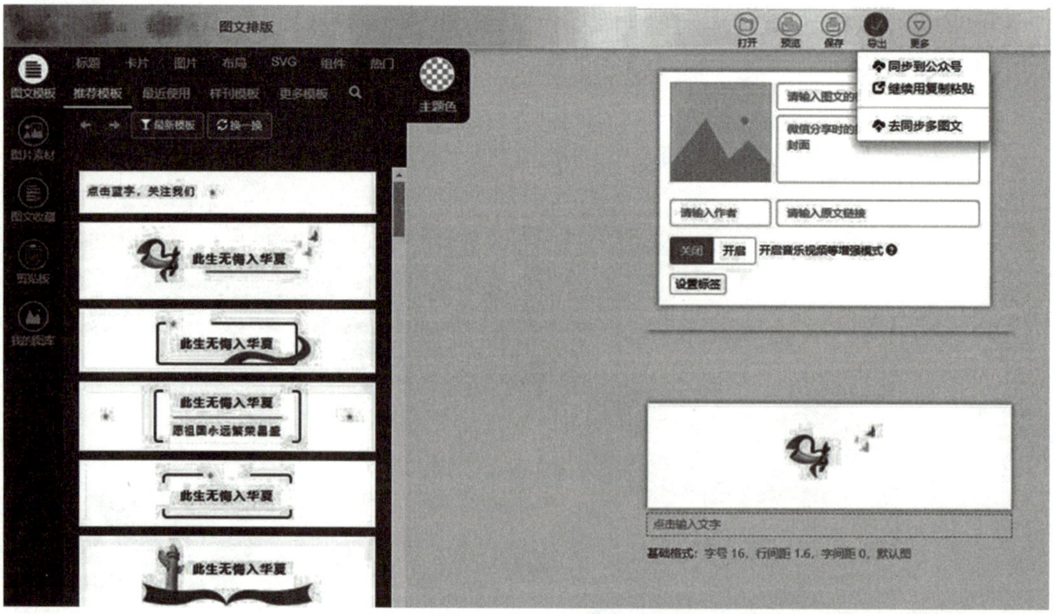

图 5－3－14　借助第三方工具进行图文排版

2. 素材库

步骤 1：素材库里的图文可以进行二次编辑，图文消息分为单图文消息和多图文消息。单图文消息：只可以编写 1 篇文章；多图文消息：每次可以编写 2 篇以上文章，如果写 1 篇则无法保存，如图 5-3-15 所示。

图 5-3-15 素材管理界面

步骤 2：编辑图文消息必须填写的事项有标题、封面、摘要、正文，一项不写就无法发布，如图 5-3-16 所示。正文“复选框”中勾选可以让封面图片在正文中显示，取消勾选就可以不在正文中显示，用户可根据需求进行选择。

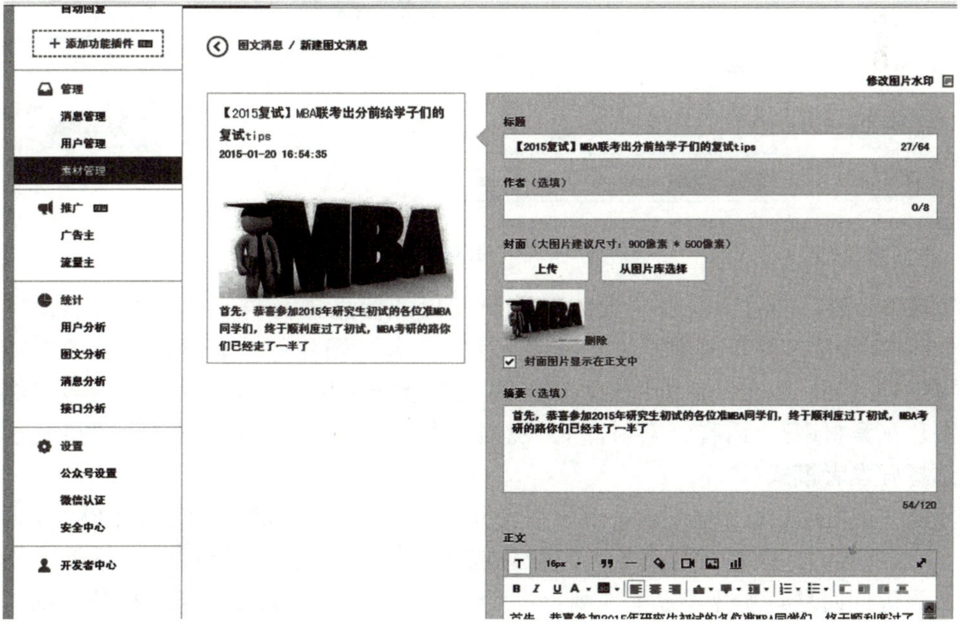

图 5-3-16 编辑图文消息

（三）互动管理

1. 群发功能

场景：主动推送消息给用户，对群发对象、性别、群发地区进行选择，订阅号每天1条消息，服务号每个月4条消息，内容可以是图文消息、文字、图片、语音、视频，如图5-3-17所示。

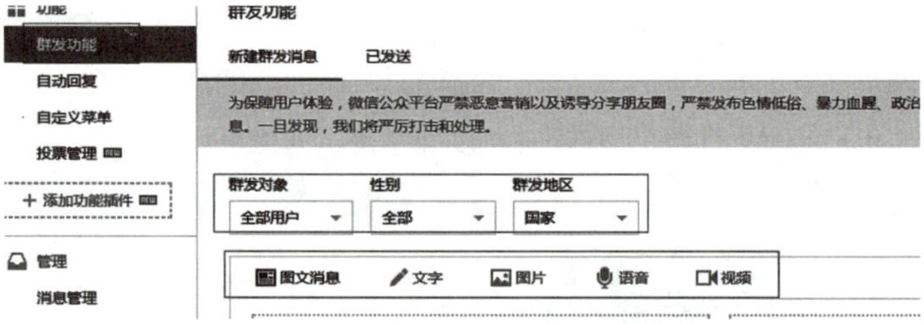

图 5-3-17 群发功能界面

2. 自动回复

步骤1：单击“自动回复”，在打开的界面中有三个选项，在“被添加自动回复”里直接编辑回复语，即欢迎语，如图5-3-18所示。欢迎语作为用户与公众号接触时的“第一印象”，其重要性不言而喻。回复内容可以是文字、图片（素材库）、语音（素材库）、视频（素材库）。

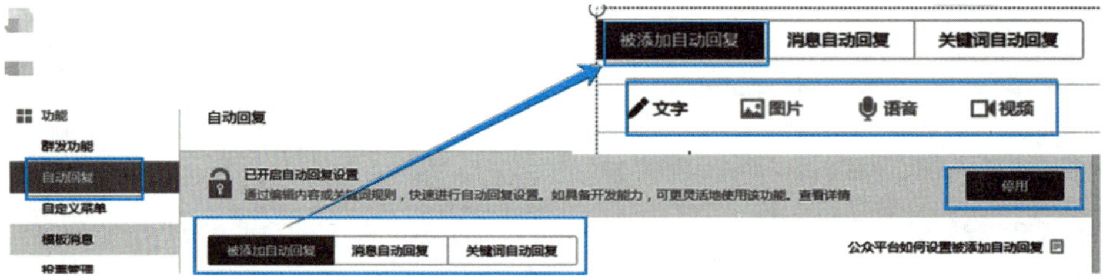

图 5-3-18 被添加自动回复

步骤2：消息自动回复是一项能对用户发出的信息进行自动回应的功能设置，如图5-3-19所示。其表现形式往往包括文字、语音、图片等。通过设置这项功能，运营者可以即时回应用户，从而增加用户与微信公众号的互动。注意：回复内容只能是文字、图片（素材库）、语音（素材库）、视频（素材库），不能发送图文，要想发送图文只能选择开发者模式。

步骤3：关键词自动回复是一种在一定规则内限定关键词的自动回复功能，如图5-3-20所示。只有当用户发送的信息包含运营者设定的关键词时，系统才能产生回复。关键词回复必须遵守以下规则：设置规则的数量上限为200条，每条规则的名称不可超出60个汉字，每条规则内的关键词不能超过10个，每条关键词不能超过30个汉字，每条规则的回复不能超过5条，每条回复不可超过300个汉字。

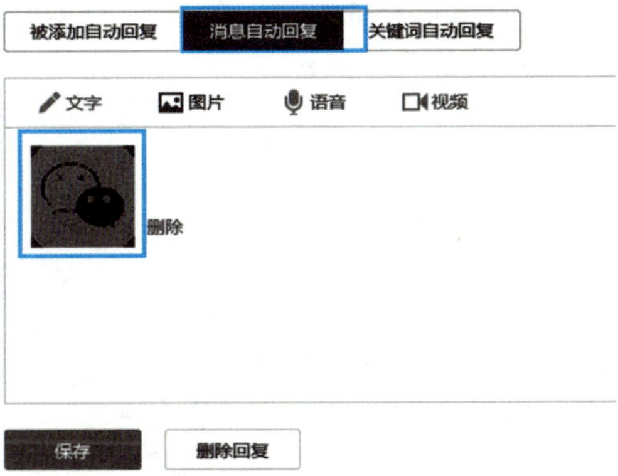

图 5-3-19　消息自动回复

图 5-3-20　关键词自动回复

3. 自定义菜单

步骤 1：菜单管理：用户可设置和自己业务及网站相关的栏目；设置动作，可直接跳转链接，可以是文字、图文等，如图 5-3-21 所示。

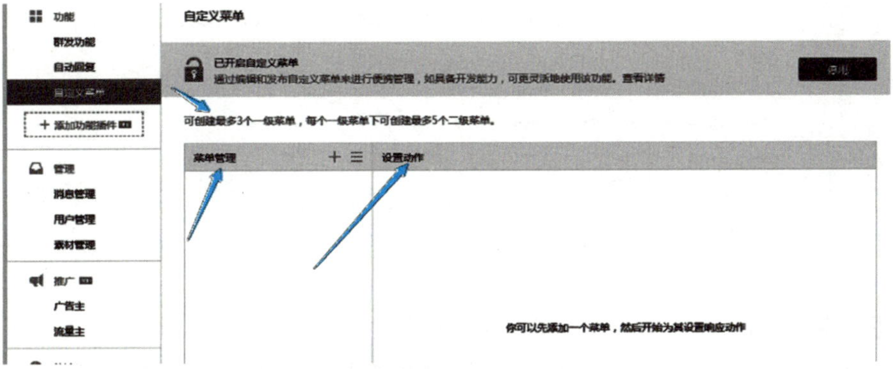

图 5-3-21　自定义菜单管理界面

步骤 2：单击“菜单管理”栏右上角的“+”按钮，弹出菜单维护页面，对菜单名称、菜单内容进行编辑，如图 5－3－22 所示。

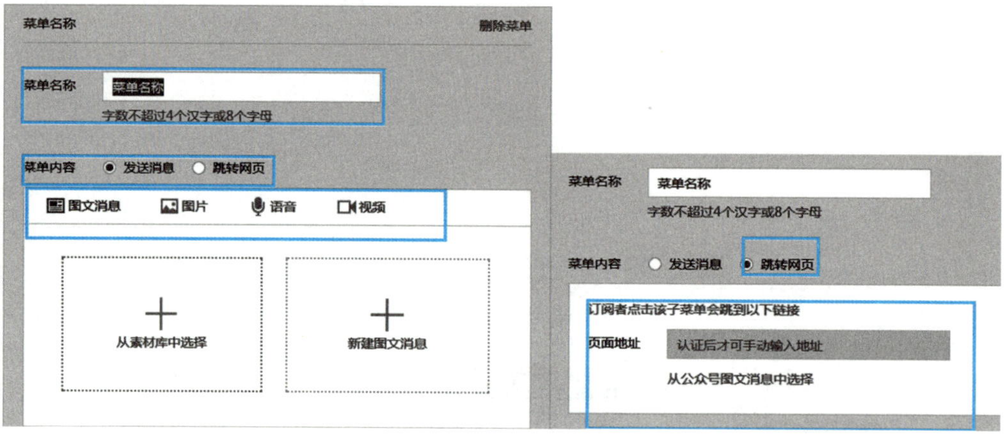

图 5－3－22　编辑菜单

（四）数据分析

1. 内容分析

数据分析中，对公众号发布内容的阅读量，甚至传播渠道（朋友圈、公众号主页、搜一搜等）和数据指标（分享、跳转阅读原文、微信收藏等）都有直观的统计，如图 5－3－23 所示。

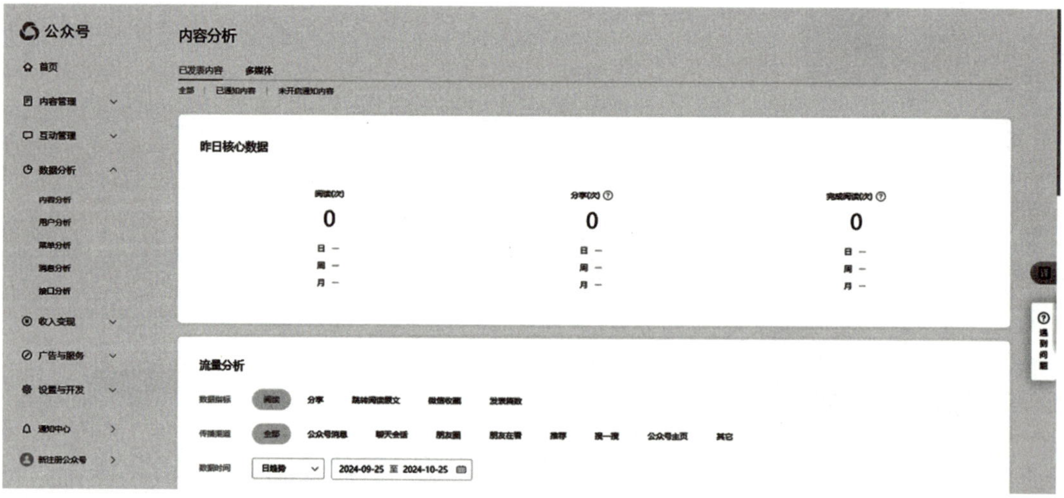

图 5－3－23　“内容分析”界面

2. 用户分析

对用户也可以进行精准的分析，如昨日新关注/取消关注人数等，甚至传播渠道（搜一搜、扫描二维码、文章页关注、名片分享等）都有直观的统计，如图 5－3－24 所示。

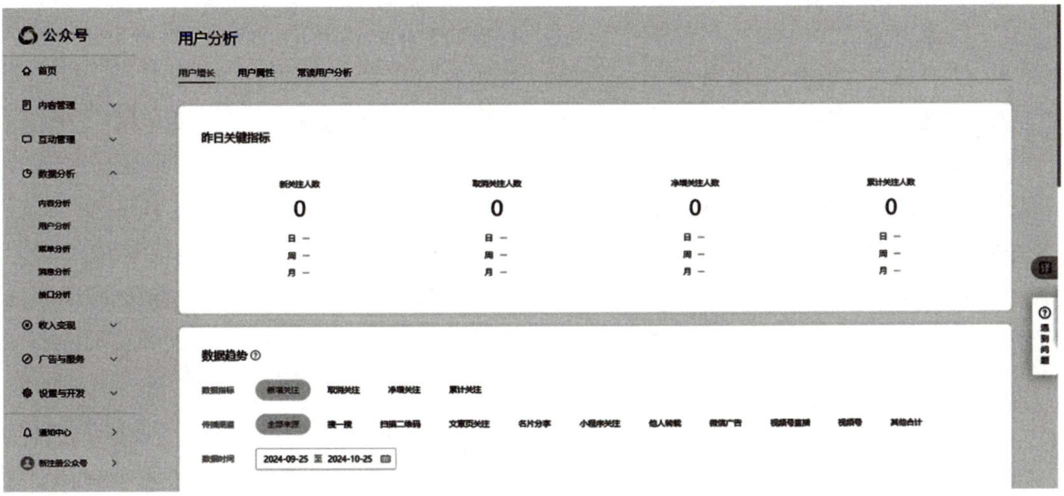

图 5-3-24 “用户分析”界面

项目小结

本项目主要对汽车微信营销的知识进行了阐述，通过任务一的学习了解微信营销的基础知识，学习微信营销公众号的分类及其名称、头像、欢迎语的基本设置，并剖析众多营销工具中微信公众号营销的优势所在；通过任务二的学习了解了汽车微信营销活动的策划内容，主要包括品牌定位策划，即对用户、内容、服务进行定位和策划，活动推送策划里不仅要对策划内容、发布时间等进行周密的设计，还要对活动的效果进行评估和总结；通过任务三的学习掌握汽车微信营销活动的实施，在软文写作过程中，首先确定好选题范围，设计出吸引读者的精准标题，匹配符合标题的高质量的公众号封面，然后利用微信公众号官网注册账号，设置群发，编辑自动回复，自定义菜单，对素材进行管理，也可以利用第三方软件辅助对图文进行排版。

同步练习

一、选择题

1. 以下哪种情况更适合使用公众号？（　　）

A. 粉丝基数大　　B. 需要管理大量客户

C. 提供更多线上服务　　D. 仅用于活动宣传，不涉及支付

2. 微信公众号在汽车营销中的主要作用不包括（　　）。

A. 发布产品信息　　B. 文件传输

C. 用户互动与管理　　D. 推广营销活动

3. 在汽车微信营销中，以下哪种行为不利于粉丝关系的维护？（　　）

A. 定期发布有价值的内容　　B. 频繁推送广告信息

C. 及时回复粉丝留言　　D. 举办互动活动

4. 汽车微信营销公众号通过哪种方式最能吸引潜在客户？（　　）

A. 提供优惠活动　　B. 发布行业动态
C. 分享企业文化　　D. 展示产品图片

5. 以下哪项不是汽车微信营销公众号应具备的功能？（　　）
A. 在线预约试驾　　B. 查询门店地址
C. 文件下载　　D. 会员积分查询

6. 汽车微信营销中，哪种内容形式最能提高粉丝参与度？（　　）
A. 长篇图文文章　　B. 短视频
C. 纯文字消息　　D. 链接到其他网站的内容

7. 在汽车微信营销中，哪种策划最能提升品牌形象？（　　）
A. 频繁推送产品广告　　B. 分享用户评价和使用体验
C. 发布公司最新动态　　D. 推送行业资讯

8. 以下哪种方式不是汽车微信营销公众号常用的吸粉手段？（　　）
A. 举办线上抽奖活动　　B. 与其他公众号互推
C. 在社交媒体上购买粉丝　　D. 提供有价值的汽车知识文章

9. 在汽车微信营销中，哪种互动方式最能增强粉丝的归属感？（　　）
A. 回复粉丝留言　　B. 举办粉丝见面会
C. 发布产品更新信息　　D. 分享行业动态

10. 以下哪种数据分析对于汽车微信营销公众号来说最重要？（　　）
A. 粉丝数量　　B. 粉丝互动频率
C. 文章阅读量　　D. 公众号关注

二、判断题

1. 微信只能用于人与人之间的沟通，不能为公司或品牌提供营销支持。（　　）
2. 汽车微信公众号营销可以精准地传达信息给目标用户。（　　）
3. 汽车微信公众号营销只能用于新车销售，不能用于售后服务。（　　）
4. 微信公众号只能通过文章推送来进行营销。（　　）
5. 汽车微信公众号营销的效果无法量化。（　　）
6. 微信公众号只能由个人注册，不能由公司或组织注册。（　　）
7. 汽车微信公众号营销只适用于年轻人群体。（　　）
8. 微信公众号营销的成本比传统媒体广告低。（　　）
9. 微信公众号营销的效果完全取决于文章的质量。（　　）
10. 汽车微信公众号营销只能在国内进行，不能跨国进行。（　　）

三、简答题

1. 简述汽车微信公众号营销的主要优势。

2. 汽车微信公众号如何构建品牌形象?

3. 简述汽车微信公众号如何提升用户黏性。

4. 如何评估汽车微信公众号营销的效果?

项目六

汽车短视频营销

学习目标

知识目标

1. 了解短视频营销的基础知识。
2. 了解短视频营销的策划流程。
3. 了解短视频制作的工作要点。

能力目标

1. 能够完成新媒体营销短视频内容的定位与策划。
2. 具备短视频拍摄与创作能力。

素养目标

1. 培养遵纪守法、规范经营的法治意识。
2. 增强民族自豪感和自信心，培养奋斗、奉献、担当的优秀品格。

思维导图

- 汽车短视频营销
  - 短视频营销的基础知识
    - 短视频营销概述
    - 常见的短视频平台
  - 汽车短视频营销活动的策划
    - 短视频的内容策划
    - 运营推广策划
  - 汽车短视频营销活动的实施
    - 短视频的拍摄
    - 后期处理与编辑

任务一　短视频营销的基础知识

任务导入

4S店的王经理发现试驾、测评、新车介绍等方面的视频非常受欢迎，把这些视频发布在短视频平台上，不仅可以增加汽车4S店的曝光度，而且可以增强用户对产品的兴趣。那么短视频有哪些特点、格式？汽车短视频营销有哪些优势？短视频平台有哪些？

知识解读

一、短视频营销概述

新媒体背景下的短视频营销，作为新时代营销领域的一股强劲力量，正以其独特的魅力和优势，深刻改变着品牌与消费者之间的互动方式。这种营销方式巧妙融合了短视频的精髓与互联网的广泛触达性，是一种既高效又富有创意的营销模式。

短视频营销的核心在于内容创新和精准策划。通过精心设计的视频内容，品牌能够巧妙地融入产品信息和品牌理念，使消费者在享受视觉盛宴的同时，潜移默化地接受品牌传播。这种营销方式不仅能够有效提升品牌的知名度和美誉度，更能够精准触达目标用户，实现高效的营销转化。

（一）短视频营销的特点

短视频作为互联网内容传播领域的新星，正逐步超越传统的文字、图片及视频形式，成为新一代信息传播的主流方式。它巧妙融合了文字、语音和动态影像等多种元素，为用户带来了一种前所未有的直观且立体的信息接收体验。新媒体短视频的特点可以归纳为如图6-1-1所示的几点。

简洁明了
- 时长通常在几秒钟到几分钟之间，省去冗长的叙述，以最简单的方式传达主要内容

内容精准
- 输入精心策划和整合，让观众在短时间内获得最大的信息价值

形式多样
- 动画、特效、快速剪辑、跳跃式剪辑等，增加了视频的趣味性

美学追求
- 借助摄影、剪辑、配乐、调色等手法，短视频能够营造出独特的视觉体验

创意突破
- 有独特的故事情节、有趣的角度、搞笑元素、情感表达等

社交分享
- 分享到社交媒体平台上，与朋友互动、讨论或产生共鸣

图6-1-1 新媒体短视频的特点

（二）短视频的格式

视频内容时长较短，可以单独成片，也可以成为系列栏目。按照生产方式的不同，短视频的格式多种多样，常见的有以下几种。

1. MP4

简介：MP4是一种使用MPEG-4的多媒体文件格式，主要用于存储音频和视频文档。

特点：MP4是一个封装格式，其内部内容可变，但通常使用H.264视频编解码器和AAC音频编解码器。MP4因具有较小的体积和画质损失，成为短视频平台最常用的格式。

2. FLV

简介：FLV是Flash Video的简称，是随着Flash MX的推出发展而来的视频格式。

特点：FLV文件极小，加载速度极快，适合在网络上进行视频文件的快速传播。它解决了视频文件导入Flash后，导出的SWF文件体积庞大，不能在网络上很好地使用的问题。

3. F4V

简介：F4V是Adobe公司为了迎接高清时代而推出的支持H.264的F4V流媒体格式。

特点：与FLV相比，F4V支持H.264编码的高清视频，码率最高可达50MB/s。在同等体积的前提下，F4V能够实现更高的分辨率，并支持更高比特率，即更清晰、更流畅。

4. AVI

简介：AVI（Audio Video Interleaved，音频视频交错）是微软发布的视频格式。

特点：AVI格式调用方便、图像质量好，压缩标准可任意选择。但AVI对视频文件采用了一种有损压缩方式，压缩比较高，因此会对画质产生一定影响。

5. WMV

简介：WMV（Windows Media Video）是微软开发的一系列视频编解码和其相关的视频编码格式的统称。

特点：WMV格式的视频文件通常具有较好的压缩率和图像质量，适合在网络上进行视频流的传输和播放。

（三）短视频营销的内容类型

1. 场景化体验类

微课视频

短视频营销的类型

场景化体验类短视频营销的核心目标是让用户身临其境地感受汽车的使用场景，强化品牌调性。其主要涵盖三大类型：一是生活方式植入型，如露营、城市通勤、商务出行等，展示汽车如何融入用户生活；二是沉浸式驾驶体验型，以第一视角拍摄驾驶过程，搭配引擎声、环境音效，增强代入感；三是极端环境测试型，展示冰雪、沙漠、涉水等极端路况下的表现，突出车辆可靠性。图6-1-2所示是某品牌车型高原爬坡挑战短视频。

2. 剧情创意类

该类短视频营销的核心目标是通过故事吸引用户，自然植入品牌或产品信息。其主要涵盖两大类型：一是幽默短剧型，以搞笑情节展示产品功能，如利用夸张翻车场景凸显汽车智能辅助驾驶，提升视频传播度；二是情感故事型，围绕亲情、友情、爱情，如

图 6-1-2 某品牌车型高原爬坡挑战短视频

某汽车品牌以“安全守护”故事展现安全性能，如图 6-1-3 所示；还有悬疑反转型，先抛出谜题，如神秘车辆背影引发猜测，结尾揭晓车型，制造话题热度，刺激用户互动讨论。

图 6-1-3 某汽车品牌以“安全守护”故事展现安全性能

素养园地

一鹿新车斩获 2024 金轩奖！创意短视频玩转汽车营销

2024 年 4 月 24 日，北京车展前夕，2024 第十届金轩奖颁奖盛典在北京举行。汽车产业互联网平台大搜车旗下一鹿新车的“上汽大通领地‘夺命救援’创意视频营销”项目凭借精准的市场洞察与创意的营销玩法，从众多进入提名的案例中脱颖而出，斩获 2024 第十届金轩奖“短视频营销奖”。

如果短视频是枪，内容就是子弹。调研发现，消费者除了关注硬派越野车型的硬朗外观和越野性能外，更加关注车辆的安全性。一鹿新车选择突出产品的安全品质，为上汽大通领地定制了短剧《区长变车记》。视频采用“夺命救援”作为内容切入点，达人化身上汽大通领地，在剧中上演了一系列诙谐的惊险救援，每场救援重点诠释了车型不同的安全性能。

信息爆炸的时代，消费者需要有质感的内容。区别于常规的卖点直给，《区长变车记》迎合短视频平台用户对于脑洞类内容的兴趣，打破固有车评人形象，让其变身为汽车，通过拟人化的创新表现手法将注意力聚焦于产品力的表现上，不断反转的剧情吸引用户全程观看，在轻松的氛围中实现产品信息的传递。

一鹿新车正通过产品新演绎、场景新塑造、用户新链接，为合作伙伴提供品效合一的营销解决方案。基于汽车数字化营销领域的强大资源布局和标杆行业案例，一鹿新车此前在金牛奖、TBI杰出品牌创新奖、金璨奖等行业活动斩获多项大奖。面对竞争激烈的市场环境，短视频和直播将是车企挺立潮头的营销利器。

资料来源：程婧．一鹿新车斩获2024金轩奖！创意短视频玩转汽车营销．业界，2024-04-25.

3. 用户互动类

该类短视频营销的核心目标是提高用户参与度，形成口碑传播。其主要涵盖三大类型：一是UGC内容征集型，鼓励车主用镜头记录真实用车场景，如某品牌汽车车主分享用车日常的短视频，以素人视角增强内容可信度，如图6-1-4所示；二是挑战赛/话题型，围绕车型特性定制创意主题，吸引用户以剧情反转等形式创作内容，实现品牌标签裂变传播；三是直播切片型，精准截取新车发布会的悬念揭晓瞬间辅以吸睛文案，通过多平台分发实现直播内容的二次流量爆发，激发用户自行转发讨论。

图6-1-4　某品牌汽车车主用车日常的短视频

4. 技术科普类

技术科普类短视频营销的核心目标是用通俗易懂的方式讲解汽车技术，提升专业形象。其主要涵盖两大类型：一是黑科技解析型，如某品牌汽车刀片电池针刺实验短视频，以慢镜头呈现穿刺后电池的稳定状态，如图6-1-5所示；二是安全测试揭秘型，

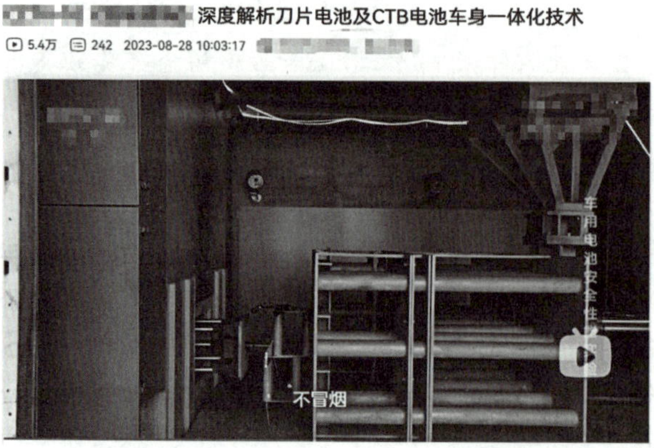

图6-1-5　某品牌汽车刀片电池针刺实验短视频

如公开碰撞测试流程，展示车身钢材强度数据，用对比实验直观呈现安全性能，让技术解读兼具专业性与传播性。

5. 品牌形象类

该类短视频营销的核心目标是深度传递品牌理念，全方位提升用户对品牌的好感度。其主要涵盖三大类型：一是品牌故事型，通过讲述品牌发展历史、工匠精神或未来愿景引发情感共鸣；二是跨界联名型，与时尚、艺术、电竞等领域展开创新合作，如某汽车品牌与游戏商联合宣传的短视频，以此吸引圈外流量，如图 6－1－6 所示；三是社会责任型，积极展示新能源应用、公益项目等，塑造负责任的品牌形象。

图 6－1－6　某汽车品牌与游戏商联合宣传的短视频

6. 热点借势类

该类短视频营销的核心目标是借助热点快速蹭流量，大幅扩大品牌曝光范围。其主要涵盖两大类型：一是节日营销型，紧扣春节“回家”、中秋“团圆”等情感主题打造短片，如某汽车品牌推出的“新年回家”温情广告，以情感共鸣触达大众，如图 6－1－7 所示；二是明星/KOL 带货型，通过邀请知名车评人或明星深度参与试驾，依托粉丝经济的强大影响力，高效拉动品牌关注度与产品传播力。

图 6－1－7　某汽车品牌推出的“新年回家”温情广告

（四）汽车短视频营销的优势

汽车短视频营销的优势主要体现在以下几个方面。

1. 视觉展示效果好

短视频能够以动态的方式全面展示汽车的外观细节，如车身线条、轮毂造型、车灯设计等。对于汽车的内饰，短视频可以展示座椅的材质、中控台的布局和各种高科技配置。比如，通过镜头聚焦在汽车座椅的加热、通风按钮上，并且演示这些功能的开启和关闭过程，让用户直观地了解汽车内饰的舒适性和功能性。

2. 精准触达目标用户

短视频平台拥有强大的数据分析能力。汽车品牌可以根据用户的年龄、性别、地域、兴趣爱好等标签，精准定位目标用户群体。例如，对于一款豪华运动型汽车，品牌可以将广告投放给年龄在 25～45 岁、对汽车性能和品牌有较高要求、男性居多且主要分布在一二线城市的用户。

3. 增强用户互动性

用户可以在短视频留言区进行评论、提问和分享。比如，用户在看到某款汽车短视频后，可以在评论区询问汽车的油耗、价格优惠情况等，品牌方或博主可以及时回复，解答用户的疑问。这种互动能够增强用户对品牌的好感度。

4. 多样化的营销内容形式

汽车评测博主可以从多个角度对汽车进行评价，包括驾驶体验、乘坐空间、配置性价比等。例如，博主会在视频中详细介绍汽车的空间大小，通过实际测量后排腿部空间和头部空间的数据，为用户提供直观的参考。

5. 传播速度快、范围广

短视频在社交平台上具有很强的传播性。一旦一个汽车短视频受到用户的喜爱，它会迅速在平台内传播，甚至可能会被其他平台转载。例如，一个展示新款概念汽车的短视频在抖音平台上发布后，可能会在短时间内获得大量的点赞和分享，然后被传播到汽车论坛、微信公众号等其他平台上。

相比传统的汽车营销方式，如车展、报纸广告等，短视频营销不受地域和时间的限制。只要用户有网络连接，就可以随时随地观看汽车短视频。例如，一位身处偏远地区的汽车爱好者，通过手机就可以看到来自世界各地汽车品牌发布的最新短视频，了解汽车行业的最新动态。

微课视频

常见的短视频平台

二、常见的短视频平台

短视频作为当代营销的重要媒介，其发展历程极为迅猛，各大平台如雨后春笋般纷纷涌现，在中国市场尤为显著。常用的新媒体短视频平台众多，它们各具特色，为用户提供了丰富多样的短视频内容。常见的短视频平台如表 6-1-1 所示。

表 6-1-1 常见的短视频平台

平台	简介	平台特点	用户特点
抖音	抖音是一个基于用户兴趣推荐的短视频社交平台，以其独特的推荐算法和个性化的用户体验而受到广大用户的喜爱。在抖音上，企业可以通过发布短视频来展示产品或服务，吸引用户的关注。抖音还提供了广告投放功能，企业可以选择投放广告来增加曝光度	1. 操作便捷，体验感好。 2. 内容优质，用户众多。 3. 重视营销，赋能电商。 4. 视频风格偏向爽感内容、泛娱乐短视频，节奏快且猎奇吸睛	1. 男女均衡，30 岁以下用户占比为 55%。 2. 商业化链条完善，几乎集结了所有商业化变现的路径
快手	快手是另一个受欢迎的短视频社交平台，与抖音类似，也以其独特的推荐算法和个性化的用户体验著称。不同的是，快手更加注重用户的互动和社交功能。企业可以在快手上发布短视频来展示产品或服务，并与用户进行互动，提高用户的参与度	1. 搞怪、趣味性内容较多，内容更加下沉，如“鸡汤”段子、正能量标语型内容。 2. 有很强的“直播”氛围，粉丝黏性较高。 3. 对短视频广告审核较严，社交和直播相关产品通常不被允许	1. 用户主要集中在小城市和农村，消费能力相对不高，高单价产品不易成交。 2. 接地气的人设更具优势，信任电商氛围浓厚
小红书	小红书是一个以用户分享购物心得和生活方式为主题的社交平台，女性用户占比大，且以高价值用户为主。企业可以在小红书上发布短视频来展示产品，并与用户进行互动，提高用户的参与度。小红书的短视频营销尤其适合美妆、服装、食品等消费品行业	1. 分享、“种草”氛围浓厚，用户对广告性质信息不敏感，广告多以内容的形式呈现。 2. 视频风格偏向有价值的干货和各行业有用信息	1. 女性占比大，偏年轻化。 2. 高学历人群、大城市用户比重高。 3. 用户付费能力强、付费意愿高
哔哩哔哩	哔哩哔哩是国内知名的视频弹幕网站，拥有庞大的用户群体和活跃的社区氛围。企业可以在哔哩哔哩网站上发布与品牌或产品相关的短视频，并通过弹幕、评论等方式与用户进行互动	1. 以二次元文化、游戏、动画、漫画等领域为主题。 2. 提供弹幕评论系统，用户可以在观看视频时发送实时评论。 3. 鼓励用户创作原创内容，如自制动画、音乐、游戏等	1. 拥有庞大的用户群体和活跃的社区氛围。 2. 用户对 ACG 文化有较高的认同感和归属感

续表

平台	简介	平台特点	用户特点
西瓜视频	西瓜视频是字节跳动旗下的中视频平台，以“点亮对生活的好奇心”为口号。该平台通过人工智能帮助用户发现和享受自己喜欢的视频内容，并帮助视频创作者轻松地向全世界分享他们的作品。西瓜视频鼓励多样化创作，致力于创造更高的价值	1. 投入技术研发，推动平台在内容推荐、交互体验、数据分析等方面的创新，为用户提供更好的使用体验。 2. 运用智能推荐算法，根据用户的喜好和行为，推荐相关的内容，提升用户的个性化体验	1. 男性和女性之间的比例接近平衡。 2. 用户年龄分布相对广泛，年轻用户对于时尚、娱乐和潮流文化感兴趣，同时，也有一定数量的中老年用户，他们对生活、健康、养生等方面的内容有较高需求

任务二　汽车短视频营销活动的策划

任务导入

如果你是某4S店的销售人员，本店将在线上平台为新上市车型拍摄一个短视频，需要组建一个拍摄团队，并编写脚本。你知道拍摄团队的结构规划吗？编写脚本需要哪些技巧呢？

知识解读

一、短视频的内容策划

（一）团队搭建

汽车短视频策划团队的搭建是一个系统工程，需要综合考虑团队结构、成员技能、协作方式等多个方面。一个详细的团队搭建方案如表6-2-1所示。

表6-2-1　团队搭建方案

结构	组成人员	负责事项	技能要求
团队核心	由团队负责人、策划总监等关键角色组成	负责确定团队的整体方向和策略，确保团队高效运转	需要具备卓越的策略规划能力，能够制定详细的产品销售目标与策略，并确保团队能够达成销售业绩目标

续表

结构	组成人员	负责事项	技能要求
策划团队	由经验丰富的汽车内容策划人员组成	负责短视频内容的创意策划、脚本编写等工作	深入了解汽车行业，具备敏锐的市场洞察力。具备良好的创意能力和文案撰写能力。熟悉短视频平台的用户喜好和观看习惯
拍摄团队	由摄影师、灯光师、录音师组成	负责短视频的拍摄工作，确保画面质量、音效和灯光效果达到最佳状态	熟练掌握摄影技巧，具备丰富的拍摄经验。具备良好的灯光和音效控制能力。熟悉不同场景下的拍摄技巧
后期制作团队	由视频剪辑师、特效师、调色师等组成	负责短视频的后期剪辑、特效制作、调色等工作，提升视频的整体视觉效果	熟练掌握视频剪辑软件和特效制作工具。具备良好的色彩感知能力和审美能力。能够快速高效地完成视频后期制作工作
运营与推广团队	熟悉短视频平台运营规则和推广策略的人员	负责短视频的发布、推广和数据分析	熟悉短视频平台的运营规则和推广策略。具备良好的数据分析能力和市场洞察力。能够制订有效的推广计划并监测数据效果

（二）选题策划

在进行汽车短视频营销选题策划时，需要关注多个方面以确保内容既吸引人又能有效传达品牌信息。

1. 产品展示与评测

新车发布：及时发布新车型的介绍视频，包括外观设计、内饰配置、性能参数等。

专业评测：邀请汽车专家或知名 KOL 进行新车评测，提供客观、全面的产品评价。

对比评测：将不同车型进行对比评测，突出各自的优势和特点，帮助用户做出购车决策。

2. 驾驶体验与生活方式

试驾体验：分享真实的试驾感受，包括操控性能、舒适度、油耗等方面的体验。

生活方式：展示汽车如何融入用户的日常生活，如自驾游、城市通勤、家庭出行等场景。

个性化定制：介绍汽车的个性化定制选项，如车身颜色、内饰风格、座椅布局等，满足用户的个性化需求。

3. 技术解析与创新

技术前沿：介绍汽车行业的最新技术趋势，如自动驾驶、车联网、新能源等。

技术解析：深入解析汽车的核心技术，如发动机技术、底盘技术、安全技术等。

创新应用：展示汽车技术在日常生活中的应用案例，如智能语音助手、远程控制等。

4. 品牌故事与文化

品牌历史：讲述汽车品牌的发展历程，增强用户对品牌的认知和情感认同。

企业文化：展示汽车企业的核心价值观和企业文化，如环保理念、社会责任等。

用户故事：分享真实车主的用车故事和感受，增强品牌的口碑和信任度。

知识视界

汽车短视频营销案例：比亚迪《在一起，才是中国汽车》

背景

2023 年 8 月 9 日，比亚迪第 500 万辆新能源汽车正式下线，成为全球首家达成这一里程碑的车企。这不仅对于比亚迪来说是一座全新的里程碑，而且对中国汽车品牌的发展具有巨大的激励和鼓舞作用。为此，比亚迪决定通过一系列营销活动来庆祝这一重要时刻，并传递中国汽车产业的发展决心。

短视频营销内容

比亚迪发布了一支具有情怀和抱负感的短片《在一起，才是中国汽车》。短片从我国汽车产业的发家史开始说起，按照历史先后顺序，提到了中国一汽、东风汽车等我国第一批汽车制造厂，它们为中国的汽车产业打下了坚实的基础。同时，短片也通过时间顺序提及了我国的各大汽车品牌，展示了中国汽车产业的艰辛发展历程和取得的辉煌成就。

在短片中，比亚迪不仅讲述了自己第一辆汽车出厂的历史，更是对中国汽车产业的发展脚步进行了回顾和总结。短片在最后向消费者和与产业发展相关的受众表达了中国汽车发展的决心，将国产汽车品牌提高到感动人心、释放情怀的高度，激起了每一个观看短片的观众对国产汽车的骄傲和自豪感。

素养元素融入

爱国情怀：短片通过回顾中国汽车产业的发展历程，激发了观众的爱国情怀。观众在了解中国汽车产业从无到有、从弱到强的过程中，感受到了国家的强大和民族的自豪感。

社会责任感：比亚迪作为国产汽车品牌的代表，通过短片传递了企业的社会责任感。比亚迪不仅关注自身的发展，还心系整个中国汽车产业，展现了大品牌的格局和气度。

团结协作：短片中提及了多个国产汽车品牌，展示了它们在中国汽车产业中的团结协作精神。这种团结协作的精神也是素养教育中的重要内容，鼓励人们在工作中相互支持、共同进步。

创新精神：比亚迪作为新能源汽车领域的领军企业，通过短片展示了其在技术创新方面的努力和成果。这种创新精神也是素养教育所倡导的，鼓励人们不断追求进步和创新。

营销效果

品牌曝光度提升：短片通过各大社交平台的传播，提升了比亚迪的品牌曝光度，让更多的人了解了比亚迪和中国汽车产业的发展。

受众情感共鸣：短片中的情怀和抱负感引发了受众的情感共鸣，让受众对国产汽车品牌产生了更强烈的归属感和自豪感。

资料来源：佚名．比亚迪《在一起，才是中国汽车》短片营销传播．搜狐汽车·汽车咖啡馆，2024-08-18.

5. 市场趋势与行业动态

市场趋势：分析汽车市场的最新趋势和变化，如新能源汽车市场的增长、二手车市场的兴起等。

行业动态：报道汽车行业的最新动态和新闻，如车展活动、新车上市等。

政策解读：解读与汽车行业相关的政策法规，如排放标准、购车补贴等。

6. 互动与参与

挑战赛：发起与汽车相关的挑战赛活动，如驾驶技巧挑战、汽车知识问答等，吸引用户参与和互动。

用户互动：鼓励用户分享自己的用车体验和感受，通过评论、点赞、转发等方式进行互动。

有奖活动：举办有奖活动，如抽奖、答题赢奖品等，提高用户的参与度和黏性。

（三）明确目标与定位

在汽车短视频制作过程中，明确定位是确保内容精准触达目标用户、提升观看体验和实现有效传播的关键，通过深入分析目标受众、确定内容定位、明确品牌或产品定位、利用差异化定位及持续优化与调整，可以制作出更符合目标用户需求的汽车短视频内容，提升品牌影响力和市场竞争力。

1. 定位垂直

在汽车短视频领域，内容定位的首要任务是明确垂直领域和目标客户群体。汽车市场庞大且多元化，涵盖了从经济型轿车到豪华型 SUV，再到新能源汽车等多个细分市场。为了精准定位，策划团队需要深入研究市场，了解不同细分市场的特点和目标客户群体的需求。

2. 标签垂直

在确定了垂直领域和目标客户群体后，正确选择和使用标签变得尤为重要。标签是短视频在社交媒体平台上被用户发现和推荐的关键。通过大数据和用户画像分析，策划团队可以了解到目标客户群体的需求和兴趣点，从而选择合适的标签来优化视频的传播效果。

3. 内容垂直

内容垂直化也是提升汽车短视频吸引力的关键。内容制作需要与汽车主题紧密相关，突出汽车的特点和优势。同时，通过创意和情感元素的融入，可以打造更具吸引力的内容，让观众产生共鸣。

最后，持续定期更新原创优质内容是培养用户忠诚度、增加用户黏性的关键。一个账号只有不断提供有价值的内容，才能够吸引并留住用户。因此，策划团队需要保持对市场的敏锐洞察力和创新能力，不断挖掘新的选题和创意点，确保内容的持续性和新鲜感。同时，也要注重与用户的互动和反馈收集，根据用户的需求和反馈不断优化内容制作和发布策略。

（四）脚本编写与准备

短视频脚本作为短视频拍摄的大纲和要点规划，是短视频策划与创作的核心所在。它如同指挥棒一般，引领着编导、摄影和剪辑等各个环节的工作，确保短视频的高效拍摄和主题的精准传达。虽然短视频的时长较短，但是优质短视频的每一个镜头都是经过精心设计而创作出来的。时间、地点、人物、画面、镜头、景别、服装和道具等，都是根据脚本进行设计的。为了打造更具吸引力的短视频，要具备以下三个策划技巧，如表 6－2－2 所示。

表 6－2－2　短视频策划技巧

策划技巧	含义	案例
出人意料的结局	剧情反转作为一种叙事手法，通过打破观众的心理期待，创造出令人意想不到的结局，从而引发观众的好奇心和探究欲	从外观看上去普普通通的智能汽车，但其内部搭载了多项 ADAS 技术，甚至可以实现无人驾驶的功能
热点追踪	需要提高响应速度和效率，迅速制作出相关视频。此外，预判热点也是一项重要的技能。短视频营销者需要具备敏锐的时代嗅觉，及时、准确地进行预判，并提前“蹭热点”，制作出与热点话题相关的短视频	如某款汽车自燃等突发事件，这些热点虽然难以预测，但热度往往来得快去得也快
内部运作	这类短视频通常以揭秘行业内幕、曝光行业黑幕或分享行业干货为主要内容，通过生动、有趣的形式吸引观众的注意力，满足他们的好奇心和求知欲	如新能源汽车动力蓄电池的生产、驱动电机与燃油发动机性能的区别

微课视频

汽车短视频营销的运营推广流程

二、运营推广策划

汽车短视频营销的运营推广是一个综合性的过程，涉及多个环节和策略。以下是一些关键的运营推广步骤和策略，以满足观众日益多样化的需求。

（一）选择合适的短视频平台

1. 抖音

用户基数庞大，流量巨大。适合制作时长较短、节奏明快的汽车短视频，如15～60s的汽车外观展示或有趣的汽车小知识分享。可以通过抖音的挑战赛等活动，吸引用户参与，扩大影响力。

2. 哔哩哔哩

用户群体以年轻人为主，对知识类和深度内容接受度高。更适合发布较长、更专业的汽车评测视频或汽车文化解读视频，如10～30min的经典汽车历史回顾系列。

3. 快手

内容风格较为多样，接地气。可以发布汽车改装案例、二手车交易技巧等内容，吸引不同层次的汽车用户。

（二）优化视频标题和标签

1. 标题

简洁明了：汽车短视频的标题应简洁明了，能够迅速传达视频的主题，避免冗长和复杂的句子结构，让观众一目了然。

吸引眼球：使用疑问句、惊叹句或带有强烈情感色彩的词汇，如“震撼发布”“独家揭秘”等，以激发观众的好奇心，促使他们点击观看，如图6-2-1所示。

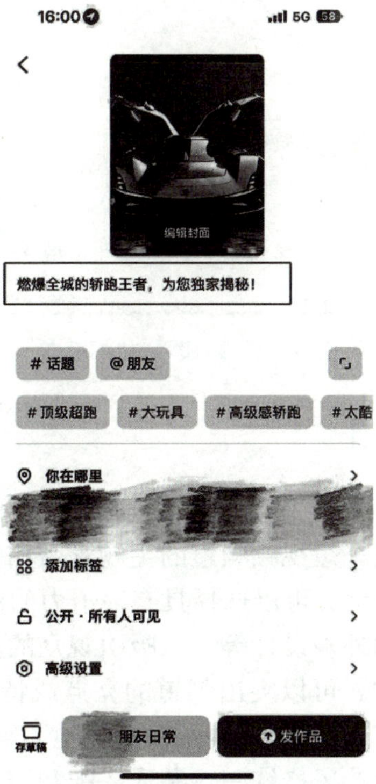

图6-2-1　吸引眼球的标题

突出亮点：在标题中突出视频的亮点或独特之处，如“全新××车型首秀”“××车评人深度评测”等，以吸引目标观众的注意。

利用数字：数字具有直观性和易记性，如“5 分钟了解××车型”“××车型十大卖点”等，能够迅速传达信息并吸引观众。

结合热点：紧跟汽车行业或相关领域的热点话题，将热点与视频内容相结合，提高标题的时效性和吸引力。

2. 标签

精准选择：选择与视频内容紧密相关的标签，确保标签能够准确描述视频的主题和特色。避免选择与视频内容无关或过于宽泛的标签。

热门标签：关注短视频平台上的热门标签和流行趋势，选择一些热门话题或流行词汇作为标签，以增加视频的曝光机会。

排列顺序：将最重要的标签放在前面，可以提高搜索引擎的识别率，让视频在相关搜索中更容易被找到。

避免堆砌：不要过度堆砌标签，以免降低标签的权重和效果。选择几个最相关、最具代表性的标签即可。

某平台通过“#”+视频相关内容，即可弹出相关热门标签，如图 6-2-2 所示。

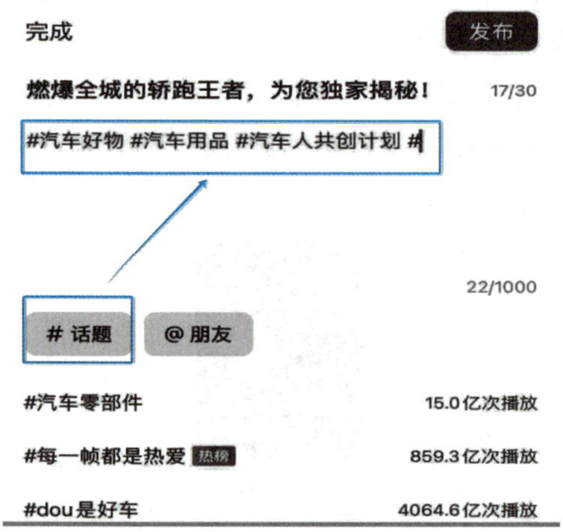

图 6-2-2　添加热门标签

（三）频道封面和简介设计

1. 封面

紧扣主题：封面图应与汽车短视频频道的主题紧密相关，能够直观反映频道的内容方向和特色，如图 6-2-3 所示。可以选择具有冲击力的汽车画面作为封面，如流线型的车身、豪华的内饰、独特的外观设计等，以吸引观众的注意力。

突出亮点：在封面设计中，可以突出频道的亮点或特色内容，如“新车评测”“经典车型回顾”“汽车生活技巧”等，让观众一目了然地了解频道的核心价值。

风格统一：封面设计应保持风格统一，色彩搭配和谐，符合频道的整体形象。可以

图 6-2-3 紧扣主题的封面

使用品牌色或行业色作为主色调，以增强频道的识别度和品牌感。

文字简洁：封面上的文字应简洁明了，能够迅速传达频道的信息。可以使用频道名称、口号或简短描述作为文字内容，避免冗长和复杂的句子结构。

遵循规范：封面设计应遵循短视频平台的规范和标准，确保封面尺寸、格式等符合要求。避免使用过于模糊、低俗或违规的图片和文字内容。

2. 简介

明确定位：简介应明确频道的定位和目标用户，如“专注于汽车评测、新车发布的短视频频道”“为汽车爱好者提供全方位汽车资讯的短视频平台”等，如图 6-2-4 所示。

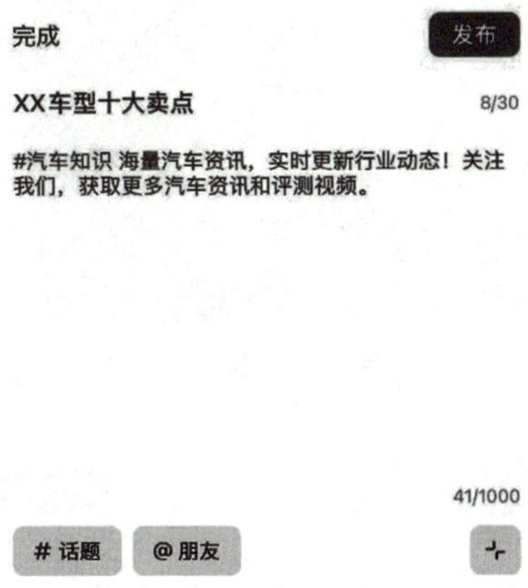

图 6-2-4 明确定位的简介

突出特色：在简介中突出频道的特色内容或优势，如“专业评测团队，深度解读每一款车型”“海量汽车资讯，实时更新行业动态”等。

简洁明了：简介应简洁明了，避免冗长和复杂的句子结构。使用简短、有力的语句来传达频道的核心价值和特色。

吸引关注：可以在简介中加入一些吸引观众关注的元素，如“快来加入我们，一起探索汽车世界的奥秘吧！”“关注我们，获取更多汽车资讯和评测视频”等。

避免夸大：在撰写简介时，应避免夸大其词或虚假宣传。真实、客观地描述频道的内容和服务，以赢得观众的信任和认可。

（四）用户互动与社群建设

1. 评论区互动

及时回复用户的评论和提问，建立良好的互动关系。如果用户对汽车评测中的某个观点提出质疑，要以客观、专业的态度进行解答。例如，用户询问汽车油耗测试的具体工况，博主可以详细说明测试的道路条件、驾驶方式等因素。

2. 举办问答活动

定期举办汽车知识问答活动，鼓励用户参与。可以在视频结尾预告问答活动的主题和时间，如“下周三我们将进行汽车保养知识问答活动，欢迎大家踊跃参加，答对有小礼品哦”。活动期间，通过评论区或专门的问答平台收集用户问题，并及时回答。

3. 建立汽车爱好者社群

可以通过微信群、QQ群或者在短视频平台建立专属的粉丝群，如图 6-2-5 所示。在社群中分享汽车相关的资讯、提前预告视频内容，并且组织线下汽车活动，如汽车聚会、车展参观等。这不仅可以增强用户黏性，还能让用户之间相互交流，扩大社群影响力。

图 6-2-5　短视频平台建立粉丝群

（五）合作与推广策略

1. 与汽车品牌商合作

与汽车品牌商合作可以获得更多的资源支持，可以为汽车品牌商制作宣传视频，如新车发布会视频、品牌活动记录等。汽车品牌商也可能会提供车辆试驾机会、广告费用等资源作为回报。

2. 与汽车相关商家合作

与汽车改装店、汽车配件商、汽车美容店等合作。例如，在视频中推荐汽车改装店的优质服务，汽车改装店可以为博主提供改装案例素材或者一定的经济回报。同时，与汽车配件商合作推出专属的优惠码，通过博主的视频引流，用户使用优惠码购买配件时，博主和配件商可以实现双赢。

3. 跨领域合作

与旅游博主合作制作汽车自驾游系列视频（见图 6－2－6），或者与科技博主合作介绍汽车科技产品。这种跨领域合作可以拓宽用户群体，吸引更多原本对汽车不太关注的用户。

图 6－2－6　与旅游博主合作制作短视频

任务三　汽车短视频营销活动的实施

任务导入

某 4S 店的销售人员与同事一起完成了六方位环车介绍的短视频拍摄，在后期用某软件对视频进行了剪辑和制作，在团队合作中收获了友谊和快乐，也掌握了很多汽车专业知识，提升了自身的业务能力。

知识解读

一、短视频的拍摄

（一）拍摄技巧

在实际拍摄过程中，除了要准备高质量的拍摄设备，还要涉及多个方面的拍摄技巧，如表 6-3-1 所示。比如，在进行“六方位环车”介绍中，对于车前方拍摄，要使用广角镜头拍摄汽车全貌，展现前脸的整体设计。通过调整拍摄角度和光线，突出照明系统的亮度和设计感。使用微距镜头拍摄细节部位，展现精细工艺。掌握这些技巧并灵活运用它们，可以大大提升短视频的质量和观赏性。

表 6-3-1　拍摄技巧

运镜技巧		定义	作用	应用场景
基础运镜技巧	推镜头	镜头由远及近，逐渐靠近被摄物体	突出主体，引导观众视线聚焦，增强视觉冲击力	常用于短视频开头或结尾，以及需要强调某个细节或人物时
	拉镜头	镜头从近到远，逐渐远离被摄物体	展示环境，交代人物与环境的关系，营造氛围	用于展现广阔的场景或表现人物离开的画面
	摇镜头	镜头在固定位置做上下、左右或周围的旋转拍摄	展现多个画面，介绍环境，增加视频的动感和趣味性	适合拍摄山水风景、城市楼宇等大场景，以及需要逐一展示多个景物时
	移镜头	镜头跟随被摄物体或人物进行水平或垂直方向的移动拍摄	表现人物与环境的关系，产生身临其境的感觉	常用于房地产介绍、旅游风光展示等
	跟镜头	镜头始终跟随被摄物体或人物进行拍摄	突出主体，表现主体的运动轨迹和速度	适合拍摄奔跑的动物、行走的人物等运动场景
进阶运镜技巧	环绕镜头	镜头围绕被摄物体进行圆周运动拍摄	全方位展示被摄物体，增加视频的动感和能量	常用于拍摄建筑物、人物等，突出其全貌和立体感
	升降镜头	镜头在垂直方向上进行上下移动拍摄	表现高度和空间感，增强视频的层次感	适合拍摄大场面的场景，如广场、舞台等
	甩镜头	镜头从一个被摄物体迅速甩向另一个被摄物体	作为场景变化的手段，不露剪辑的痕迹，增加视频的流畅性	常用于短视频的转场或切换画面时

（二）防抖技巧

防抖在摄影和视频拍摄中扮演着至关重要的角色，它直接关系到最终作品的清晰度和观赏性。以下是对防抖技巧的进一步阐述和补充。

1. 选择合适的拍摄场地

平整、坚硬的地面是拍摄的理想选择，因为这样的地面可以提供稳定的支撑，减少因地面不平或松软而导致的抖动。

避免选择崎岖不平或应尽量避免容易晃动的地面，如草地、沙滩或松软的泥土等，这些地面会增加拍摄时的抖动风险。应尽量避免风大的场地，因为强风会直接影响拍摄设备的稳定性，导致画面模糊或抖动。

2. 使用云台、三脚架或稳定器

云台、三脚架和稳定器是拍摄时常用的防抖设备，它们可以有效地固定相机，减少因手持拍摄而产生的抖动。

根据拍摄场景和需求，选择合适的防抖设备。例如，三脚架适用于静态拍摄，而云台和稳定器则更适合动态拍摄。在使用这些设备时，要确保它们被正确地安装和调试，以达到最佳的防抖效果。

3. 注意拍摄姿势

对于手机和小型摄像机，正确的拍摄姿势对于减少抖动至关重要。第一种方法利用左手和右肩形成三角支撑，右手则将手机或摄像机放在左手的手肘上，这样可以有效地分散重量并减少抖动。第二种方法则是将两手臂紧贴在腰部，两手紧紧握住设备，形成三角支撑，同样可以提供稳定的拍摄环境。

4. 使用设备自带的防抖设置

现代相机和手机通常都配备了防抖功能，这些功能可以在一定程度上减少因手持拍摄而产生的抖动。在拍摄前，请确保已开启设备的防抖功能，并熟悉其使用方法。

5. 使用定时、声控或蓝牙等拍摄功能

如果拍摄时不需要移动防抖设备，可以考虑使用定时、声控或蓝牙等拍摄功能来进一步减少抖动。定时拍摄功能允许用户在按下快门后的一段时间内自动拍摄照片，这样可以避免因手动按下快门而产生的抖动。

声控拍摄功能则允许用户通过声音指令来控制拍摄，同样可以减少因手动操作而产生的抖动。蓝牙拍摄功能则允许用户通过远程控制器来拍摄照片或视频，这样用户就可以在远离设备的情况下进行拍摄，进一步减少抖动。

二、后期处理与剪辑

选用专业或易用的视频剪辑软件进行后期处理与剪辑，如 Adobe Premiere Pro、Final Cut Pro、剪映等。按照脚本进行剪辑，确保视频内容紧凑、连贯。修剪不必要的片段，调整剪辑顺序，使视频节奏明快。添加过渡效果、字幕、音乐等元素，提升视频的观赏性和专业感。

市面上的短视频剪辑软件很多，这里将以剪映计算机端为例，讲解短视频的剪辑和处理技巧。

（一）添加/删除图像和视频/音频素材

步骤1：打开剪映，在主界面单击“开始创作”按钮，进入素材添加界面，单击“导入”按钮。编辑界面主要分5块内容，分别是菜单栏、素材库、预览面板、选项面板、时间线面板，如图6-3-1所示。

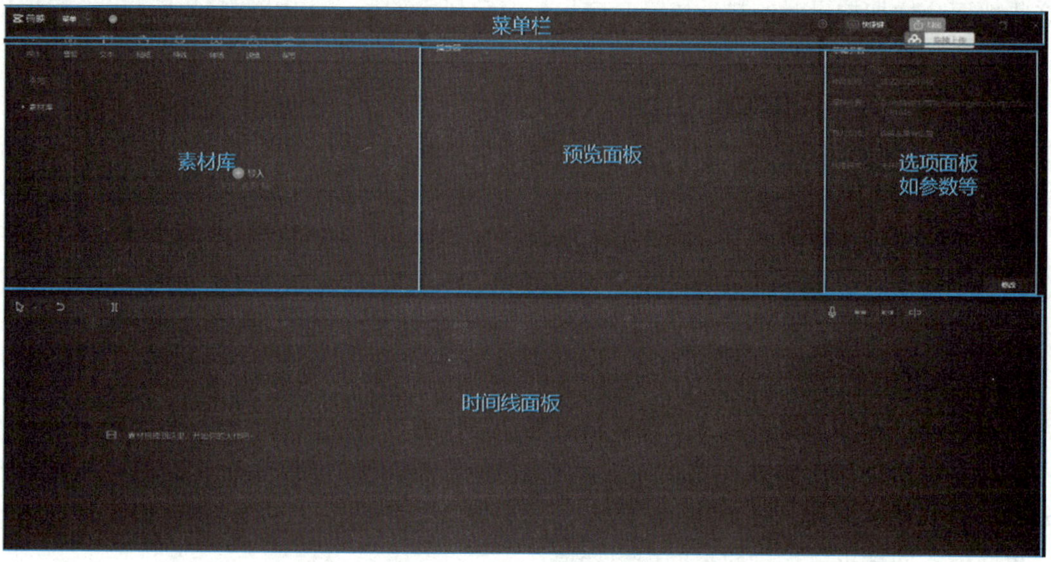

图6-3-1　剪映主界面

步骤2：单击“导入”按钮，导入所需素材，单击素材右下角的“+”按钮，如图6-3-2所示。

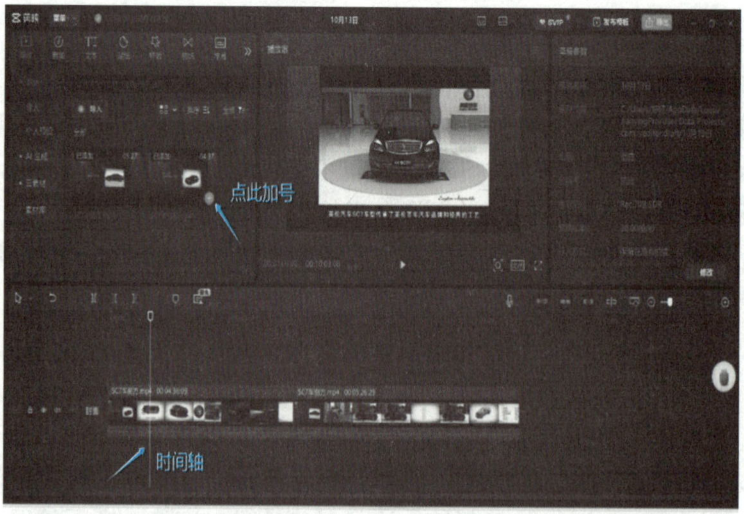

图6-3-2　导入所需素材

步骤3：如需删除某个素材，选中素材后按“Delete”键或“Backspace”键，或者单击垃圾桶按钮（见图6-3-3）。

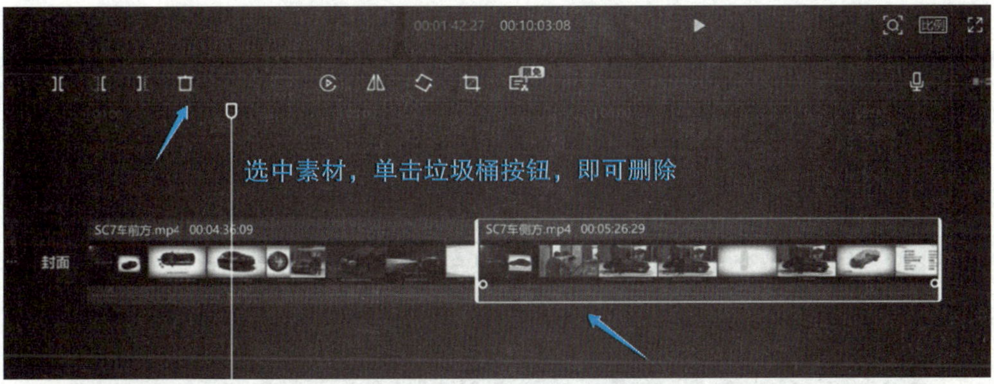

图 6-3-3　删除素材界面

步骤 4：若要调整素材时长，在被选中的状态下，按住素材的尾部，向左拖动可使片段在有效范围内缩短，素材的持续时间变短，如图 6-3-4 所示。

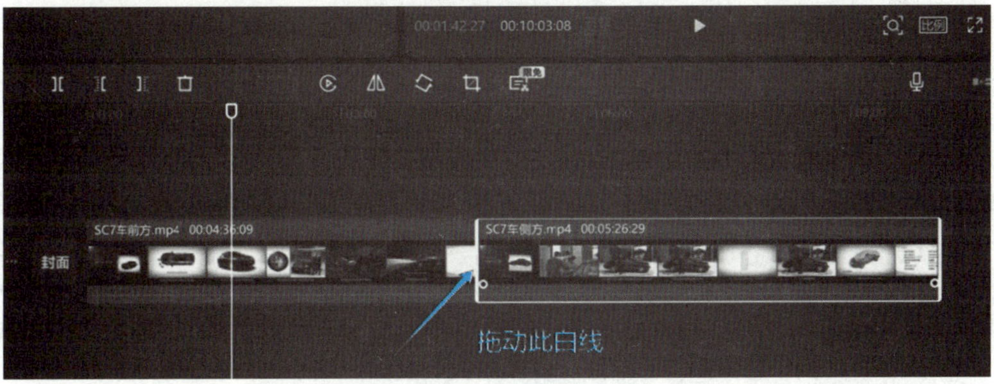

图 6-3-4　调整素材时长

步骤 5：导入音频素材。导入音频素材到素材库，同视频素材一样，既可以选择本地导入也可以通过内置的音频素材下载后应用，如图 6-3-5 所示。

图 6-3-5　导入音频素材界面

这里同样可以用单击“+”按钮或者拖曳的方式进行添加，但是需要注意的是音频素材只能添加到默认轨道的下方，即使拖曳到上方也会自动移动到默认轨道的下方。成功插入音频素材如图 6－3－6 所示。

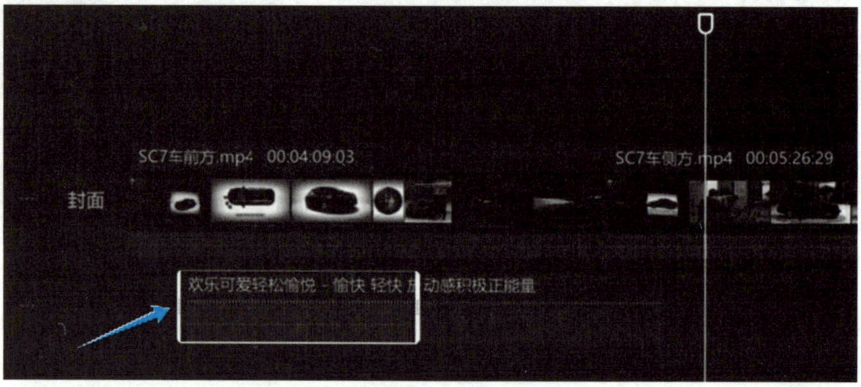

图 6－3－6　成功插入音频素材

（二）视频的美化

步骤 1：在素材被选中的状态下，单击右上方的“画面”→“基础”按钮，在“位置大小”选项组中，可以对画面进行“缩放”“位置”“旋转”等操作；在“混合”选项栏中，还可以根据实际需要选择“变量”“绿色”“变暗”“叠加”“强光”“柔光”“颜色加深”“线性加深”“颜色减淡”“正片叠底”等模式，以及进行透明度的调整。如果要添加动画效果，单击右上方的“动画”。剪映为用户提供了“入场”“出场”“组合”等动画效果。以“入场”为例，剪映提供了渐显、轻微放大、放大、缩小、向左滑动、向右滑动、抖动变焦等多种动画效果，根据需要选择合适的动画效果。视频美化界面如图 6－3－7 所示。

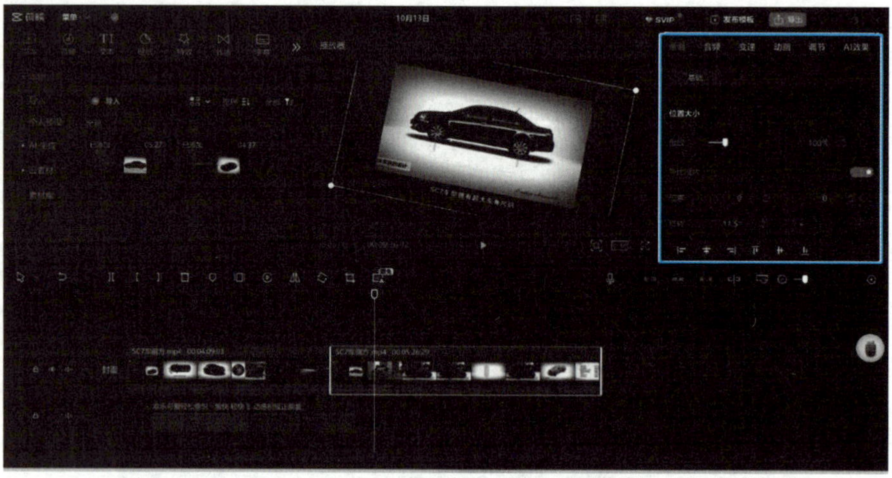

图 6－3－7　视频美化界面

步骤 2：添加字幕。单击操作界面左上角的“文本”按钮（见图 6－3－8），系统提供了大量的文本样式，选择合适的文本样式，单击样式右下角的“+”按钮即可把该样式添加到轨道。这里同样可以用单击“+”按钮或者拖曳的方式进行添加，需要注意的是音频素材只能添加到默认轨道的上方，而且必须先添加一段视频素材或者图片素材，添加后可以在预览面板中显示添加的文字样式，可以进行文本内容的修改（即放大处理或者角度的更改）。添加字幕界面如图 6-3-9 所示。

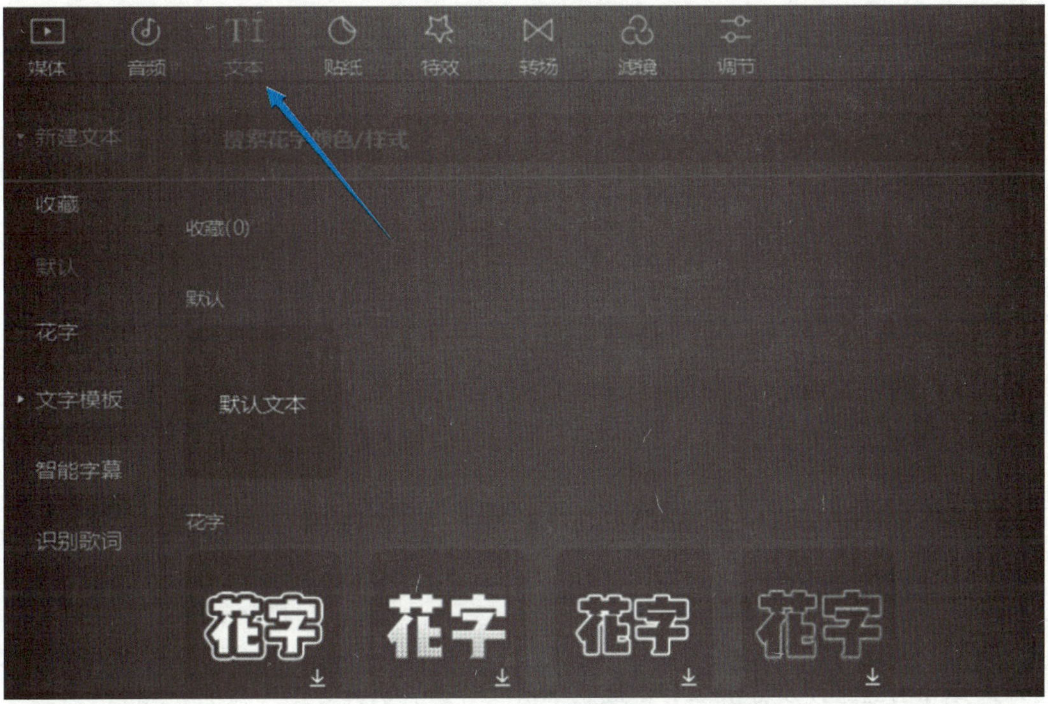

图 6-3-8　添加文本

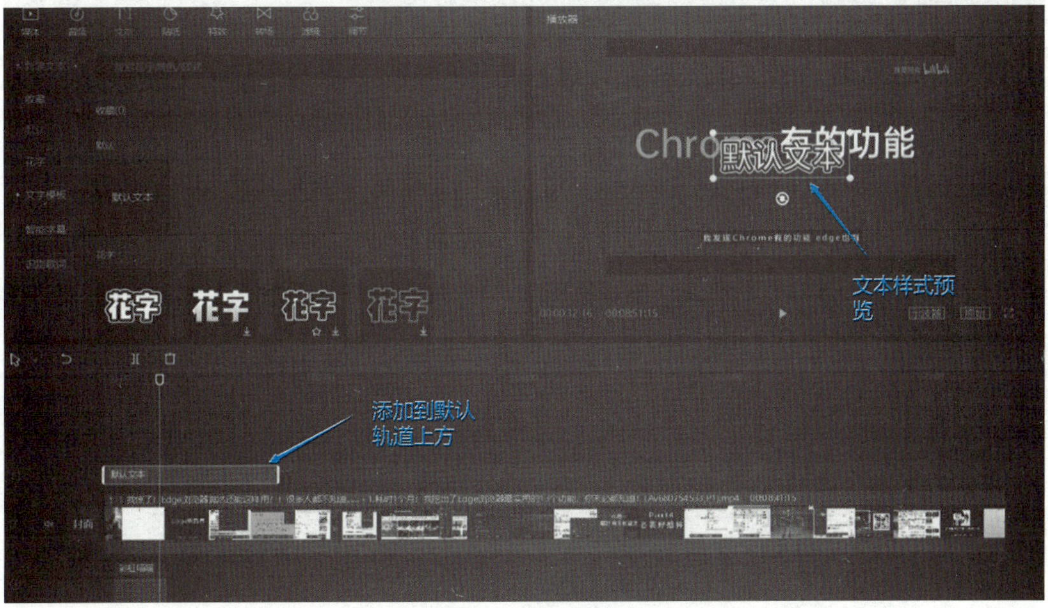

图 6-3-9　添加字幕界面

步骤 3：识别字幕。在“文本”菜单中有“智能字幕”功能，单击“智能字幕”按钮，既可以识别视频中的人声，自动生成字幕，还可以输入音频对应的文稿，自动匹配画面，如图 6－3－10 所示。选中需要识别的音频，然后单击“开始识别”或“开始匹配”按钮，加载一段时间后就会出现结果。

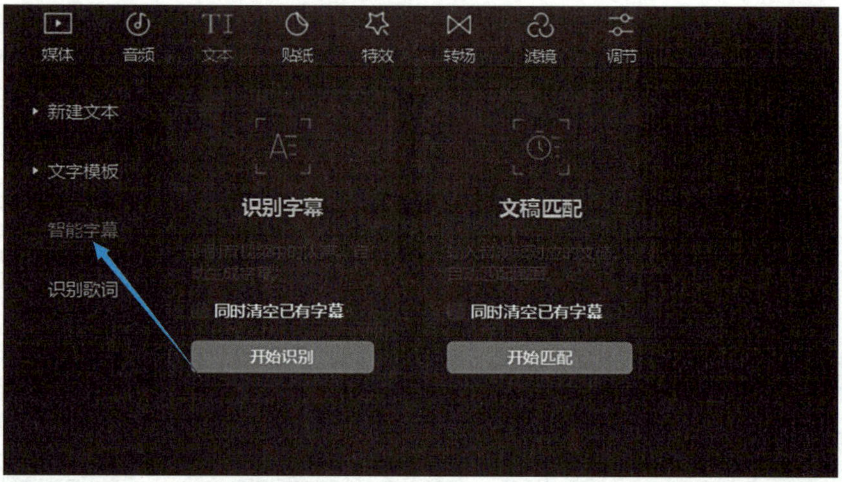

图 6－3－10　智能识别字幕

（三）保存并导出

单击菜单栏右上方的“导出”按钮，弹出“导出”对话框，可以设置短视频标题，选择导出的路径及分辨率等，最后单击“开通会员并导出”按钮，如图 6－3－11 所示。

图 6－3－11　保存并导出

项目小结

本项目主要从汽车短视频营销方面进行了阐述，任务一中分别对短视频营销的含义、特点、格式、内容类型和优势方面对短视频营销的基础知识进行了系统的讲解，并介绍了常见的短视频平台的特色和用户特点；任务二从短视频拍摄的团队搭建、选题策划、内容策划方面对短视频的内容策划进行了全面的学习，并了解了运营推广的策划内容；任务三阐述了短视频的拍摄技巧，并用剪映软件对短视频进行后期处理与编辑，最终完成短视频营销活动的实施。

同步练习

一、选择题

1. 在短视频平台上，汽车企业为了吸引用户关注和分享，常常会发布哪种类型的视频内容？（　　）

A. 枯燥的产品介绍视频　　B. 有创意、有价值的视频内容

C. 长篇文章的解读　　D. 用户评论和反馈

2. 短视频营销对于汽车企业的重要性体现在哪些方面？（　　）

A. 仅能增加品牌知名度

B. 仅能增加产品销量

C. 覆盖潜在客户，提高营销效果和转化率

D. 仅能增加用户黏性

3. 以下哪个不是汽车短视频营销可以包含的内容方向？（　　）

A. 汽车评测和试驾视频　　B. 汽车保养知识视频

C. 电视剧片段　　D. 互动性营销活动视频

4. 以下哪项数据表明用户对新能源汽车的关注度在上升？（　　）

A. 新能源汽车搜索量同比下降

B. 新能源汽车视频完播率较低

C. 新能源汽车视频平均播放时长较短

D. 新能源汽车搜索量同比增长

5. 在短视频平台上，哪个年龄段的人群对二手车内容的搜索最为活跃？（　　）

A. 18～25 岁　　B. 25～35 岁

C. 35～45 岁　　D. 45～55 岁

6. 哪种类型的短视频在快手平台上播放量和关注度最高？（　　）

A. 汽车评测及教学类视频　　B. 汽车日常和售卖内容

C. 汽车展览视频　　D. 新能源汽车推广视频

7. 快手平台上的汽车视频内容主要吸引了哪类用户的关注？（　　）

A. 老年用户　　B. 青少年用户

C. 国内外车展的参展商　　D. 对汽车有兴趣的广泛用户群体

8. 以下哪项不是汽车短视频营销中常用的互动手段？（　　）

A. 邀请用户猜车型　　B. 发布汽车保养知识问答
C. 举办线下车展活动　　D. 邀请用户参与有奖竞猜

9. 在汽车短视频营销中，哪个环节对于提高营销效果至关重要？（　　）
A. 视频拍摄地点的选择
B. 视频内容的创意和吸引力
C. 视频发布的时间点
D. 视频剪辑技术的专业程度

10. 哪种类型的汽车视频在快手平台上更容易引起用户评论和互动？（　　）
A. 新能源汽车视频
B. 二手车视频内容
C. 豪华品牌汽车展示视频
D. 汽车评测及教学类视频（若考虑互动量，通常与话题性和争议性相关）

二、判断题

1. 短视频营销不适合汽车行业。（　　）
2. 汽车短视频营销只能展示汽车的外观和内饰。（　　）
3. 在短视频平台上发布汽车广告不需要考虑平台算法。（　　）
4. 汽车短视频营销无法与用户进行互动。（　　）
5. 汽车短视频营销的成本高于传统广告。（　　）
6. 所有类型的汽车都适合进行短视频营销。（　　）
7. 汽车短视频营销的效果可以立即显现。（　　）
8. 汽车短视频营销不需要考虑用户画像。（　　）
9. 汽车短视频营销只能通过短视频平台进行。（　　）
10. 汽车短视频营销不需要进行数据分析。（　　）

三、简答题

1. 简述汽车短视频营销的主要优势。

2. 在进行汽车短视频营销时，如何选择合适的短视频平台？

3. 如何制作高质量的汽车短视频广告？

4. 汽车短视频营销的效果如何评估和优化？

项目七

汽车新媒体营销矩阵

学习目标

知识目标

1. 了解汽车新媒体营销矩阵的概念、作用和类型。
2. 理解打造新媒体营销矩阵的要点。

能力目标

1. 具备对汽车新媒体运营状况进行分析的能力。
2. 具备构建新媒体营销矩阵的基本能力。

素养目标

1. 养成独立思考的习惯，培养正确的媒体价值观念。
2. 树立合作共享、积极创新的营销价值观。

思维导图

- 汽车新媒体营销矩阵
  - 初识汽车新媒体营销矩阵
    - 汽车新媒体营销矩阵的概念
    - 汽车新媒体营销矩阵的作用
    - 汽车新媒体营销矩阵的类型
    - 打造汽车新媒体营销矩阵的要点
    - 打造新媒体营销矩阵对新媒体营销人员的能力要求
  - 汽车新媒体营销矩阵的构建
    - 分析汽车新媒体运营状况
    - 细分目标市场需求
    - 选择新媒体平台
    - 布局新媒体矩阵
    - 创建人格化账号

任务一　初识汽车新媒体营销矩阵

任务导入

某汽车 4S 店计划通过新媒体营销手段提升品牌知名度和销售业绩，综合运用多种新媒体平台进行综合运营，组织部门营销团队学习营销矩阵的构建，那么汽车新媒体营销矩阵的概念、类型及构建要点是什么呢？对营销人员能力有哪些要求呢？

知识解读

一、汽车新媒体营销矩阵的概念

汽车新媒体营销矩阵是指汽车企业或相关营销主体，为了实现品牌推广、产品销售等营销目的，综合运用多种新媒体平台，通过相互协同和有机整合而形成的一种多维度营销系统。

（一）多渠道布局

汽车新媒体营销矩阵首先在多个新媒体平台上进行布局，包括社交媒体（如微博、微信等）、短视频平台（如抖音、快手等）、汽车专业论坛、博客、新闻网站及移动应用等。这些平台各自拥有不同的用户群体和特点，通过多渠道布局可以确保品牌信息能够覆盖到更广泛的受众。

（二）内容多样化

在构建营销矩阵时，汽车企业需要创作和发布多样化的内容，以满足不同平台用户的需求和偏好。这包括文字、图片、视频、直播、音频等多种形式的内容，以及深度报道、产品评测、用户故事、互动问答等多种类型的内容。通过内容多样化，可以吸引更多用户的关注和兴趣，提高品牌的知名度和影响力。

（三）统一品牌形象

尽管在不同平台上运营，但汽车企业需要确保展示的品牌形象和定位是一致的。这包括品牌标识、色彩搭配、语言风格等方面的一致性，以建立品牌的辨识度和记忆点。通过统一的品牌形象，可以加强用户对品牌的认知和信任，提高品牌的忠诚度。

（四）精准定位与互动

汽车新媒体营销矩阵还需要针对不同平台的特点和用户行为习惯，进行精准定位和互动。通过分析用户数据和市场趋势，企业可以了解不同平台用户的需求和偏好，从而制定差异化的营销策略和互动方式。

（五）数据监测与优化

构建汽车新媒体营销矩阵的过程中，汽车企业需要持续监测和分析数据，包括用户行为数据、流量数据、转化率数据等。通过数据分析，可以了解不同平台的效果和用户的反馈，从而及时调整和优化营销策略。例如，对于表现不佳的平台或内容，可以进行改进或调整；对于表现优秀的平台或内容，则可以加大投入和推广力度。

知识视界

流量突围丨新媒体矩阵如何助力车企实现营销破局？

随着中国汽车市场从增量市场向存量市场的转变，市场空间挤压导致竞争更加激烈。在这样的“淘汰赛”时代，车企想要实现营销破局，获得流量的同时提升品牌的市场地位，抢夺更多“用户”，就需要进行更加精细化的管理运营。

在数字化浪潮下，新媒体矩阵不仅是车企信息传递的新通道，更是塑造品牌形象、增强市场敏感度和用户黏性的关键渠道，以其快速、便捷、互动性强等特点，逐渐成为汽车行业营销的主战场。

多元化矩阵平台重塑用户力

社交媒体、短视频平台、直播等新媒体渠道，均可以与用户产生双向沟通。车企可以通过内容种草＋互动激活＋组件设置的矩阵布局更加精准地触达用户，让车企更好地了解市场动态和用户需求，提高用户忠诚度和用户黏性。

矩阵建设：满足用户多样化需求

遵循“用户行为在哪里，营销目标就在哪里”的规律，通过拥有巨大流量的新媒体平台传播品牌和产品能给车企带来巨大用户潜能。目前汽车行业的用户需求更加多元，他们倾向于通过新媒体这一渠道来获取最新、最全面的汽车消息，包括新车发布、技术解析、购车指南、汽车品牌、产品力、性价比、口碑等，消费者希望通过这些内容对所购产品进行全面的评估和比较。

车企通过布局新媒体平台，建立完善的新媒体矩阵，可以更加精准地定位目标用户，实现个性化营销和精准推广。通过不同方式和内容形式的矩阵搭建，实现全渠道覆盖，即时发布关于品牌和产品的最新消息，打造内容和平台多样性，从而有效满足车企用户多变的需求，与用户形成更紧密的关系和互动。

矩阵建设：增强用户线索留存

多方面营销布局，能够吸引更多的用户目光，可以帮助品牌终端构建线上获客能力，实现品牌声量与销量百倍增长。与传统渠道不同，新媒体矩阵获客在获取用户线索与提高销售转化方面优势更明显，抛掉单一的线索渠道，通过企业新媒体矩阵覆盖全网，打通地域、时间、渠道限制，加强线索留存精确性，并且可以高效完成线索中转，避免线索流失。

资料来源：佚名．流量美国|新媒体矩阵如何助力车企实现营销破局？搜狐汽车，2024－08－12.

二、汽车新媒体营销矩阵的作用

汽车新媒体营销矩阵在当今数字化营销环境中扮演着至关重要的角色，它对于汽车品牌来说具有多重作用。

（一）品牌曝光度与知名度提升

通过在新媒体平台上建立多个账号，汽车品牌可以扩大其在线影响力，增加品牌曝光度，矩阵中的不同账号可以发布多样化的内容，吸引不同类型的受众，从而全面提升品牌的知名度。

（二）目标受众精准定位

新媒体平台通常拥有庞大的用户群体和详细的数据分析能力。汽车品牌可以利用这些平台的数据分析工具，对目标受众进行精准定位，实现更加个性化的营销传播。

（三）内容创新与互动增强

营销矩阵中的不同账号可以承担不同的内容创作任务，如产品介绍、用户体验分享、活动预告等。这种多样化的内容创作能够激发用户的兴趣，同时增强用户与品牌之间的互动，提升用户黏性。

（四）风险分散与品牌保护

在多个新媒体平台上建立账号可以分散品牌对单一平台的依赖，降低因平台政策变化或突发事件导致的风险。同时，通过在不同平台上发布内容，汽车品牌可以建立更加全面的品牌形象，提升品牌的抗风险能力。

（五）营销效果评估与优化

新媒体平台通常提供丰富的数据分析工具，帮助品牌评估营销效果。汽车品牌可以根据数据分析结果，对营销策略进行调整和优化，以实现更加精准的营销传播和更高的投资回报率。

（六）口碑传播与品牌忠诚度提升

通过在新媒体平台上发布优质的内容和与用户的互动，汽车品牌可以建立良好的口碑。口碑传播是品牌忠诚度提升的重要因素之一，而营销矩阵中的不同账号可以共同促进口碑的形成和传播。

（七）跨平台整合营销

汽车品牌可以利用营销矩阵实现跨平台的整合营销，将不同平台上的资源和优势进行互补和整合。通过跨平台营销，汽车品牌可以扩大营销活动的覆盖面，提升营销效果。

三、汽车新媒体营销矩阵的类型

汽车新媒体营销矩阵的类型可以分为横向矩阵、纵向矩阵及横纵联合矩阵。对这三种类型的详细解释如表 7－1－1 所示。

表 7－1－1　汽车新媒体营销矩阵的类型

矩阵类型	含义	特点	优势
横向矩阵	横向矩阵指的是在同一内容类型下，实现多平台发布和多平台布局。这种策略比较适合需要迅速扩大品牌影响力和知名度的企业	同一内容，多平台发布，即在不同的新媒体平台上发布相同或相似的内容，以扩大品牌的曝光度和覆盖面。多平台布局，即在不同的新媒体平台上建立账号，形成品牌在新媒体领域的广泛布局	扩大品牌知名度，通过多平台发布相同的内容，可以增加品牌的曝光机会，提高品牌的知名度。在多个平台上建立账号，可以降低对单一平台的依赖，减少因平台政策变化或账号被封等风险带来的损失
纵向矩阵	纵向矩阵指的是在少量平台的基础上，做更加有深度的布局，也被称为内矩阵	深度布局，即在某个或某几个新媒体平台上进行深度的内容创作和运营，以提高用户黏性和转化率。根据不同的平台特点和用户偏好，创作多样化的内容，以满足不同用户的需求	提高用户黏性，通过深度的内容创作和运营，可以吸引用户的关注，提高用户的黏性和活跃度。精准营销，根据平台特点和用户偏好进行内容创作，可以实现更精准的营销，提高转化率
横纵联合矩阵	横纵联合矩阵则是将横向矩阵和纵向矩阵相结合，形成全方位、多层次的新媒体营销体系	综合布局，即在多个新媒体平台上进行广泛的布局，同时在某些平台上进行深度的内容创作和运营，协同作用。通过不同平台之间的协同作用，可以实现品牌在不同平台上的互补和相互促进	全方位覆盖，通过综合布局，可以实现品牌在新媒体领域的全方位覆盖，提高品牌的知名度和影响力。提高营销效果，通过不同平台之间的协同作用，可以实现更高效的营销，提高转化率和用户满意度

四、打造汽车新媒体营销矩阵的要点

在日益激烈的市场竞争中，汽车企业纷纷探索新媒体营销矩阵的构建，以期实现品牌传播和销售转化的双重提升。下面将从内容差异化运营、整合营销和矩阵联动、资源倾斜和运营精力分配三个方面，详细探讨汽车新媒体营销矩阵的构建与运营策略。

（一）从内容出发，进行差异化运营

汽车企业在打造新媒体营销矩阵时，应首先明确各平台的深耕方向和受众特点，进行差异化运营。不同平台的内容表达方式应有所不同，以适应各自平台的用户需求和传播特点。

差异化运营并不意味着完全摒弃在多平台分发相同内容的做法。相反，企业应在保持核心内容一致性的基础上，根据不同平台的传播特点和受众需求，进行内容的微调和优化。在重大宣传节点，如新车发布、车展活动等，各平台账号应同时发力，形成矩阵联动效应，共同提升品牌知名度和影响力。

（二）注重整合营销和矩阵联动

汽车新媒体营销矩阵的构建，不仅是多个账号的简单堆砌，更重要的是要实现账号间的相互协作和资源整合。企业应充分利用矩阵的优势，将不同平台的资源、用户和数据进行整合，形成强大的营销合力。

此外，企业还可以与其他品牌、KOL 或达人进行合作，共同创作内容或举办活动，以扩大品牌的影响力和覆盖面。通过整合营销和矩阵联动，汽车企业可以实现品牌传播效果的最大化。

（三）注意资源倾斜和运营精力分配

新媒体营销矩阵的构建和运营需要更多的人力和资金支持。然而，由于账号众多，企业很难做到每个账号都优秀。因此，企业需要在资源分配上有所倾斜，将主要精力和资源集中在重点平台上。

一般来说，企业可以选择 2～3 个具有较大影响力和用户基础的平台进行重点运营，如微信公众号、抖音、微博等。在这些平台上，企业应充分利用企业的核心优势资源，如产品优势、技术优势、品牌优势等，打造具有竞争力的内容和服务。

五、打造新媒体营销矩阵对新媒体营销人员的能力要求

企业要想做好新媒体营销矩阵，离不开一群有能力的新媒体营销人员。新媒体营销人员要想在新媒体领域中脱颖而出，需要具备以下 4 项核心能力。

（一）平台的理解能力

新媒体营销人员需要对各大新媒体平台有深入的了解，包括平台的用户特点、内容偏好、传播机制及算法规则等。这种理解能力有助于他们更好地制定和执行营销策略，确保内容能够精准地触达目标用户，提高营销效果，如表 7 - 1 - 2 所示。

表 7 - 1 - 2　对平台的理解

平台内容	含义
用户特点	了解不同平台的用户群体特征，如年龄、性别、地域、兴趣等，有助于制定更具针对性的营销策略
内容偏好	掌握不同平台用户对内容类型的偏好，如短视频、图文、直播等，有助于创作更符合用户口味的内容
传播机制	理解平台的传播机制，如推荐算法、社交关系链等，有助于优化内容的传播路径，提高曝光率
算法规则	熟悉平台的算法规则，如内容审核、流量分配等，有助于避免违规行为，确保内容的合规性

（二）跨平台整合能力

新媒体营销人员需要具备跨平台整合的能力，能够将不同平台上的资源进行有效整合，形成协同效应，提高整体营销效果，如表7-1-3所示。

表7-1-3 整合平台的内容

整合内容	具体做法
账号整合	将企业在不同平台上的账号进行统一管理，确保品牌形象的一致性
内容整合	根据不同平台的特点，创作和分发适合该平台的内容，形成内容矩阵
活动整合	策划和执行跨平台的营销活动，如联合推广、互动活动等，提高用户参与度和黏性
数据整合	将不同平台上的数据进行汇总和分析，为营销策略的制定提供数据支持

（三）平台数据驱动营销的能力

新媒体营销人员需要具备平台数据驱动营销的能力，能够利用平台提供的数据分析工具，对营销效果进行实时监测和分析，并根据数据反馈调整营销策略，如图7-1-1所示。

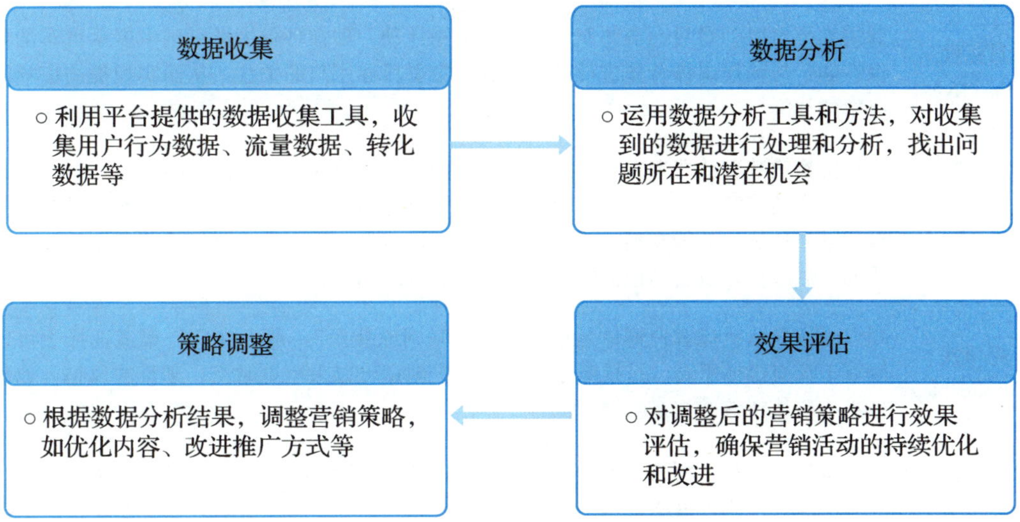

图7-1-1 平台数据驱动营销

（四）构建用户画像的能力

用户画像是线上营销不可或缺的重要工具。它能够帮助我们更好地理解用户、满足用户需求，并提升营销活动的效率和效果。因此，在每一次营销活动之前，我们都应该认真构建并优化用户画像，确保营销策略能够精准地触达目标用户群体。

微课视频

如何构建用户画像

1. 注意要点要素

在构建用户画像时，营销人员应遵守“PERSONAL”要素，即基本性（Primary）、同理性（Empathy）、真实性（Realistic）、独特性（Singular）、目标性（Objectives）、数量性（Number）、应用性（Applicable）和长久性（Long），如表7-1-4所示。

表7-1-4 “PERSONAL”要素

要素	在汽车营销中的应用
基本性（Primary）	对于汽车营销来说，基本性特征可能包括消费者的年龄、性别、地域、职业等人口统计学信息，以及购车预算、车型偏好等与汽车购买直接相关的要素
同理性（Empathy）	了解到消费者购买汽车是为了满足家庭出行需求，营销人员可以在宣传中强调汽车的空间舒适性、安全性及家庭友好的配置，如宽敞的后排空间、儿童安全座椅接口等
真实性（Realistic）	通过分析销售数据发现某款汽车在特定地区的销售情况不佳，不能主观臆断是价格问题，而应该结合当地的经济水平、消费习惯、竞争环境等真实因素进行分析
独特性（Singular）	对于高性能驾驶爱好者，营销重点可以放在汽车的动力系统、操控性能等方面；对于环保群体，则突出新能源汽车的环保技术和政策优势；对于实用型消费者，强调汽车的价格实惠、油耗低、维修成本低等特点
目标性（Objectives）	营销人员可以针对目标群体制定具体的营销活动，如在环保主题活动中展示汽车的环保性能，与科技媒体合作进行产品评测，吸引目标用户的关注，从而实现提高市场占有率的目标
数量性（Number）	发现价格敏感型消费者在汽车市场中占比为30%，而品牌忠诚型消费者占比为20%。在制定营销策略时，对于占比较大的价格敏感型消费者群体，可以考虑推出更多的促销活动和性价比高的车型；对于品牌忠诚型消费者，重点在于维护品牌形象和提供优质的售后服务，以提高他们的忠诚度和消费频次
应用性（Applicable）	用户画像显示目标客户群体是年轻的“互联网原住民”，那么在广告渠道选择上可以侧重于社交媒体平台、短视频平台等；广告创意可以采用更时尚、潮流的风格，如制作带有酷炫特效的汽车短视频广告
长久性（Long）	汽车市场受到技术创新（如新能源技术、自动驾驶技术）、政策变化（如新能源汽车补贴政策、排放标准政策）、社会趋势（如共享经济、环保意识增强）等多种因素的影响

（1）基本性（Primary）。用户画像应聚焦于用户最基本、最关键的特征。这些特征是理解用户行为和需求的核心要素，能够为营销决策提供基础支撑。

（2）同理性（Empathy）。营销人员需要站在用户的角度去思考和感受，深入理解用户的情感、动机和痛点。这种同理性能够使营销活动更贴合用户的实际需求，增强用户对品牌的认同感。

（3）真实性（Realistic）。用户画像必须基于真实的数据和实际情况，不能虚构或夸大用户的特征。真实的用户画像才能为营销活动提供可靠的依据，避免营销决策的失误。

(4) 独特性 (Singular)。每个用户画像都应该代表一个具有独特需求和行为模式的用户群体，能够与其他群体区分开来。这样可以帮助营销人员针对不同的群体制定差异化的营销策略。

(5) 目标性 (Objectives)。用户画像应该与营销目标紧密结合，明确每个用户群体对于实现营销目标的价值和作用。这有助于营销人员合理分配营销资源，提高营销效率。

(6) 数量性 (Number)。用户画像不仅要有质的描述，还要有一定量的体现。了解每个用户群体的规模大小、市场占比等数量信息，能够帮助营销人员评估市场潜力和营销投入产出比。

(7) 应用性 (Applicable)。用户画像要具有实际的应用价值，能够直接指导营销活动的策划、执行和评估。从广告创意、渠道选择到促销策略，都应该根据用户画像来进行设计。

(8) 长久性 (Long)。用户画像不是一次性的工具，而是需要长期维护和更新的。随着市场环境、用户需求和消费行为的变化，用户画像也应该随之调整，以保持其有效性。

2. 数据采集

汽车消费者画像的基础数据采集是一个复杂而细致的过程，需要综合运用多种方法和手段来确保数据的全面性、准确性和有效性。只有这样，才能构建出精准的用户画像，为汽车企业的市场营销、产品研发和服务优化等决策提供有力支持。数据采集的内容及方法如表 7-1-5 所示。

表 7-1-5 数据采集的内容及方法

采集内容	
基本信息	包括消费者的年龄、性别、地域、职业、收入、婚姻状况、家庭类型等。这些信息有助于了解消费者的社会属性和经济能力，从而更准确地把握其购车需求和偏好
购车需求	涉及消费者对车型、价格、配置、颜色、动力等方面的需求。通过收集这些数据，可以了解消费者的具体购车意愿和期望，为产品开发和市场定位提供依据
购车行为	包括消费者的购车频次、购车渠道、购车时间等。这些数据有助于分析消费者的购车习惯和偏好，以及市场趋势和竞争态势
服务需求	涵盖消费者对售后服务、保养服务、金融服务等方面的需求。通过了解消费者的服务需求，可以优化服务流程和内容，提升服务质量和效率
采集方法	
问卷调查	通过设计和发放标准化的问题表，收集大量目标群体的信息和意见。问卷调查具有快速、方便、低成本的优势，适用于收集消费者的基本信息、购车需求和服务需求等
深度访谈	通过与目标个体进行长时间、开放式的对话，收集其深层次的信息和意见。深度访谈可以获取更丰富、更细致的数据，有助于探索消费者的购车动机、心理和需求等
数据挖掘	利用技术手段从大量数据中提取有价值的信息。数据挖掘可以分析消费者的上网行为、购买记录等，从而发现潜在的购车需求和服务需求
场景模拟	通过模拟消费者的购车场景和使用场景，收集其在实际操作中的数据和反馈。场景模拟有助于了解消费者的真实需求和体验，为产品优化和服务改进提供依据

3. 消费特征

用户画像是对一群人做特征描述和共性特征的提炼，需要从显性画像和隐性画像两个方面入手。

（1）显性画像。显性画像主要基于消费者可以直接观察或容易获取的信息来构建，这些信息通常是客观、具体且易于量化的，如图 7-1-2 所示。

图 7-1-2　显性画像

（2）隐性画像。隐性画像则更多地依赖于对消费者深层次心理、态度和价值观的挖掘和理解，这些信息通常是主观、抽象且难以直接量化的，如图 7-1-3 所示。

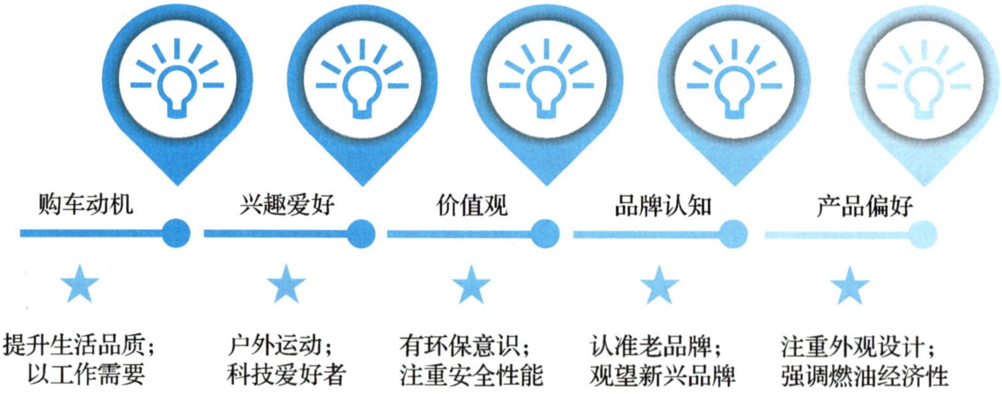

图 7-1-3　隐性画像

任务二 汽车新媒体营销矩阵的构建

任务导入

某 4S 店的新媒体营销团队对营销矩阵的基本知识有所学习后，尝试在多家新媒体平台进行运营，但是营销过程中遇到了一些问题，如用户参与度低、转化率不高等。部门经理要求营销团队成员继续学习剖析营销战略，构建用户图像等方式构建营销矩阵，并能够通过对新媒体营销数据进行分析，找出问题所在，并提出优化建议。

知识解读

一、分析汽车新媒体运营状况

（一）自身品牌新媒体运营状况分析

1. 平台账号梳理

首先要对品牌现有的新媒体账号进行全面梳理，包括在社交平台（如微博、微信）、短视频平台（如抖音、快手）、汽车垂直平台（如汽车之家、易车）等各个平台的官方账号。记录账号的基本信息，如账号名称、账号类型（品牌官方账号、经销商账号等）、粉丝数量、关注数量等。

2. 内容表现评估

对过去发布的内容进行分类统计，包括图文、视频、直播等不同形式的内容数量。查看内容的关键数据指标，如阅读量、播放量、点赞数、评论数、分享数等。通过这些数据可以了解哪些内容受到用户欢迎，哪些内容表现不佳。

3. 用户互动分析

统计用户与账号之间的互动情况，包括评论回复率、私信处理情况等。了解用户在评论中提出的常见问题和建议，这可以帮助品牌更好地了解用户需求。分析用户互动的高峰时段和低谷时段，以便确定最佳的内容发布时间。

（二）竞争对手新媒体运营状况分析

1. 竞争对手账号研究

确定汽车品牌的主要竞争对手，然后对其在新媒体平台上的账号进行研究。观察竞争对手的账号布局，如他们在哪些平台投入的资源较多，是侧重于短视频平台的推广还是在专业汽车平台上深耕用户服务。对比账号信息，包括粉丝数量、粉丝增长趋势、账号认证情况等。

2. 竞争对手内容策略分析

收集竞争对手发布的内容，分析内容主题、形式和风格。比较内容的传播效果，通过观察竞争对手内容的阅读量、播放量等数据，了解他们在内容营销方面的优势和劣势。同时，注意竞争对手在内容中如何突出品牌特色和产品卖点，这可以为自己品牌的内容优化提供思路。

3. 竞争对手用户互动模式分析

观察竞争对手是如何与用户进行互动的，了解竞争对手通过用户互动获取了哪些用户反馈，以及他们是如何将这些反馈应用到品牌运营和产品改进中的。

（三）剖析营销战略

波特五力模型分析法是迈克尔·波特（Michael Porter）于 20 世纪 80 年代初提出的，主要用于分析行业竞争态势，其强调行业结构对战略选择的重要性。汽车新媒体营销矩阵的营销战略，虽然主要聚焦于新媒体环境下的营销策略，但同样受到波特五力模型中五种力量的影响。以下是对汽车新媒体营销矩阵营销战略的剖析。

1. 新进入者的威胁

在新媒体领域，新的汽车营销参与者可能随时进入。这些新进入者可能带来新的创意和技术，他们可能以更低的成本或更精准的营销策略吸引用户。现有的汽车新媒体营销矩阵要建立壁垒，可通过积累大量优质的用户数据，实现精准营销，提高用户转化率；同时要强化品牌形象，与汽车制造商建立长期稳定的合作关系，如图 7-2-1 所示。

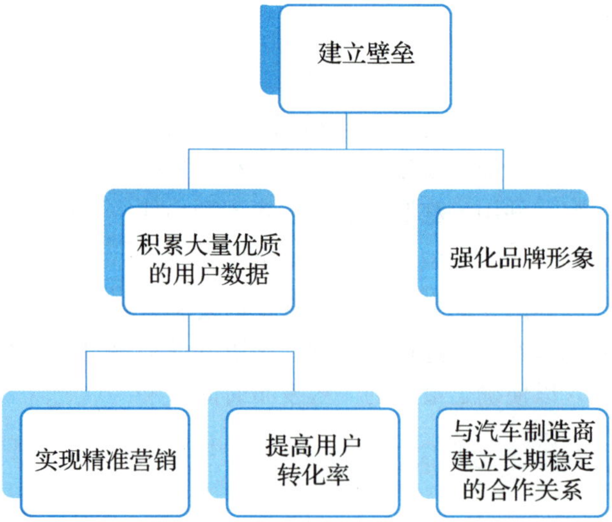

图 7-2-1　削弱新进入者的威胁

2. 替代品的威胁

传统广告渠道（如电视、报纸广告）虽在衰退，但仍有一定影响力，可能分流部分汽车营销预算。汽车新媒体营销矩阵要突出自身优势，如新媒体的互动性和精准投放能力。通过举办线上互动活动（如用户投票选择汽车颜色设计），展示新媒体相较于传统渠道在用户参与度方面的巨大优势。

线下营销活动（如车展、4S店促销）也与新媒体营销存在替代关系。新媒体营销战略可将线上线下活动有机结合，如为线下车展做线上预热和直播，为4S店促销提供线上预约和优惠信息推送服务，形成互补，降低被替代的风险。

微课视频

剖析汽车新媒体营销矩阵营销战略

3. 供应商的议价能力

在汽车新媒体营销中，内容供应商（如文案撰写者、视频制作团队、汽车专家等）的议价能力会影响成本和质量。如果优质内容供应商较少，他们可能提高价格或有更多选择合作伙伴的权力。营销矩阵可通过培养内部团队，降低对外部供应商的依赖，同时与多个供应商建立长期合作关系，提高议价能力，确保稳定且高质量的内容供应，如图7-2-2所示。

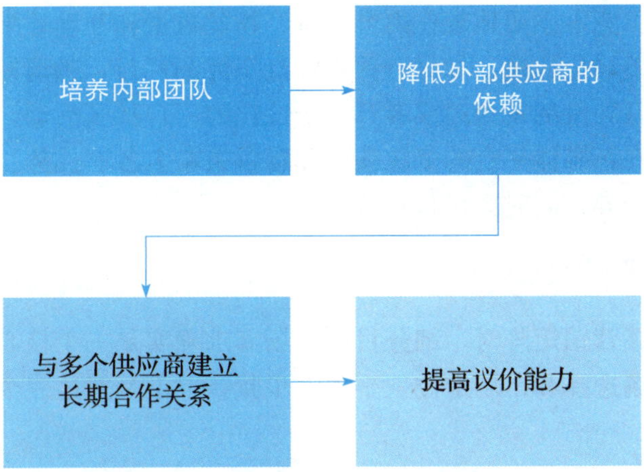

图7-2-2　削弱供应商的议价能力

对于汽车制造商这一特殊“供应商”（提供汽车产品信息、试驾车辆等资源），其在行业内的地位和品牌影响力会影响与新媒体营销矩阵的合作关系。汽车新媒体营销者要提升自身价值，通过优秀的营销数据和案例展示能力，争取更有利的合作条件，如优先获得新车信息、独家试驾机会等。

4. 购买者的议价能力

汽车消费者在新媒体环境下，信息获取能力增强，议价能力提高。他们可以通过新媒体平台轻松对比不同品牌和车型的价格、配置等信息。汽车新媒体营销矩阵要提供全面准确的信息，同时建立价格保护机制和增值服务。

消费者对内容质量和互动体验有更高要求。营销矩阵需要不断优化内容，根据消费者反馈及时调整，如通过用户评论和问卷调查改进视频内容的时长、风格，以及互动活动的形式，满足消费者需求，提高消费者满意度和忠诚度，如图7-2-3所示。

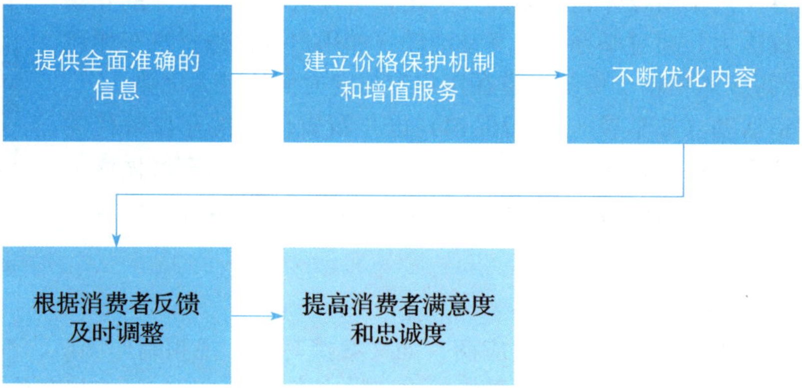

图 7-2-3　削弱购买者的议价能力

5. 行业内现有竞争者的竞争

在汽车新媒体营销领域，竞争对手众多，包括其他汽车品牌的新媒体营销团队、专业汽车媒体机构等。竞争主要体现在内容质量、粉丝数量和互动效果等方面。汽车新媒体营销矩阵要实施差异化战略，如打造独家的汽车评测栏目，邀请知名车手或汽车工程师参与，提供专业且独特的视角；或者开展个性化的用户社区活动，增强用户黏性。

竞争对手可能在新媒体平台的资源获取和运营策略上各有优势。营销矩阵需要深入分析对手，学习其长处，同时突出自身特色。

二、细分目标市场需求

构建汽车新媒体营销矩阵时，细分目标市场需求确实是一个核心环节，它通常包括市场细分、目标市场选择和市场定位三个关键步骤。以下是对这三个步骤的详细分析。

（一）市场细分

市场细分是构建汽车新媒体营销矩阵的第一步，它基于消费者需求的差异性，将整个汽车市场划分为若干个具有相似需求和偏好的消费者群体。市场细分的依据可以包括地理、人口、心理和行为等多个方面，如表 7-2-1 所示。

表 7-2-1　市场细分的依据

划分依据	划分内容	说明
地理细分	根据消费者所在的地理位置进行划分	不同城市、不同地区的消费者可能对汽车的性能、功能、保养等要求不同
人口细分	按照消费者的年龄、性别、收入、职业、教育等人口统计特征进行划分	这些特征往往与消费者的购车需求和偏好密切相关
心理细分	根据消费者的生活方式、个性特点、价值观等心理因素进行划分	不同心理特征的消费者对汽车的外观设计、内饰风格、品牌形象等可能有不同的偏好

续表

划分依据	划分内容	说明
行为细分	根据消费者的购车行为、使用习惯、品牌忠诚度等行为特征进行划分	这些特征有助于企业了解消费者的购买动机和决策过程

（二）目标市场选择

在完成市场细分后，汽车企业需要选择最具潜力的目标市场进行重点营销。目标市场选择的过程需要考虑多个因素，包括细分市场的规模、营销潜力、竞争态势及企业自身的资源和能力等。

1. 评估细分市场

对细分市场的规模、增长率、利润率等进行分析，以确定哪些细分市场具有最大的营销潜力。

2. 分析市场结构

了解细分市场的竞争态势，包括竞争对手的数量和实力、市场进入壁垒等，以评估企业在该市场的竞争地位。

3. 考虑企业资源和能力

结合企业自身的资源条件（如资金、技术、人才等）和能力（如研发能力、生产能力、营销能力等），选择与企业实力相匹配的目标市场。

（三）市场定位

市场定位是构建汽车新媒体营销矩阵的最后一步，它涉及确定企业在目标市场中的竞争地位和品牌形象。市场定位的核心是寻求差异化，以区别于竞争对手，并满足目标消费者的特定需求。

1. 差异化策略

通过产品差异化（如性能、质量、设计等方面的创新）、服务差异化（如提供优质的售后服务、客户培训等）和形象差异化（如塑造独特的品牌形象和企业文化）等方式，实现企业在目标市场中的差异化竞争。

2. 确定市场定位

根据目标消费者的需求和偏好，以及企业的资源和能力，确定企业在目标市场中的竞争地位和品牌形象。这有助于企业在消费者心中建立独特的认知，提高品牌知名度和忠诚度。

三、选择新媒体平台

汽车新媒体营销人员在进行矩阵布局规划时，选择相应的媒体平台是至关重要的。这一选择过程需要综合考虑多个因素，以确保营销活动的有效性和针对性。对新媒体平台选择考虑因素的详细分析如表 7－2－2 所示。

表 7-2-2 选择新媒体平台的考虑因素

考虑因素	具体内容	意义	要求
新媒体平台特性	用户基数与活跃度	新媒体平台的用户基数和活跃度是衡量其影响力的重要指标	汽车新媒体营销人员需要选择用户基数大、活跃度高的媒体平台，以确保营销信息能够广泛传播并吸引潜在消费者的关注
	内容形式与互动性	不同新媒体平台支持的内容形式（如图文、视频、直播等）和互动性（如评论、点赞、分享等）存在差异	汽车新媒体营销人员需要根据营销需求选择最适合的媒体平台，并制定相应的内容策略和互动策略
	垂直领域与专业度	一些新媒体平台在特定领域具有较高的专业度和影响力	汽车新媒体营销人员可以选择与汽车相关的垂直媒体或专业媒体进行合作，以获取更精准的目标受众和更高的转化率
成本效益分析	广告投放成本	不同新媒体平台的广告投放成本存在差异	汽车新媒体营销人员需要根据预算和营销目标选择最合适的新媒体平台进行广告投放
	内容制作成本	在不同新媒体平台上发布内容需要投入不同的人力、物力和财力	汽车新媒体营销人员需要根据平台特性和内容策略制订相应的内容制作计划，并合理控制内容制作成本
	投资回报率	通过对不同新媒体平台的营销效果进行监测和分析，可以评估其投资回报率并优化营销策略	在选择新媒体平台时，汽车新媒体营销人员还需要考虑投资回报率（ROI）

知识视界

五菱“五位一体矩阵”抢占流量高地

作为领先的 DTC 营销公司，知家已经陪伴了五菱汽车 4 年时间，从“神车”五菱到现在频频出圈的“网红”五菱，知家助力五菱打造五种新媒体矩阵，帮助五菱扭转品牌印象、获取年轻用户、完成品效销闭环。

官方矩阵

在年轻人聚集的地方持续刷存在感，与年轻消费者双向沟通，通过抖音、小红书、哔哩哔哩、微博、微信、快手六大主流阵地，持续对外传播五菱品牌调性，树立品牌形象，助力“品·效”双增长，创造“五菱式”创新传播方式。

用户矩阵

以“用户媒体化，媒体用户化”为宗旨，创造“一呼万应”的五菱用户传播共创模式，打造五菱独特的用户文化，建立新护城河，搭建让用户实现自我价值的共创矩阵平台。五菱跟实际购车车主产生直接联系，以互动跨越品牌与用户的信任沟渠，实现关系的“稳破冰”，通过孵化 KOC，共同打造用户账号体系，激发其更大共创价值，为用户分层及精细化运营打好基础，粉丝量已有几千万。

经销商矩阵

由五菱全国 2 000 多家经销商门店共同组成，通过区域矩阵与经销商矩阵的布局打造，实现曝光与线索规模增长，五菱汽车经销商矩阵月均线索获客 20 多万，积累粉丝 2 500 万，实现 1.3 亿多曝光量，经销商矩阵号达 3 000 个以上，稳居汽车行业第一。

对于车企而言，主动利用新媒体平台，与消费者建立紧密联系，是增强品牌影响力和竞争力的核心策略。同时，构建全方位的新媒体矩阵有助于汽车品牌塑造强大的社群，这不仅能为车企提供有益的用户反馈和改进建议，还能作为一种有效的推广工具，助力企业扩大品牌知名度和市场份额。因此，车企需要深刻意识到新媒体在未来的市场竞争中所扮演的至关重要的角色，并采取积极行动，充分利用其潜力。

资料来源：佚名．五菱“五位一体矩阵”抢占流量高地．搜狐汽车，2024－08－12.

四、布局新媒体矩阵

在汽车营销中，布局新媒体矩阵是一个关键策略，旨在通过多个新媒体平台来扩大品牌影响力、增加用户互动和提升销售业绩。关于选择先打造纵向矩阵再打造横向矩阵，或者直接打造横向矩阵，需要根据品牌的具体情况、市场环境和营销目标来决定。

在布局新媒体矩阵时，选择先打造纵向矩阵再打造横向矩阵的策略，是一种稳健且有效的方式，如图 7－2－4 所示。

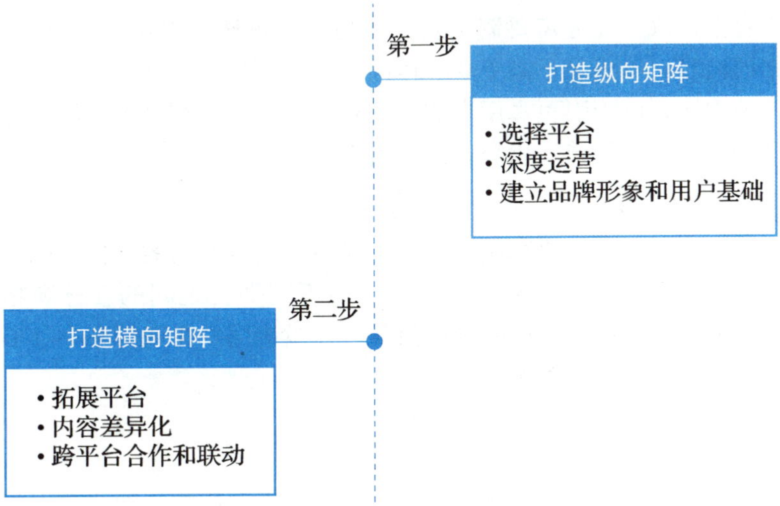

图 7－2－4　构建矩阵的流程

（一）先打造纵向矩阵，再打造横向矩阵

在汽车新媒体营销的初期阶段，企业通常会选择在一个或少数几个具有较大影响力和用户基础的新媒体平台上进行深入运营，即打造纵向矩阵。

1. 选择平台

汽车企业会根据品牌定位、目标受众及平台特点，选择最适合自己的新媒体平台。例如，抖音平台因其短视频内容形式活泼、易于传播，且用户群体年轻化，成为许多汽车企业首选的纵向矩阵建设平台。

2. 深度运营

在选定平台上，汽车企业需要投入大量资源进行内容创作、活动策划和用户互动。内容应涵盖汽车产品的介绍、试驾体验、用户评价、品牌故事等多个方面，以吸引用户的关注和兴趣。同时，企业还需要定期分析用户数据，了解用户需求和偏好，不断优化内容策略和活动方案，提高用户黏性和转化率。

3. 建立品牌形象和用户基础

通过深度运营，汽车企业可以在选定平台上建立起鲜明的品牌形象和稳定的用户基础。品牌形象的提升有助于增强用户对企业的信任和忠诚度，而用户基础的扩大则为后续的横向矩阵拓展提供了坚实的基础。

在纵向矩阵建设较为稳固后，汽车企业会将注意力转移到其他新媒体平台，打造横向矩阵，即多平台同时运营。

4. 拓展平台

企业会根据市场趋势、用户需求和平台特点，选择其他具有潜力的新媒体平台进行拓展。例如，快手、微博、小红书等平台因其独特的用户群体和内容形式，成为汽车企业横向矩阵拓展的重要选择。

5. 内容差异化

在不同平台上，汽车企业需要制定差异化的内容策略。根据平台特点和用户偏好，创作不同风格的内容，以满足不同受众群体的需求。例如，在微博上发布文字、图片和短视频相结合的内容，以吸引更多用户的关注和互动；在小红书上则注重分享汽车产品的使用心得和用户体验，以建立用户口碑和信任。

6. 跨平台合作和联动

在横向矩阵拓展过程中，汽车企业需要加强不同平台之间的合作和联动。通过跨平台活动策划、内容共享和用户互动等方式，实现不同平台之间的互补和相互促进。例如，可以在抖音上发起一场汽车产品试用活动，并邀请用户在微博和小红书上分享试用体验和感受，从而扩大活动的影响力和参与度。

（二）直接打造横向矩阵

汽车企业选择直接在多个新媒体平台上同时打造横向矩阵，意味着它们需要在多个平台上进行广泛的运营和推广。这种方式的优势在于能够快速覆盖更广泛的受众群体，

提高品牌的知名度和曝光率。

1. 统一品牌风格和定位

尽管在多个平台上进行运营，但汽车企业需要确保展示的内容和形象是统一的。这包括品牌标识、色彩搭配、语言风格等方面，以保持一致的品牌风格和定位。

通过统一的品牌形象，企业可以在不同平台上建立起品牌的一致性和辨识度，增强用户对品牌的认知和记忆。

2. 制定不同平台的策略

由于不同平台的用户特点和行为习惯存在差异，汽车企业需要有针对性地制定内容和互动方式。例如，在社交媒体平台上，企业可以发布有趣的互动内容，吸引用户的关注和参与；在短视频平台上，则可以创作富有创意的短视频内容，展示产品的特点和优势。

通过精准的内容定位和互动方式，企业可以更好地满足不同平台用户的需求，提高用户参与度和转化率。

3. 持续投入和维护

直接打造横向矩阵需要汽车企业持续投入资源和精力来维护新媒体矩阵。这包括内容创作、活动策划、用户互动、数据分析等多个方面。企业需要定期更新内容，保持与用户的互动和沟通，同时根据数据反馈不断优化营销策略。

4. 选择最适合的布局方式

汽车企业在选择直接打造横向矩阵时，需要根据自身资源和品牌定位来选择合适的布局方式。这包括选择哪些平台进行运营、如何分配资源和精力、如何制定营销策略等方面。对于资源较为充裕且希望快速扩大品牌影响力的企业，可以选择在多个主流平台上进行广泛布局，以覆盖更广泛的受众群体。

五、创建人格化账号

在选定新媒体平台并确定营销矩阵的结构后，新媒体营销人员需要对新媒体营销账号进行人格化建设，这一过程简而言之就是为账号定调性。企业在不同平台上展示人格化账号时，遵循“1+N”模式是一个有效的策略。

在这个模式中，“1”通常指的是企业的“基因”，即企业的核心价值观、品牌理念或产品特性等核心要素。这些要素构成了企业在新媒体营销中的基础，确保所有账号在传播时都能保持一致性，传递出企业的独特魅力。

而“N”则指的是在不同平台上创造的角色要有所不同。这意味着新媒体营销人员需要根据各平台的风格属性、用户特点和传播机制，对账号进行个性化的调整和塑造。例如，在社交媒体平台上，账号可以更加亲民、活泼，与用户进行更多的互动；而在专业平台上，账号则可以更加专业、权威，提供有价值的信息和见解。

企业构建新媒体营销矩阵的目的是从多个维度覆盖自己的用户，实现流量变现，从而带来经济效益。为了实现这一目标，企业需要根据自身的产品、业务、品牌等维度来设置新媒体营销矩阵，如表 7-2-3 所示。

表 7-2-3　设置新媒体账号的依据

依据	做法	作用
根据产品特性设置账号	针对不同的产品线或产品特性，设置专门的账号进行推广和宣传	更精准地触达目标用户，提高产品的知名度和销量
根据业务领域设置账号	根据企业的业务领域或行业特点，设置相关的账号进行信息分享和互动	有助于树立企业在行业内的权威地位，吸引更多的潜在客户和合作伙伴
根据品牌形象设置账号	根据企业的品牌形象和价值观，设置账号进行品牌故事的讲述和品牌形象的塑造	有助于提升企业的品牌知名度和美誉度，增强用户对品牌的认同感和忠诚度

素养园地

跟着党媒做矩阵：人民日报全媒体矩阵案例拆解

在新时代背景下，人民日报全媒体矩阵以其独特的魅力和影响力，为广大网民提供了丰富多样的信息资讯。作为党媒的代表，人民日报全媒体矩阵始终坚持正确舆论导向，传播正能量，弘扬主旋律，为构建网络空间命运共同体贡献力量。人民日报全媒体矩阵高度重视评论文章的创作，通过深入浅出的分析，引导人们理性看待社会现象，关注民生问题。评论文章以独到的见解、犀利的言辞，为社会舆论引导提供有力支撑，推动社会主义核心价值观的传播和践行。

人民日报全媒体矩阵以新闻报道为核心，紧密围绕党和国家工作大局，深入挖掘重大新闻事件背后的故事，传递真实、客观、全面的信息。通过多种载体，包括报纸、电视、广播、网络等多种形式，让人民群众第一时间了解国家大事、民生热点，增强“四个意识”，坚定“四个自信”。

1. 平台与内容

人民日报拥有多种新媒体平台，包括官方微博、微信公众号、抖音号、客户端等。在内容上，它围绕国家政策解读、社会正能量事迹、国际形势分析等多个方面展开。例如，在微博上，每天发布简洁明了的时政新闻图文，对国家重大会议精神进行通俗易懂的解读，引导民众了解国家发展方向和战略，体现爱国、爱党等素养教育核心内容。在抖音平台，通过制作精美的短视频，展现各行各业的先进模范人物事迹，激励人们向榜样学习，弘扬敬业精神。

2. 互动与传播

人民日报新媒体积极与用户互动，通过话题讨论、评论回复等方式，了解民众想法。比如，发起“奋斗者正青春”话题，吸引大量青年分享自己的奋斗故事，形成良好的社会舆论氛围，使积极向上的价值观深入人心。同时，其各个平台之间相互配合，一个热点内容在微博首发，微信公众号进行深度解读，抖音制作生动短视频进行传播，构建起强大的新媒体营销矩阵。

人民日报全媒体矩阵紧跟时代潮流，推出一系列富有特色的视频节目，涵盖纪录片、综艺节目、短视频等多个领域。视频节目以生动的画面、优美的音乐、丰富的内容，吸引广大网民关注，传播正能量。

人民日报全媒体矩阵凭借其丰富的内容、独特的风格和广泛的影响力，为广大网民提供了一个展示中国风采、传播正能量的舞台。在新时代的征程中，人民日报全媒体矩阵将继续发挥引领作用，为实现中华民族伟大复兴的中国梦助力加油！

资料来源：佚名．跟着党媒做矩阵：人民日报全媒体矩阵案例拆解．湖北九章云量子科技，2023-01-30.

项目小结

本项目主要对汽车新媒体营销矩阵的知识进行了阐述，通过任务一的学习，理解新媒体营销矩阵的概念、作用及类型，了解到打造汽车新媒体营销矩阵对新媒体营销人员的能力要求等内容；通过任务二的学习，掌握构建汽车新媒体营销矩阵的基本步骤。通过本项目的学习，学生可以具备构建新媒体营销矩阵的基本能力。

同步练习

一、选择题

1. 以下哪个平台不属于汽车新媒体营销的常见渠道？（　　）

A. 微信公众号　　B. 电视广告

C. 抖音短视频　　D. 汽车之家论坛

2. 汽车新媒体营销中，哪种内容形式更容易吸引年轻消费者？（　　）

A. 长篇图文报道　　B. 短视频与直播

C. 广播广告　　D. 传统报纸广告

3. 构建汽车新媒体营销矩阵时，首要考虑的因素是（　　）。

A. 平台的用户规模　　B. 平台的广告费用

C. 平台的知名度　　D. 平台的易用性

4. 以下哪项不是汽车新媒体营销矩阵的优势？（　　）

A. 覆盖更广泛的受众　　B. 精准定位目标客户

C. 显著降低营销成本　　D. 提升品牌影响力和互动性

5. 在进行汽车新媒体营销时，哪种数据对于评估营销效果最为关键？（　　）

A. 广告的点击率　　B. 平台的注册用户数

C. 内容的转发和评论数　　D. 实际销售转化率

6. 汽车品牌在社交媒体上发布内容时，最应注重的是（　　）。

A. 内容的创新性　　B. 内容的频率

C. 内容的真实性与可信度　　D. 内容的视觉效果

7. 以下哪个策略不属于汽车新媒体营销的创新方向？（　　）

A. 利用 VR/AR 技术展示汽车　　B. 开展线上购车活动

C. 大量投放电视广告　　D. 与网红或 KOL 合作推广

8. 在构建汽车新媒体营销矩阵时，为何需要注重多平台布局？（　　）

A. 提高品牌曝光度　　B. 满足不同消费者的偏好

C. 应对市场竞争压力　　　　　　　　D. 以上都是

9. 以下哪项指标不能直接反映汽车新媒体营销的效果？（　　）

A. 网站访问量

B. 社交媒体粉丝数

C. 广告投放的预算

D. 线上活动的参与度

10. 汽车品牌在利用新媒体进行营销时，如何有效增强用户黏性？（　　）

A. 频繁推送促销信息

B. 提供有价值的汽车知识和资讯

C. 不断发布新品广告

D. 强制用户参与互动活动

二、判断题

1. 汽车新媒体营销矩阵是指通过多个新媒体平台构建的品牌传播网络，以实现全方位的营销覆盖。（　　）

2. 在构建汽车新媒体营销矩阵时，只需选择一两个主流平台即可，无须过多布局。（　　）

3. 汽车品牌在社交媒体上发布的内容应完全聚焦于产品介绍和销售信息，以提高转化率。（　　）

4. 评估汽车新媒体营销矩阵的效果时，只需关注销售转化率即可。（　　）

5. 汽车新媒体营销矩阵中的各个平台应相互独立，无须进行内容联动。（　　）

6. 利用新媒体进行汽车营销时，可以大量投放硬广告，以快速提高品牌知名度。（　　）

7. 汽车品牌在构建新媒体营销矩阵时，应注重与用户的互动，以提高用户参与度和忠诚度。（　　）

8. 汽车新媒体营销矩阵中的每个平台都应制定相同的营销策略和内容规划。（　　）

9. 汽车新媒体营销矩阵的效果评估应定期进行，并根据评估结果调整营销策略。（　　）

10. 汽车品牌在利用新媒体进行营销时，可以忽视传统营销渠道，完全转向新媒体。（　　）

三、简答题

1. 什么是汽车新媒体营销矩阵？

2. 构建汽车新媒体营销矩阵需要考虑哪些因素？

3. 如何有效运营汽车新媒体营销矩阵？

4. 如何评估汽车新媒体营销矩阵的效果？

参考文献

[1] 林海．新媒体营销［M］．北京：高等教育出版社，2021.

[2] 林凤，谢丽仪．汽车网络与新媒体营销［M］．北京：机械工业出版社，2024.

[3] 田凤霞．汽车网络与新媒体营销［M］．北京：机械工业出版社，2021.

[4] 解鹏程，赵丽英．新媒体营销［M］．北京：人民邮电出版社，2023.

[5] 王昂，赵苗．新媒体营销［M］．北京：人民邮电出版社，2022.

[6] 华迎．新媒体营销［M］．北京：人民邮电出版社，2021.

[7] 李东进．新媒体营销与运营［M］．北京：人民邮电出版社，2022.

新编21世纪高等职业教育精品教材

汽车类

汽车新媒体营销实务（微课版）

实训工作手册

主　编◎庞龙凤　张朝山

副主编◎刘美灵　储　明　王迪庆

参　编◎陈剑雨　朱昕宇　童逸杰

陈亮亮　李学志　唐耀芬

刘　菲

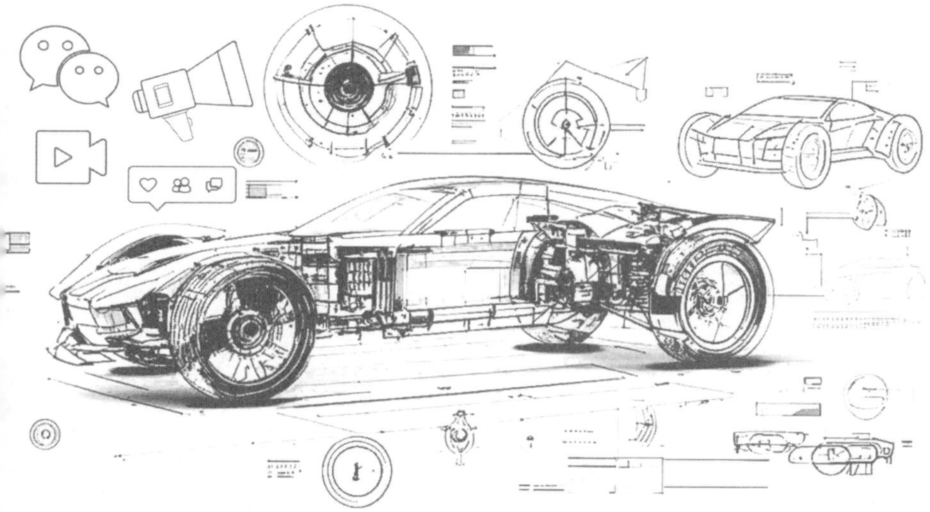

中国人民大学出版社

·北京·

目录

项目一

汽车新媒体营销认知

一、实训目标

1. 深入理解汽车新媒体营销的概念、特点和重要性。

2. 熟悉汽车行业常用的新媒体平台及其功能与运营规则。

3. 掌握汽车新媒体营销的基本策略与方法。

4. 能够分析汽车新媒体营销案例，总结经验教训并提出创新思路。

二、实训资料与工具

1. 互联网接入设备（计算机、手机等）。

2. 各类汽车新媒体平台账号（如微信公众号、微博、抖音、小红书、汽车之家论坛等）。

3. 汽车行业相关数据报告、市场调研报告、案例集等资料。

三、实训任务与要求

（一）汽车新媒体平台调研

选择至少三个汽车行业常用的新媒体平台（如微信公众号、微博、抖音、小红书、汽车之家论坛等），分别对其进行深入调研。

平台概述：介绍平台的基本信息、用户规模、用户画像（年龄、性别、地域、职业、兴趣爱好等）、平台定位及在汽车行业的影响力。

功能分析：详细分析平台所提供的功能，如内容发布形式（图文、视频、直播等）、互动功能（点赞、评论、分享、私信等）、营销工具（广告投放、话题标签、电商链接等），并说明这些功能如何为汽车新媒体营销服务。

运营规则：了解平台的内容审核机制、账号等级制度、流量推荐算法等运营规则，分析这些规则对汽车新媒体营销的影响及应对策略。

要求：每个平台的调研内容需以书面报告的形式呈现，报告应条理清晰、内容翔实，每个平台报告字数不少于500字。

（二）小组汇报与交流

（1）以小组为单位（每组4～6人）。

（2）汇报内容应包括案例分析的重点内容、策略制定的思路与亮点，以及小组成员在实训过程中的收获与体会。

（3）汇报形式应生动形象，可结合PPT、视频等多媒体素材进行展示，每组汇报时间控制在 15min 左右。

（4）在汇报结束后，其他小组进行提问和交流，共同探讨汽车新媒体营销的相关问题，分享经验和见解。

要求：每个小组成员都应参与汇报展示，汇报过程中应语言表达清晰、流畅，团队协作默契。

四、实训考核与评价

1. 考核方式

本次实训采用过程性考核与终结性考核相结合的方式，过程性考核主要包括学生在实训过程中的表现、任务完成情况、小组协作能力等方面；终结性考核主要是对学生提交的实训成果进行评价。

2. 评价指标及权重

考核项目	评价指标	权重
汽车新媒体平台调研（50 分）	平台概述准确性与完整性（15 分）	30%
	功能分析深度与合理性（20 分）	40%
	运营规则理解与应对策略（15 分）	30%
小组汇报与交流（50 分）	汇报内容完整性与准确性（25 分）	50%
	汇报形式生动性与吸引力（10 分）	20%
	团队协作默契度（10 分）	20%
	问答环节表现（5 分）	10%

3. 考核等级

本次实训考核成绩分为优秀（90～100 分）、良好（80～89 分）、中等（70～79 分）、及格（60～69 分）和不及格（60 分以下）五个等级。

________平台调研报告

________平台调研报告

________平台调研报告

项目二

汽车新媒体常用营销工具的使用

一、实训目标

1. 熟练掌握凡科快图在汽车新媒体营销素材制作中的应用，包括图片编辑、海报设计、宣传图制作等。

2. 学会利用 H5 设计工具创作具有吸引力和互动性的汽车主题 H5 页面，用于产品推广、活动宣传等。

3. 了解并掌握汽车新媒体网站设计的基本流程与要点，能够使用相关工具搭建简单的汽车新媒体网站框架并进行基础内容填充与美化。

4. 通过实际操作，提升学生在汽车新媒体营销领域的创意构思与视觉传达能力，使其能够独立完成一系列汽车新媒体营销素材与平台的设计与制作任务。

二、实训资料与工具

1. 为每位学生配备可稳定联网的计算机设备，确保计算机安装有主流浏览器（如 Chrome、Firefox 等）。

2. 学生提前在凡科网注册账号，熟悉凡科快图、凡科 H5 制作平台及凡科建站的基本操作界面与功能模块。

3. 收集整理汽车相关的图片素材（如汽车外观、内饰、汽车活动照片等）、文字资料（汽车产品介绍、技术参数、营销文案等）及相关视频素材（汽车试驾视频、广告视频片段等），存储在本地或云端，便于实训过程中随时调用。

三、实训任务与要求

（一）凡科快图应用实训——汽车宣传海报设计

登录凡科快图平台，选择合适的海报模板或新建空白画布。

从素材库中选取高质量的汽车图片，拖放到画布上并调整大小、位置和角度，确保汽车主体突出且构图合理。

添加汽车品牌名称、车型名称、核心卖点（如动力强劲、豪华内饰、智能科技等）的文字描述，设置合适的字体、字号、颜色和文字特效，使文字信息清晰易读且富有视觉冲击力。

运用图形元素（如线条、形状、图标等）对海报进行装饰和分割，增强整体设计感。例如，使用箭头引导用户视线到关键信息区域，或者用圆形图标突出汽车的某项特色功能。

调整海报的背景颜色或添加背景图案，与汽车形象和品牌风格相匹配。可以选择纯色背景、渐变色背景或带有汽车元素的纹理背景等。

最后对海报进行整体预览，检查有无错别字、图像是否清晰、颜色是否协调等问题，满意后保存并下载海报，准备用于社交媒体平台发布或线下宣传活动。

（二）H5 设计实训——汽车新品发布会 H5 邀请函设计

进入 H5 设计平台，选择一个适合新品发布会主题的 H5 模板，如科技感十足、时尚大气或奢华尊贵风格的模板。

在首页设计上，放置汽车新品的高清图片或视频封面，添加醒目的发布会主题文字，如“［汽车品牌］［新车型号］新品发布会”，并设置动态效果（如闪烁、旋转等）吸引用户注意力。

第二页开始详细介绍发布会的时间、地点、流程安排等信息，使用图文并茂的方式展示，文字排版要清晰易读，图片要与文字内容相关且具有吸引力。例如，可以插入发布会场地的实景图片、活动流程的示意图等。

设计一个互动环节，如邀请用户填写姓名、联系方式和是否参加发布会的意向，以便收集潜在客户信息并进行后续跟进。

在 H5 页面中添加音乐或音效，如激昂的背景音乐或汽车引擎轰鸣声，烘托氛围。

最后设置 H5 页面的分享按钮和引导关注汽车品牌官方公众号或社交媒体账号的入口，方便用户分享传播并增加品牌粉丝量。

完成设计后，进行多次预览和测试，检查页面加载速度、互动功能是否正常、文字图片是否显示完整等问题，确保 H5 邀请函在各种移动设备上都能完美呈现。

（三）网站设计实训——汽车品牌宣传网站搭建

规划网站的整体结构，确定首页、品牌故事、车型展示、新闻资讯、联系我们等主要页面的布局和导航栏设置。

首页设计要突出汽车品牌形象，放置品牌 LOGO、品牌宣传语和一张具有代表性的汽车图片或视频轮播图，引导用户快速了解品牌核心价值。

品牌故事页面详细讲述汽车品牌的发展历程、品牌理念、核心团队和所获得的荣誉奖项等内容，使用文字、图片和时间轴等元素进行展示，让用户深入了解品牌文化底蕴。

车型展示页面按照不同车型系列进行分类展示，每个车型都有独立的页面，展示车型的外观图片、内饰图片、详细参数配置表、车型亮点介绍视频等信息，用户可以点击图片查看大图或切换不同角度的图片展示，同时设置车型对比功能，方便用户比较不同车型之间的差异。

新闻资讯页面定期更新汽车品牌的最新动态、新车发布信息、行业新闻报道等内容，以列表形式展示新闻标题和发布日期，用户点击标题可查看详细新闻内容，新闻页面要注重文字排版和图片使用，提高阅读体验。

联系我们页面提供汽车品牌的官方客服电话、电子邮箱、线下门店地址和地图导航等信息，方便用户与品牌方进行沟通联系或到店体验。

在网站设计过程中，要注重整体风格的一致性和色彩搭配的协调性，选择简洁大气、符合汽车品牌定位的字体和图标，确保网站在不同设备（计算机、平板、手机）上都能自适应显示，并且加载速度快。

（四）小组汇报与交流

（1）以小组为单位（每组 4～6 人）。

（2）每位学生需提交一套完整的汽车新媒体营销作品，包括1张使用凡科快图制作的汽车宣传海报和社交媒体配图、1个使用H5设计工具制作的汽车主题H5页面（如新品发布会邀请函和试驾活动报名页面）及1个简单的汽车品牌宣传网站或汽车产品展示网站的设计方案（包括网站结构图、首页设计草图、主要页面的内容规划等）。

（3）汇报内容应包括案例分析的重点内容、策略制定的思路与亮点，以及小组成员在实训过程中的收获与体会。汇报形式应生动形象，可结合PPT、视频等多媒体素材进行展示，每组汇报时间控制在15min左右。在汇报结束后，其他小组进行提问和交流，共同探讨汽车新媒体营销工具的相关问题，分享经验和见解。

要求：每个小组成员都应参与汇报展示，汇报过程中应语言表达清晰、流畅，团队协作默契。

四、实训考核与评价

1. 考核方式

本次实训采用过程性考核与终结性考核相结合的方式，过程性考核主要包括学生在实训过程中的表现、任务完成情况、小组协作能力等方面；终结性考核主要是对学生提交的实训成果进行评价。

2. 评价指标及权重

考核项目	评价指标	权重
凡科快图应用实训（30分）	平台概述准确性与完整性（9分）	30%
	功能分析深度与合理性（12分）	40%
	运营规则理解与应对策略（9分）	30%
H5设计实训（30分）	平台概述准确性与完整性（9分）	30%
	功能分析深度与合理性（12分）	40%
	运营规则理解与应对策略（9分）	30%
网站设计实训（30分）	平台概述准确性与完整性（9分）	30%
	功能分析深度与合理性（12分）	40%
	运营规则理解与应对策略（9分）	30%
小组汇报与交流（10分）	汇报内容完整性与准确性（5分）	50%
	汇报形式生动性与吸引力（2分）	20%
	团队协作默契度（2分）	20%
	问答环节表现（1分）	10%

3. 考核等级

本次实训考核成绩分为优秀（90～100分）、良好（80～89分）、中等（70～79分）、及格（60～69分）和不及格（60分以下）五个等级。

项目三

汽车微博营销

一、实训目标

1. 深入了解汽车微博营销的特点、策略和方法。
2. 熟练掌握微博账号的设置与管理技巧。
3. 能够策划并执行汽车主题的微博内容创作、发布与推广活动。
4. 学会运用微博数据分析工具评估营销效果，并根据数据反馈优化营销策略。

二、实训资料与工具

1. 每位学生注册一个汽车相关的微博账号，确保账号信息完整、真实且具有一定的辨识度。

2. 收集整理汽车行业的热点话题、新闻资讯、图片视频素材及相关的专业知识资料等，存储在本地文件夹或云盘，以便在实训过程中随时调用。

3. 熟悉微博平台的基本功能和操作界面，包括微博发布、话题创建、互动管理、数据分析等功能板块。

三、实训任务与要求

（一）微博账号定位与设置

1. 账号定位

根据汽车市场细分和目标用户，确定微博账号的定位；在实训报告中详细阐述账号定位的依据和目标用户。

2. 账号信息完善

上传清晰、有代表性的头像，如汽车品牌LOGO、经典车型图片或个人与汽车相关的形象照片。

编写简洁明了且富有吸引力的个人简介，突出账号的核心定位和特色，同时包含相关关键词，如汽车品牌、车型、汽车领域关键词，以便于在微博搜索中被用户发现。

设置个性化的微博封面图，展示汽车相关元素或体现账号风格，如汽车展览现场照片、汽车风景壁纸等。

（二）汽车微博内容策划与创作

1. 内容主题规划

制订一周的微博内容发布计划，确定每天不同的主题。例如，

周一：汽车行业热点资讯解读，分享近期汽车行业的重大新闻、政策法规变化或企

业动态，并发表个人见解或专业分析。

周二：汽车车型深度评测，选取一款热门汽车车型，从外观设计、内饰配置、性能操控、安全性能等方面进行详细评测，配以图片、视频或数据图表等素材以增强说服力。

周三：汽车文化故事分享，讲述汽车品牌的历史故事、经典车型的传奇经历、汽车赛事的精彩瞬间或汽车与名人的轶事等，引发用户的情感共鸣。

周四：汽车保养与维修知识科普，提供实用的汽车保养技巧、常见故障维修方法、零部件更换注意事项等内容，以问答、图文教程或短视频的形式呈现。

周五：汽车改装案例展示，分享一些酷炫的汽车改装案例，包括外观改装、内饰改装、动力改装等方面的成果，并介绍改装的思路、成本和效果，吸引汽车改装爱好者的关注。

2. 内容形式选择

根据不同的主题，灵活运用多种微博内容形式，包括文字微博、图片微博、视频微博、图文微博（长微博）等。

文字微博：语言简洁生动，控制在140字以内，突出关键信息，同时运用恰当的表情符号和网络用语增强互动性和亲和力。

图片微博：选择高质量、清晰且具有视觉冲击力的图片，如汽车高清大片、汽车细节特写、汽车相关场景图片等。每张图片配上简短的文字说明或话题标签，提高图片的传播效果。

视频微博：拍摄或剪辑汽车相关的视频内容，如汽车试驾视频、汽车广告片、汽车改装过程视频、汽车文化纪录片片段等。视频时长控制在1～3min为宜，确保视频内容紧凑、有趣且有价值。在视频简介中添加详细的文字说明和话题标签，并引导用户点赞、评论和转发。

图文微博（长微博）：对于一些需要详细阐述的内容，如汽车评测报告、汽车保养教程、汽车文化故事等，可以使用图文并茂的长微博形式。长微博的排版要美观大方，段落分明，图片与文字搭配合理，方便用户阅读和分享。

3. 话题标签运用

在每条微博内容中合理使用话题标签，以提高微博的曝光度和搜索排名。话题标签应与微博内容紧密相关。

研究热门话题标签的使用规律和趋势，结合微博平台的热门话题榜和搜索功能，及时发现和跟进与汽车相关的热点话题，并在发布微博时巧妙地运用这些话题标签，使微博内容能够更容易地被广大用户发现和关注。

（三）汽车微博发布与互动管理

1. 发布时间选择

分析目标用户的微博使用习惯和活跃时间规律，确定最佳的微博发布时间，根据微博内容的主题和目标用户的特点，灵活调整发布时间。

2. 发布频率控制

保持稳定的微博发布频率，随着账号的发展和粉丝群体的壮大，可以适当增加发布频率，但要注意避免过度发布导致粉丝反感。

确保微博内容的质量和价值，不要为了追求数量而忽视质量，每条微博都应该经过精心策划和创作，能够为用户提供有意义的信息或娱乐体验。

3. 互动管理

及时回复粉丝的评论和私信，与粉丝建立良好的沟通和互动关系。回复内容要真诚、友好、专业，解答粉丝的疑问，听取粉丝的意见和建议，并对粉丝的关注和支持表示感谢。

主动关注与汽车相关的微博账号，积极参与他们的微博互动，如点赞、评论、转发等，扩大自己的社交网络和影响力范围。

定期举办微博互动活动，如抽奖活动、问答活动、话题讨论活动等，鼓励粉丝积极参与，提高粉丝的活跃度和黏性。在举办活动时，要明确活动规则、参与方式和奖品设置，并及时公布活动结果，确保活动的公平、公正和透明。

（四）汽车微博数据分析与优化

1. 数据分析指标了解

熟悉微博数据分析的主要指标，包括粉丝增长数、粉丝活跃度、微博阅读量、微博转发数、微博评论数、微博点赞数等。

了解这些指标的含义和计算方法，以及它们对汽车微博营销效果评估的重要性。例如，粉丝增长数反映了账号的吸引力和影响力；粉丝活跃度体现了粉丝对账号的关注和参与程度；微博阅读量、转发数、评论数和点赞数则直接反映了微博内容的传播效果和受欢迎程度。

2. 数据分析工具使用

运用微博平台自带的数据分析工具，如微博数据助手、微博粉丝通数据分析等，定期对微博账号的数据进行分析和统计。

了解数据分析工具的功能和操作方法，能够根据自己的需求生成相应的数据报表和图表，如粉丝增长趋势图、微博传播效果分析图等，以便更直观地了解账号的运营情况和营销效果。

3. 数据反馈优化策略

根据数据分析结果，总结汽车微博营销过程中的经验和教训，发现存在的问题和不足之处，并及时调整和优化营销策略。

例如，如果发现某条微博的阅读量较低，可以分析原因，可能是话题标签使用不当、发布时间不合适、内容质量不高或缺乏吸引力等，然后有针对性地采取措施加以改进。又如，如果粉丝增长缓慢，可以考虑加大推广力度、优化账号定位和内容策略、举办更具吸引力的互动活动等，以提高账号的知名度和影响力，吸引更多的粉丝关注。

（五）小组汇报与交流

（1）以小组为单位（每组 4～6 人）。

（2）学生在实训结束后，需提交一份详细的实训报告（1 000 字左右）。实训报告应包括实训目的、实训时间、实训地点、实训内容与步骤的详细记录、实训过程中遇到的问题及解决方法、实训成果展示（微博账号截图、微博数据分析报表截图、优秀微博内容截图等）及实训总结与心得体会等部分。

（3）实训报告要求文字表述清晰、有条理，图片与截图要清晰可辨，并标注好对应的说明。实训总结与心得体会部分要真实反映学生在本次实训中的收获与成长，对汽车微博营销的策略和方法有深入的理解和认识，并能够提出自己对未来汽车微博营销工作的展望与思考。

四、实训考核与评价

1. 考核方式

本次实训采用过程性考核与终结性考核相结合的方式，过程性考核主要包括学生在实训过程中的表现、任务完成情况、小组协作能力等方面；终结性考核主要是对学生提交的实训成果进行评价。

2. 评价指标及权重

考核项目	评价指标	权重
微博账号定位与设置（20分）	账号定位明确性（6分）	30%
	账号信息完整性与吸引力（8分）	40%
	粉丝数量与质量（6分）	30%
汽车微博内容策划与创作（40分）	内容主题多样性与创新性（10分）	25%
	内容形式丰富性（10分）	25%
	内容质量与专业性（10分）	25%
	话题标签运用合理性（10分）	25%
汽车微博发布与互动管理（20分）	互动频率（10分）	50%
	互动活动效果（10分）	50%
汽车微博数据分析与优化（10分）	数据分析能力（5分）	50%
	优化策略有效性（5分）	50%
小组汇报与交流（10分）	汇报内容完整性与准确性（5分）	50%
	汇报形式生动性与吸引力（2分）	20%
	团队协作默契度（2分）	20%
	问答环节表现（1分）	10%

3. 考核等级

本次实训考核成绩分为优秀（90～100分）、良好（80～89分）、中等（70～79分）、及格（60～69分）和不及格（60分以下）五个等级。

________实训报告

项目四

汽车直播营销

一、实训目标

1. 深入理解汽车直播营销的流程、特点与优势，掌握直播策划、执行与互动的关键技能。

2. 培养在汽车领域的产品知识讲解能力、现场应变能力及与观众的有效沟通能力，提升学生的新媒体营销综合素质。

3. 通过实训，能够运用直播平台为汽车品牌或产品进行有效的市场推广，吸引潜在客户，促进汽车销售与品牌知名度提升。

二、实训资料与工具

1. 直播设备：高清摄像机（若无，用手机替代）、麦克风、灯光设备、计算机、网络设备等。

2. 汽车展示车辆：根据实训需求提供不同车型的汽车（实训基地的车辆）用于直播展示与讲解。

3. 直播平台账号：提前注册并认证汽车品牌官方直播平台账号（如抖音直播、淘宝直播等）。

4. 汽车相关资料：包括汽车产品手册、技术参数资料、图片、视频素材、客户案例等。

三、实训任务与要求

（一）直播策划

1. 确定直播主题

根据汽车品牌的市场定位、产品特点与目标用户，确定具有吸引力的直播主题。编写直播脚本，详细规划每个环节的主持人台词、展示内容、互动方式、画面切换要求等，脚本应具备可操作性与灵活性，能够根据直播实际情况进行适当调整。

2. 制定直播流程

规划直播的整体流程与环节安排，包括开场预热、汽车产品介绍、互动环节、优惠政策讲解、结尾总结与预告等。例如，

开场预热（5～10min）：主播自我介绍，欢迎观众进入直播间，简要介绍直播主题

与流程，发放一些小福利（如优惠券、抽奖码等）吸引观众停留。

汽车产品介绍（20～30min）：从汽车外观设计、内饰配置、动力性能、安全科技等方面详细介绍展示车辆，结合图片、视频素材与实际演示，让观众全面了解汽车产品的优势与特点。

互动环节（15～20min）：设置问答环节，回答观众关于汽车产品、购买政策、使用保养等方面的问题；开展互动游戏（如猜车标、汽车知识问答竞赛等），增加观众参与度与趣味性；抽取幸运观众送上汽车周边礼品。

优惠政策讲解（10～15min）：介绍直播期间的购车优惠活动，如现金折扣、金融贴息、赠送礼包等，强调优惠的限时性与力度，刺激观众产生购买欲望。

结尾总结与预告（5～10min）：总结本次直播的重点内容，感谢观众的观看与支持，引导观众关注汽车品牌官方账号，预告下一次直播的时间与主题。

3. 确定直播团队成员分工

主播：负责直播过程中的主持、讲解、互动与控场，要求具备良好的表达能力、汽车知识储备与直播经验。

副播：协助主播进行产品展示、演示操作，补充主播讲解的遗漏点，与主播配合营造良好的直播氛围。

技术支持人员：负责直播设备的调试、维护与技术保障，确保直播过程中画面清晰、声音流畅、网络稳定，及时处理技术故障。

运营人员：在直播前负责直播活动的宣传推广，如制作直播预告海报、短视频，在社交媒体平台上发布直播信息，吸引观众关注；直播过程中监控直播数据（如观看人数、点赞数、评论数、分享数等），根据数据变化调整直播策略；直播后分析直播数据，总结经验教训，为后续直播提供优化依据。

（二）直播执行

1. 直播过程控制

主播和副播按照直播脚本要求，生动、准确地向观众介绍汽车产品信息，展示汽车外观、内饰、性能等方面的特点与优势，同时注意语言表达的流畅性、亲和力与专业性。

运营人员实时监控直播数据，包括观众人数、观看时长、点赞数、评论数、分享数等，根据数据变化及时调整直播节奏与互动策略，如增加互动环节频率、推出限时优惠活动等，以提高观众留存率与参与度。

技术支持人员确保直播画面清晰、稳定，声音传输正常，及时处理直播过程中出现的技术问题，如网络卡顿、设备故障等，保障直播的顺利进行。

2. 直播互动管理

积极回答观众提出的关于汽车产品的问题，如价格、配置、售后服务等，解答应简洁明了、准确无误，消除观众疑虑。

组织多样化的互动活动，如抽奖（抽取幸运观众赠送汽车周边礼品、试驾机会或购车优惠券等）、问答竞赛（设置汽车知识问答环节，答对者有机会获得奖品）、观众留言互动（鼓励观众在评论区留言分享对汽车的看法与感受，主播实时进行回应与互动）等，增强用户黏性与参与感。

引导观众关注直播账号、分享直播链接，扩大直播影响力与传播范围，吸引更多潜在客户关注本次直播与汽车产品。

（三）直播后总结与分析

1. 直播数据统计与分析

收集直播平台提供的详细数据报告，包括观众来源、地域分布、年龄性别构成、观看时长分布、互动数据等，运用数据分析工具进行深入分析，总结直播效果与观众行为特征。

根据数据分析结果，评估直播在产品推广、品牌宣传、销售转化等方面的成效，找出直播过程中存在的问题与不足之处。

2. 观众反馈收集与整理

查看直播评论区、社交媒体平台及观众私信等渠道的观众反馈信息，整理观众对汽车产品的意见、建议及对直播的评价与期望。

对观众反馈进行分类汇总，分析观众关注的重点问题与需求痛点，为后续直播改进与汽车产品优化提供参考依据。

3. 直播总结报告撰写

结合直播数据统计分析结果与观众反馈信息，撰写直播总结报告，内容应包括直播策划与执行情况回顾、直播效果评估、问题分析与改进措施、经验教训总结及未来直播计划与展望等。

直播总结报告应具有系统性、逻辑性与实用性，能够为团队成员提供有价值的参考与借鉴，促进团队在汽车直播营销领域的不断成长与进步。

（四）小组汇报与交流

（1）以小组为单位（每组 4～6 人）。

（2）学生需提交一份完整的汽车直播营销策划方案，包括直播主题、流程设计、团队分工、宣传推广计划等内容，字数不少于 500 字。提交直播过程中的相关素材，如直播视频录像、直播预告海报与短视频、直播互动截图等。

（3）撰写汽车直播营销复盘报告，字数不少于 500 字。汇报内容应包括案例分析的重点内容、策略制定的思路与亮点，以及小组成员在实训过程中的收获与体会。

（4）汇报形式应生动形象，可结合 PPT、视频等多媒体素材进行展示，每组汇报时间控制在 15min 左右。在汇报结束后，其他小组进行提问和交流，共同探讨汽车直播营销的相关问题，分享经验和见解。

要求：每个小组成员都应参与汇报展示，汇报过程中应语言表达清晰、流畅，团队协作默契。

四、实训考核与评价

1. 考核方式

本次实训采用过程性考核与终结性考核相结合的方式，过程性考核主要包括学生在实训过程中的表现、任务完成情况、小组协作能力等方面；终结性考核主要是对学生提交的实训成果进行评价。

2. 评价指标及权重

考核项目	评价指标	权重
直播策划（30分）	选择主题的创意（9分）	30%
	流程策划的合理性（12分）	40%
	团队协作规划（9分）	30%
直播执行（30分）	直播过程中的主播表现（9分）	30%
	团队协作能力（12分）	40%
	与观众互动能力（9分）	30%
直播后总结与分析（30分）	问题解决措施合理性（9分）	30%
	数据分析深度（12分）	40%
	学生撰写的直播总结报告内容完整性（9分）	30%
小组汇报与交流（10分）	汇报内容完整性与准确性（5分）	50%
	汇报形式生动性与吸引力（2分）	20%
	团队协作默契度（2分）	20%
	问答环节表现（1分）	10%

3. 考核等级

本次实训考核成绩分为优秀（90～100分）、良好（80～89分）、中等（70～79分）、及格（60～69分）和不及格（60分以下）五个等级。

汽车直播营销策划方案

汽车直播营销复盘报告

项目五

汽车微信营销

一、实训目标

1. 深入了解汽车微信营销的特点、优势与主要模式。

2. 熟练掌握微信公众功能在汽车营销中的应用技巧。

3. 能够独立策划并执行汽车微信营销活动，包括内容创作、活动推广、客户关系管理等环节，有效提升汽车品牌知名度与产品销量。

4. 通过数据分析，精准评估微信营销活动效果，及时调整营销策略，实现营销资源的优化配置。

二、实训资料与工具

1. 计算机及稳定的网络连接。

2. 汽车品牌官方微信公众号（若没有则需注册）。

3. 汽车相关的图片、视频、文字资料素材库。

4. 微信营销数据分析工具（如微信公众平台后台数据统计功能、第三方数据分析软件等）。

三、实训任务与要求

（一）微信公众号基础设置与优化

1. 账号信息完善

选择一个汽车品牌或特定车型作为本次营销的对象；确定微信公众号昵称，要求简洁易记且与汽车品牌紧密相关；编写公众号简介，突出汽车品牌的特色、优势或服务理念；上传清晰、有辨识度的品牌 LOGO 或汽车图片作为公众号头像，并选择一张高质量的汽车主题图片作为公众号封面图，展现品牌形象或车型魅力。

2. 自定义菜单设置

规划自定义菜单的内容与布局，一般包括“品牌介绍”“车型展示”“购车服务”“联系我们”等板块。

在“品牌介绍”菜单中，设置子菜单，如“品牌故事”“发展历程”“品牌荣誉”等，通过图文并茂的形式详细介绍汽车品牌的历史文化、核心价值观与发展成就，让用户深入了解品牌内涵。

“车型展示”菜单可链接至不同车型的详细介绍页面，展示车型的外观图片、内饰细节、技术参数、配置亮点等信息，方便用户快速了解各款车型的特点与优势。

“购车服务”菜单设置“购车流程”“金融方案”“优惠活动”等子菜单，为用户提供购车相关的信息与服务指南。

“联系我们”菜单添加汽车品牌的官方客服电话、电子邮箱、地址等联系方式，方便用户与品牌方进行沟通咨询。

（二）微信公众号内容策划与创作

1. 内容主题规划

制订为期一周的微信公众号内容发布计划，确定每天的主题方向，包括但不限于：

（1）汽车行业动态。分享汽车行业的最新新闻、政策法规变化、市场趋势分析等，以专业的视角解读行业信息，为用户提供有价值的参考，树立公众号的行业权威性。

（2）汽车科技前沿。介绍汽车领域的新技术、新发明，展示汽车科技的魅力与创新，吸引汽车科技爱好者关注。

（3）汽车车型推荐。详细推荐一款汽车车型，结合用户实际需求与痛点，阐述车型的优势与适用性，为用户购车提供参考。

（4）汽车保养知识。提供汽车日常保养的实用技巧与建议，以图文或视频教程的形式呈现，帮助车主更好地维护自己的爱车，增加用户黏性。

（5）汽车文化与生活。分享汽车文化相关的内容，展示汽车在人们生活中的多元角色与丰富内涵，引发用户情感共鸣，提升品牌文化亲和力。

2. 内容形式创作

根据不同的主题，创作不同形式的微信公众号内容。

（1）图文消息：撰写富有吸引力的文字内容，结合高质量的汽车图片、图表、数据等元素，使文章内容丰富、生动形象。注意文字排版美观、逻辑清晰，图片与文字搭配协调，确保用户在阅读过程中有良好的视觉体验。

（2）视频内容：拍摄或剪辑汽车相关的视频素材，视频时长控制在3～5min，保证画面清晰、流畅，声音清楚，并添加适当的字幕、特效与音乐，增强视频的观赏性与吸引力。在视频发布时，编写简洁有力的标题与视频简介，引导用户观看视频。

（3）互动式内容：设计互动式的微信公众号内容，如H5互动页面、投票活动、小游戏等。

（三）微信公众号发布与推广

1. 发布时间选择

研究目标用户的微信使用习惯与活跃时间，确定最佳发布时间。根据汽车品牌的目标用户特征，选择在这些时间段内发布微信公众号内容，以提高文章的阅读量与传播效果。

2. 粉丝互动与推广

积极回复粉丝的留言、评论与私信，与粉丝建立良好的互动关系。对于粉丝的提问要及时、准确地解答，对于粉丝的建议与意见要虚心接受并表示感谢。通过与粉丝的互动，增强粉丝对品牌的认同感与忠诚度。

利用微信公众号的推广功能，如微信广告投放、公众号互推等，扩大公众号的影响力与覆盖面。根据目标用户的特征设置精准的推广定向，如地域、年龄、性别、兴趣爱好等，提高推广效果，吸引更多潜在用户关注公众号。

鼓励粉丝分享公众号文章，在文章结尾处设置引导分享的话术与按钮，通过粉丝的分享传播，扩大文章的曝光量与传播范围，吸引更多新用户关注公众号。

（四）微信营销数据分析与优化

1. 数据指标监测

使用微信公众平台后台数据统计功能与第三方数据分析软件，监测本周微信公众号与小程序营销活动的各项数据指标，包括公众号文章阅读量、点赞数、评论数、转发数、粉丝增长数、粉丝活跃度、小程序访问量、用户留存率、功能使用次数、转化率等。对每天发布的公众号文章与小程序的运营数据进行详细记录与分析，了解不同类型内容与功能的传播效果与用户反馈情况。

2. 数据分析与总结

根据监测到的数据指标，对本周的微信营销活动进行全面分析与总结。找出传播效果较好的公众号文章与小程序功能，分析其成功的原因，如内容创意新颖、形式吸引人、推广渠道有效、用户需求精准把握等；同时，找出传播效果不佳的内容与功能，以及存在的问题，如内容质量不高、与用户互动不足、推广方式不当、小程序用户体验差等。

3. 优化策略制定

基于数据分析的结果，制定下周微信营销活动的优化策略。针对传播效果好的内容与功能，继续保持和强化；针对存在的问题，提出具体的改进措施。

（五）小组汇报与交流

（1）以小组为单位（每组 4～6 人）。

（2）学生需提交一份详细的汽车微信营销实训报告，包括实训目的、实训内容、微信公众号与小程序运营情况（如账号信息、粉丝增长曲线、文章数据统计分析、小程序功能使用情况等）、营销活动策划与执行过程、遇到的问题及解决方案、实训心得与体会等内容，字数不少于 1 000 字。

（3）汇报内容应包括案例分析的重点内容、策略制定的思路与亮点，以及小组成员在实训过程中的收获与体会。汇报形式应生动形象，可结合 PPT、视频等多媒体素材进行展示，每组汇报时间控制在 15min 左右。在汇报结束后，其他小组进行提问和交流，共同探讨汽车微信营销的相关问题，分享经验和见解。

要求：每个小组成员都应参与汇报展示，汇报过程中应语言表达清晰、流畅，团队协作默契。

四、实训考核与评价

1. 考核方式

本次实训采用过程性考核与终结性考核相结合的方式，过程性考核主要包括学生在实训过程中的表现、任务完成情况、小组协作能力等方面；终结性考核主要是对学生提交的实训成果进行评价。

2. 评价指标及权重

考核项目	评价指标	权重
微信公众号基础设置与优化（20分）	账号信息的新颖性（10分）	50%
	自定义菜单的内容与布局的完整性（10分）	50%
微信公众号内容策划与创作（30分）	选择主题的创意性（15分）	50%
	内容创作形式的丰富性（15分）	50%
微信公众号发布与推广（20分）	推广定向的精准性（10分）	50%
	与粉丝互动性（10分）	50%
微信营销数据分析与优化（20分）	学生撰写的实训报告内容完整性（10分）	50%
	数据分析深入准确性（10分）	50%
小组汇报与交流（10分）	汇报内容完整性与准确性（5分）	50%
	汇报形式生动性与吸引力（2分）	20%
	团队协作默契度（2分）	20%
	问答环节表现（1分）	10%

3. 考核等级

本次实训考核成绩分为优秀（90～100分）、良好（80～89分）、中等（70～79分）、及格（60～69分）和不及格（60分以下）五个等级。

汽车微信营销实训报告

汽车微信营销复盘报告

项目六

汽车短视频营销

一、实训目标

1. 深入了解汽车短视频营销的特点、流程与策略，熟练掌握主流短视频平台（如抖音、快手、视频号等）的操作技巧。

2. 培养汽车短视频创意策划、拍摄、剪辑与运营推广能力，能够制作出具有吸引力和传播力的汽车短视频作品，有效提升汽车品牌在短视频平台上的知名度、影响力与用户互动性。

3. 通过实训，学会运用短视频数据分析工具，对汽车短视频营销效果进行监测与分析，根据数据反馈优化短视频营销策略，提高营销效果与投资回报率。

二、实训资料与工具

1. 拍摄设备：高清摄像机（若无，用手机替代）、三脚架、稳定器、麦克风等。

2. 汽车资源：不同品牌、型号的汽车用于拍摄展示（实训基地的车辆），以及汽车相关的道具（如汽车保养工具等）。

3. 短视频平台账号：提前注册并认证汽车品牌官方短视频平台账号（如抖音个人号等）。

4. 视频剪辑软件：如剪映等。

5. 短视频数据分析工具：平台自带的数据分析后台（如抖音创作者服务平台）。

6. 汽车相关资料：包括汽车产品手册、技术参数资料、图片、视频素材库、汽车行业新闻资讯等。

三、实训任务与要求

（一）短视频账号定位与基础设置

1. 账号定位确定

分析汽车品牌的目标用户、产品特点与市场定位，确定短视频账号的定位与风格。

2. 账号信息完善

（1）在主流短视频平台（如抖音、快手、视频号等）上创建汽车品牌或车型的官方账号。

（2）设置短视频账号昵称，要求简洁易记、与汽车品牌紧密相关且富有特色。

（3）编写账号简介，突出汽车品牌的核心价值、产品优势或服务特色，同时体现账号的定位与内容方向。

(4) 上传清晰、有辨识度的汽车品牌 LOGO 或代表性汽车图片作为账号头像，并选择一张高质量的汽车主题背景图，展现品牌形象或车型魅力，营造出与账号定位相符的视觉氛围。

(二) 短视频内容策划

根据账号定位与目标用户需求，制订为期一周的短视频内容发布计划，确定周主题系列与每日的具体主题内容。例如，

周主题系列："汽车魅力全解析"。

周一：汽车外观设计美学，从线条、色彩、造型等方面详细解读一款热门车型的外观设计亮点，配合精美的特写镜头与动画演示，展现汽车的独特魅力。

周二：汽车内饰豪华之旅，深入汽车内部，展示内饰的材质质感、工艺细节、高科技配置（如大屏幕中控、智能座椅等），通过实际操作演示与车主体验分享，让观众感受内饰的舒适与豪华。

周三：汽车动力性能大揭秘，运用专业测试设备与数据，直观展示汽车的发动机性能、加速能力、制动效果等动力指标，搭配激情的试驾画面与引擎轰鸣声，激发观众对汽车动力的向往。

周四：汽车安全科技守护，介绍汽车的主动安全系统（如防撞预警、自动刹车、车道保持等）与被动安全配置（如安全气囊、车身结构强度等），通过模拟碰撞测试视频与安全技术原理讲解，增强观众对汽车安全的信任。

周五：汽车品牌文化传承，讲述汽车品牌的发展历程、经典车型回顾、品牌背后的故事与价值观，以历史影像资料、车主情感故事与品牌文化活动展示等形式，塑造品牌的文化底蕴与情感共鸣。

(三) 短视频拍摄

1. 拍摄前准备

根据视频内容策划，确定拍摄场地（实训基地车辆）、拍摄时间与拍摄设备；合理安排拍摄时间，充分考虑光线条件、场地使用情况及人员配合等因素；准备好拍摄所需的设备。

对拍摄车辆进行清洁与检查，确保汽车外观整洁、内饰干净、各项功能正常运行，同时根据拍摄需求对车辆进行适当的布置与装饰，如安装行车记录仪、调试车内音响系统、摆放汽车内饰道具等。

组织拍摄团队成员进行沟通与协调，明确各成员的职责与分工，包括导演、摄影师、演员（如有）、道具师、场务人员等，确保拍摄过程顺利进行。

2. 拍摄过程实施

按照视频创意构思与拍摄脚本，有序地进行短视频拍摄工作。在拍摄过程中，注意以下几点。

镜头运用：根据不同的拍摄场景与内容需求，灵活运用各种镜头语言。同时，注意镜头的运动方式，如推、拉、摇、移、跟等，以增加视频的动感与节奏感。

光线控制：合理利用自然光线与人工补光，确保拍摄画面的光线充足、均匀、柔和，避免出现阴影、反光或曝光过度等问题。

声音录制：使用专业麦克风或手机自带的高质量录音功能，清晰地录制拍摄现场的声音，包括汽车引擎声、关门声、音乐声、人物对话声等。

拍摄多角度与多场景：为了丰富视频内容与视觉效果，对汽车进行多角度、多场景的拍摄。

演员表演（如有）：如果视频中涉及演员表演，提前对演员进行培训与指导，使其熟悉表演内容与角色要求，能够自然、流畅地展现出与汽车相关的情感与行为。

（四）短视频剪辑与后期制作

1. 素材整理与筛选

将拍摄完成的视频素材导入计算机，使用视频剪辑软件（如剪映等）进行素材整理与筛选。根据视频内容策划与拍摄脚本，挑选出符合要求的视频片段，并对素材进行分类标记，方便后续剪辑工作的高效进行。

2. 视频剪辑与拼接

按照视频创意构思与故事逻辑，对筛选出的视频素材进行剪辑与拼接。在剪辑过程中，注意把握视频的节奏与时长，合理安排视频片段的顺序，通过剪辑手法（如剪辑点的选择）、镜头组接技巧（如匹配剪辑、跳切剪辑等）的运用，使视频情节流畅、过渡自然、富有吸引力。

3. 视频特效与字幕添加

根据视频内容与风格需求，添加适当的视频特效与字幕。视频特效包括转场特效（如渐变转场、闪白转场等）、滤镜效果（如复古滤镜、清新滤镜等）、动画效果（如缩放动画、旋转动画等）等，用于增强视频的视觉效果与艺术感染力；字幕则用于添加视频中的解说词、对话内容、重点信息提示等，使观众能够更好地理解视频内容。

4. 音乐与音效处理

为视频选择合适的背景音乐与音效，音乐与音效要与视频内容、风格与情感基调相匹配。同时，对视频中的原始声音（如汽车引擎声、关门声等）进行处理与混音，调整声音的音量、音调、音色等参数，使声音效果更加清晰、饱满、逼真，与背景音乐和音效完美融合，提供良好的听觉体验。

5. 视频调色与输出

对剪辑完成的视频进行调色处理，调整视频的色彩平衡、对比度、饱和度、亮度等参数，使视频画面的色彩更加鲜艳、细腻、富有层次感，突出汽车的质感与视觉效果。最后，将剪辑制作完成的短视频按照短视频平台的要求进行输出设置，选择合适的视频格式（如 MP4）、分辨率（如 1080p）、码率等参数，输出高质量的短视频文件，准备发布到短视频平台。

（五）短视频发布与推广

1. 发布时间选择

研究目标用户在短视频平台上的活跃时间规律，结合不同类型短视频内容的特点，确定最佳发布时间。

2. 发布频率控制

根据内容策划与制作进度，合理控制短视频的发布频率。

3. 粉丝互动与推广

积极回复粉丝在短视频评论区的留言、评论与私信，与粉丝建立良好的互动关系。对于粉丝的提问要及时、专业地解答，对于粉丝的建议与意见要虚心接受并表示感谢；同时，可以通过举办粉丝抽奖活动、问答互动活动、邀请粉丝参与视频拍摄等方式，提高粉丝的参与度与忠诚度。

根据目标受众的特征（如地域、年龄、性别、兴趣爱好等）设置精准的推广定向，提高推广效果，扩大短视频的曝光量与传播范围。

鼓励粉丝对短视频进行点赞、评论、转发与分享，在视频结尾处添加引导分享的话术与图片。

（六）短视频数据分析与优化

1. 数据指标监测

使用短视频平台自带的数据分析后台及第三方数据分析工具（如有需求），对发布的短视频进行数据指标监测与分析。

2. 数据分析与总结

根据监测到的数据指标，对一周的短视频营销活动进行全面分析与总结。找出传播效果较好的短视频作品，分析其成功的原因，如视频内容创意新颖、拍摄质量高、剪辑手法巧妙、发布时间合适、标题与文案吸引人、推广策略有效等；同时，找出传播效果不佳的短视频作品及存在的问题，如内容与用户需求不匹配、视频质量差、互动性不足、推广方式不当等。

3. 优化策略制定

基于数据分析的结果，制定下一阶段短视频营销活动的优化策略。针对传播效果好的短视频作品与运营策略，继续保持和强化；针对存在的问题，提出具体的改进措施，如优化视频内容策划、提高拍摄与剪辑质量、加强粉丝互动、改进推广方式。

（七）小组汇报与交流

（1）以小组为单位（每组 4～6 人）。

（2）学生需提交一份完整的汽车短视频营销项目报告，包括项目背景、目标设定、账号定位与基础搭建、内容策划、拍摄与制作过程、发布与推广策略、数据分析与总结、优化策略制定等内容，报告字数不少于 1 000 字，并配以相关图片、表格、视频截图等辅助说明。

（3）整理并提交一周内创作的所有短视频作品素材，包括视频原始素材、剪辑工程文件、最终发布的短视频成品文件等，以便教师进行作品质量评估和创作过程审查。

（4）展示实训期间短视频账号的运营数据成果，如粉丝增长曲线、视频播放量、点赞数、评论数、转发数等数据报表，并对数据变化趋势进行分析解读，总结经验教训。

（5）汇报内容应包括案例分析的重点内容、策略制定的思路与亮点，以及小组成员在实训过程中的收获与体会。汇报形式应生动形象，可结合 PPT、视频等多媒体素材进行展示，每组汇报时间控制在 15min 左右。在汇报结束后，其他小组进行提问和交流，共同探讨汽车短视频营销的相关问题，分享经验和见解。

要求：每个小组成员都应参与汇报展示，汇报过程中应语言表达清晰、流畅，团队协作默契。

四、实训考核与评价

1. 考核方式

本次实训采用过程性考核与终结性考核相结合的方式，过程性考核主要包括学生在实训过程中的表现、任务完成情况、小组协作能力等方面；终结性考核主要是对学生提交的实训成果进行评价。

2. 评价指标及权重

考核项目	评价指标	权重
短视频账号定位与基础设置（20 分）	账号定位精准性（10 分）	50%
	账号信息完整性（10 分）	50%
短视频内容策划（20 分）	主题新颖性（5 分）	25%
	内容完整性（10 分）	50%
	受众针对性（5 分）	25%
短视频拍摄、剪辑与后期制作（20 分）	拍摄技巧（5 分）	25%
	剪辑效果（10 分）	50%
	视觉与听觉呈现（5 分）	25%
短视频发布与推广（10 分）	发布策略（5 分）	50%
	推广效果（5 分）	50%
短视频数据分析与优化（20 分）	数据监测与分析能力（5 分）	25%
	优化策略制定与执行（5 分）	25%
	实训报告的完整性（10 分）	50%
小组汇报与交流（10 分）	汇报内容完整性与准确性（5 分）	50%
	汇报形式生动性与吸引力（2 分）	20%
	团队协作默契度（2 分）	20%
	问答环节表现（1 分）	10%

3. 考核等级

本次实训考核成绩分为优秀（90～100 分）、良好（80～89 分）、中等（70～79 分）、及格（60～69 分）和不及格（60 分以下）五个等级。

汽车短视频营销项目报告

项目七

汽车新媒体营销矩阵

一、实训目标

1. 深入理解汽车新媒体营销矩阵的概念、构成与作用，掌握不同新媒体平台在汽车营销中的特点与运营策略。

2. 培养整合运用多种新媒体平台（如微博、抖音、小红书等）进行汽车品牌推广、产品宣传与客户关系维护的能力，能够制定并执行全面、系统的汽车新媒体营销方案。

3. 通过实训，提升新媒体内容创作能力、数据分析能力、用户互动能力及团队协作能力，为今后从事汽车新媒体营销工作奠定坚实基础。

二、实训资料与工具

1. 计算机及稳定的网络连接。

2. 各新媒体平台账号（汽车品牌官方微博账号、抖音账号、小红书账号等），若没有则需提前注册并完成认证（如企业认证等）。

3. 汽车相关的图片、视频、文字资料素材库，包括汽车产品手册、技术参数资料、高清图片、宣传视频、客户案例等。

4. 新媒体营销数据分析工具，如微博数据分析平台、抖音创作者服务平台、小红书数据洞察工具等，以及第三方数据分析软件（如有需要）。

三、实训任务与要求

（一）新媒体营销矩阵规划与账号设置

1. 矩阵规划

分析汽车品牌的目标用户、市场定位与营销目标，确定适合的新媒体平台组合，构建汽车新媒体营销矩阵。

2. 账号设置与优化

（1）为每个新媒体平台的汽车品牌账号设置统一的品牌标识（如头像、名称等），确保在视觉形象上具有较高的辨识度与一致性，便于用户在不同平台上识别与记忆。

（2）编写各平台账号的简介，突出汽车品牌的核心价值、特色产品或服务，以及账号的定位与内容方向。简介语言应简洁明了、富有吸引力，并符合各平台的风格特点。

（3）根据各平台的要求与用户体验习惯，设计账号的页面布局与菜单设置。

（二）新媒体内容策划与创作

1. 内容主题规划

制订为期一周的新媒体营销矩阵内容发布计划，确定一周的主题系列，并根据 3 种不同平台的特点进行内容细分与分配。例如，

周主题："汽车新品预热"。

微博：发布新品的外观设计草图、局部细节图片，并配以简短而富有悬念的文字描述，引发粉丝的讨论与猜测。同时，创建"＃汽车新品猜猜猜＃"话题，鼓励粉丝参与互动，分享自己对新品的期待与想象。

抖音：制作一系列汽车新品的短视频预告，展示新品在设计、科技、性能等方面的一些创新元素，如独特的车身线条动画展示、智能驾驶功能演示等，每个视频设置悬念，引导用户关注后续内容。

小红书：邀请汽车时尚博主撰写关于新品的时尚解读文章，从汽车的外观颜色搭配、内饰时尚元素等方面进行种草，同时发布一些与新品相关的时尚穿搭图片或视频，展示汽车与时尚生活的完美融合，吸引年轻女性消费者的关注。

2. 内容形式创作

根据各平台的特点与用户喜好，创作不同形式的新媒体内容。

微博：以简短精练的文字（140 字以内）、图片、短视频为主。文字要简洁明了、富有吸引力，能够迅速抓住用户的注意力，图片要清晰、有冲击力，短视频时长一般为 1～3min，内容要新颖、有趣、具有话题性。同时，要善于运用微博的话题标签、@功能、表情符号等，增加微博的曝光度与互动性。

抖音：以短视频为核心内容形式，视频时长一般为 15～60s。注重视频的创意性、趣味性与视觉效果，可采用多样化的拍摄手法，如特写镜头、慢动作、特效镜头等，突出汽车的特点与魅力。视频内容要具有较强的互动性，如设置悬念、提问、挑战等环节，引导用户点赞、评论、转发。同时，要根据抖音的热门音乐、舞蹈、挑战等潮流元素，结合汽车内容进行创作，提高视频的传播效果。

小红书：以图片笔记、视频笔记为主，图片要精美、有质感，视频时长一般为 1～5min。笔记文案要简洁、生动、富有感染力，注重使用表情符号、话题标签，突出汽车的时尚感、实用性与生活场景应用。同时，可与小红书上的时尚博主、汽车达人进行合作，邀请他们撰写或参与制作相关笔记，借助他们的影响力与粉丝基础，扩大品牌传播范围。

（三）新媒体内容发布与推广

1. 发布时间选择

研究各新媒体平台用户的活跃时间规律，结合汽车品牌目标用户的特征，确定不同平台的最佳发布时间。

2. 发布频率控制

根据各平台的特点与内容策划，合理控制汽车品牌新媒体账号的发布频率。

3. 粉丝互动与推广

（1）积极回复粉丝在各新媒体平台上的留言、评论、私信等，与粉丝建立良好的互动关系。对于粉丝的提问要及时、准确地解答，对于粉丝的建议与意见要虚心接受并表

示感谢，对于粉丝的投诉要妥善处理并及时反馈处理结果。通过与粉丝的互动，增强粉丝对汽车品牌的认同感与忠诚度。

（2）利用各新媒体平台的推广工具与功能。根据目标用户的特征（如地域、年龄、性别、兴趣爱好等）设置精准的推广定向，提高推广效果，扩大品牌传播范围。

（3）鼓励粉丝对汽车品牌新媒体内容进行点赞、评论、转发、分享等，在内容中设置适当的互动环节与奖励机制，如抽奖、问答、打卡等活动，提高粉丝的参与度与积极性。

（四）数据分析与优化

利用各新媒体平台提供的数据分析工具（如微博数据分析、抖音创作者服务平台数据分析、小红书数据分析等），对账号运营数据进行监测和分析，包括但不限于：

1. 粉丝数据

粉丝增长数量、粉丝活跃度（点赞、评论、转发、私信互动次数等）、粉丝画像（年龄、性别、地域、兴趣爱好等）分析，了解粉丝的来源和行为特征，评估粉丝增长策略的效果。

2. 内容数据

内容阅读量、播放量、点赞数、评论数、转发数、收藏数等数据指标分析，评估不同内容主题、形式、发布时间对用户的吸引力和传播效果，找出受欢迎的内容特点和规律，为后续内容创作提供参考。

3. 流量数据

账号的访问量、页面浏览量、流量来源（如搜索流量、推荐流量、社交分享流量等）分析，了解账号的流量构成和变化趋势，评估各渠道引流效果，优化流量获取策略。

根据数据分析结果，总结账号运营过程中的经验教训，找出存在的问题和不足之处，制定相应的优化措施和改进方案。

例如，如果某类内容的阅读量或播放量较低，可对内容主题、形式、文案风格等进行优化调整，尝试新的创意和表现手法，提高内容的质量和吸引力。

如果某个时间段的流量较低，可分析原因并调整内容发布时间，选择用户活跃高峰期发布内容，同时优化内容标题和关键词，提高内容在搜索结果中的排名，增加流量引入。

（五）小组汇报与交流

（1）以小组为单位（每组 4～6 人）。

（2）一周的汽车新媒体内容发布计划（Excel 表格，包括内容主题、形式、发布时间等信息）。

（3）各平台发布的汽车新媒体内容（图文、短视频等，以链接或文件形式整理提交）。

（4）《汽车新媒体营销矩阵运营数据分析报告》（Word 文档，不少于 500 字，包括粉丝数据、内容数据、流量数据等分析结果及优化建议）。

（5）小组实训总结报告（Word 文档，不少于 500 字，总结实训过程中的经验教训、团队协作情况、个人收获与体会等）。

（6）汇报形式应生动形象，可结合 PPT、视频等多媒体素材进行展示，每组汇报时间控制在 15min 左右。在汇报结束后，其他小组进行提问和交流，共同探讨汽车新媒体营销矩阵的相关问题，分享经验和见解。

要求：每个小组成员都应参与汇报展示，汇报过程中应语言表达清晰、流畅，团队协作默契。

四、实训考核与评价

1. 考核方式

本次实训采用过程性考核与终结性考核相结合的方式，过程性考核主要包括学生在实训过程中的表现、任务完成情况、小组协作能力等方面；终结性考核主要是对学生提交的实训成果进行评价。

2. 评价指标及权重

考核项目	评价指标	权重
新媒体营销矩阵规划与账号设置（20 分）	账号基础设置合理性（10 分）	50%
	平台定位差异化与协同性（10 分）	50%
新媒体内容策划与创作（40 分）	内容主题与创意（10 分）	25%
	内容形式适配性（10 分）	25%
	文案撰写质量（10 分）	25%
	内容发布规划（10 分）	25%
新媒体内容发布与推广（10 分）	粉丝互动活跃度（5 分）	50%
	粉丝增长效果（5 分）	50%
数据分析与优化（20 分）	数据监测与分析能力（10 分）	50%
	优化策略合理性（10 分）	50%
小组汇报与交流（10 分）	汇报内容完整性与准确性（5 分）	50%
	汇报形式生动性与吸引力（2 分）	20%
	团队协作默契度（2 分）	20%
	问答环节表现（1 分）	10%

3. 考核等级

本次实训考核成绩分为优秀（90～100 分）、良好（80～89 分）、中等（70～79 分）、及格（60～69 分）和不及格（60 分以下）五个等级。

汽车新媒体营销矩阵运营数据分析报告

小组实训总结报告